ROBERT 1983

COURS
THÉORIQUE ET PRATIQUE
SUR L'ART
DE LA TEINTURE
EN LAINE, SOIE, FIL, COTON,
FABRIQUE D'INDIENNE EN GRAND ET PETIT TEINT;

Suivi de l'art du Teinturier-Dégraisseur, du blanchiment des toiles, fils, coton, chanvre, lin, gravures, etc., par l'acide muriatique oxigéné; avec une planche en taille-douce.

Par M. HOMASSEL.

SECONDE ÉDITION,

Revue corrigée et augmentée

Par M. BOUILLON-LAGRANGE,

Professeur et Auteur du Manuel d'un Cours de Chimie.

A PARIS,

Chez COURCIER, Imprimeur-Libraire pour les Mathématiques, quai des Augustins, n° 57.

ANNÉE 1807.

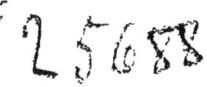

AVIS DU PROPRIÉTAIRE.

Tout Exemplaire qui ne porterait pas comme ci-dessous la signature du Propriétaire, sera contrefait. Les mesures necessaires seront prises pour atteindre, conformément à la loi, les fabricateurs et les débitans de ces Exemplaires.

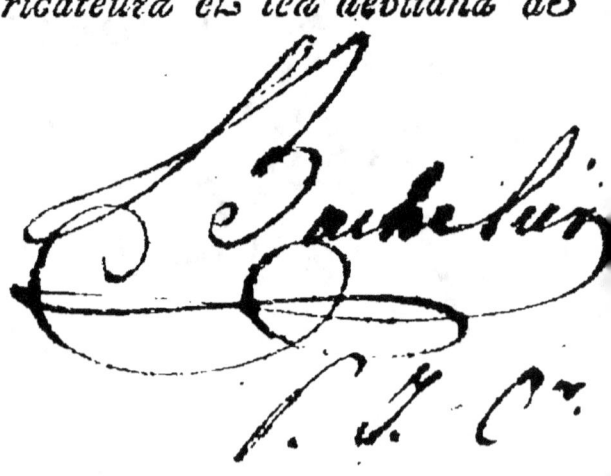

AVIS.

La première édition du Cours pratique de Teinture de M. Homassel étant épuisée, j'ai été chargé de revoir cette seconde. Je n'ai pas eu la prétention, en acceptant, de faire un nouvel ouvrage; cette tâche est au-dessus de mes forces; mais j'ai cherché à y mettre plus d'ordre et à y faire disparaître les choses incohérentes, qui, n'ajoutant rien à l'intention utile de l'auteur, ne pouvaient que nuire à son ouvrage. Je me suis donc particulièrement attaché à retirer tout ce qui n'avait point de rapport à l'art. Quant à la Théorie que M. Homassel avait cru devoir adopter, pensant que cet ouvrage est purement de pratique, et ne voulant pas m'en rapporter à mes faibles connaissances dans cette partie, j'ai prié M. Roard, directeur des teintures aux Gobelins, de revoir les procédés, afin de laisser le moins possible, d'erreurs.

Je me croirai trop heureux, si j'ai atteint le but que je me suis proposé.

COURS
THÉORIQUE ET PRATIQUE
SUR L'ART
DE LA TEINTURE.

NOMENCLATURE
DES SUBSTANCES,
VAISSEAUX ET INSTRUMENS
EN USAGE EN TEINTURE.

Du petit genêt.

C'est ce que les teinturiers appellent *genestrolle*, *séréque*, *herbe à jaunir*, *oriset*, *herbe du pâturage*.

Le genêt est une plante qu'on fait venir de la ci-devant Provence : c'est avec la potasse et l'urine qu'on l'emploie.

Pastel ou vouëde.

En Allemagne et dans le midi de la France on prépare le pastel avec les feuilles de *lisatis tinctoria :* dans la Normandie où il est cultivé assez en grand, on lui a donné le nom de *vouëde.*

La différence qui existe entre les qualités de ces deux substances ne paraît provenir que de leur culture, et de la manière de les préparer. Lorsque les feuilles du pastel ont été réduites en pâte soit pour l'obtenir en coques ou en pains, il faut l'exposer à l'air, pour en chasser promptement l'humidité qui détruirait le principe colorant en y développant la fermentation putride.

De la garance.

La garance est une plante dont il y a deux espèces ; la garance, préparée pour l'usage de la teinture, se distingue en différentes qualités. On appelle *garance grappe*, celle qui provient des mères racines, et *non grappe*, celle qui est le produit des tiges qui ont été enfouies dans la terre, où elles se sont transformées en racines, et auxquelles on donne le nom de *couchis.*

De la gaude.

La gaude est une plante qui vient naturellement ou par culture, dans presque tous les départemens de la France.

Du tartre.

Le tartre est un sel qui se dépose sur les parois des tonneaux. On en distingue de deux espèces, le blanc et le rouge.

On purifie le tartre et l'on obtient la créme de tartrite acidule de potasse.

Du verd-de-gris et de l'acétate de cuivre.

La différence qui existe entre l'acétate de cuivre et le verd-de-gris, c'est que dans le premier, l'oxide de cuivre est complètement saturé d'acide acétique, et que dans le verd-de-gris il n'y a qu'une portion de l'oxide de cuivre qui soit dans l'état d'acétate.

De la cendre gravelée.

Les cendres gravelées sont le produit de la combustion de la lie de vin.

De l'alun.

L'alun est le résultat de la combinaison de l'acide sulfurique en excès avec l'alumine et un peu de potasse. On trouve ce sel dans quelques sources d'eaux minérales. Il effleurit à la surface des schistes, dans les mines de charbon, sur les laves au voisinage des volcans et sur plusieurs rochers. Tout l'alun qu'on emploie, se retire des mines, ou bien se fabrique de toutes pièces.

Du sulfate de fer, couperose verte, vitriol martial.

Ce sel se trouve natif, soit dans les mines de charbon, soit dans les cavités des mines pyriteuses, soit dans les schistes; mais la plus grande partie de celui qui est employé, provient des pyrites martiales. On prépare aussi du sulfate de fer avec des eaux minérales qui tiennent en dissolution du cuivre qu'on précipite par le fer.

Du sulfate de cuivre, vitriol bleu.

Ce sel est un composé d'oxide de cuivre et d'acide sulfurique. Dans le commerce on emploie deux moyens pour le préparer : le premier consiste à calciner la pyrite de cuivre, ou la *mate* qui résulte de la fusion de la mine de cuivre, et qui est une combinaison du cuivre et du soufre, et à faire effleurir le résultat de la calcination : par-là le cuivre s'oxide, et le soufre se change en acide sulfurique. Le second procédé consiste à calciner un mélange artificiel de soufre et de cuivre, à le faire également effleurir, à lessiver, et à le faire cristalliser.

Du sulfate de zinc, vitriol blanc.

La plus grande partie du sulfate de zinc qui est dans le commerce, est préparée à Goslar, où, après avoir torréfié et distillé la mine qui contient le zinc, on jette dans l'eau le résidu ardent, on lessive, et on fait évaporer la liqueur qui donne ce sel métallique.

L'on a fait jusqu'à présent très-peu d'usage de ce sel métallique en teinture.

De la noix de galle.

La noix de galle est une excroissance qu'on trouve sur les jeunes branches du chêne du Levant; elle est produite par la piqûre d'un insecte qui dépose ses œufs dans la petite incision qu'il fait au printemps ; le suc qui transsude de cette blessure s'épaissit, s'accumule, et sert d'abri au jeune insecte, jusqu'à ce qu'il puisse s'échapper.

De l'écorce du bois d'aune.

L'aune est un arbre très-connu, dont on emploie l'écorce dans la teinture en noir.

Du fustet.

Le fustet est un arbrisseau de six à sept pieds, chargé de plusieurs rameaux.

Le fustet, lorsqu'il est jeune, donne une couleur orangée rougeâtre, au lieu que le vieux fustet est d'un jaune plus doré.

Du garou.

Le garou est un petit arbrisseau qui naît et croît dans le département de l'Hérault, au voisinage de la mer.

Les teinturiers appellent cet arbrisseau *garouille*.

De l'orseille.

L'orseille dont on se sert en teinture, est sous la forme d'une pâte d'un rouge violet.

On en distingue principalement deux espèces: l'orseille d'herbe, ou des Canaries, et l'orseille de terre ou d'Auvergne, qu'on nomme aussi *pérelle*.

De la moulée.

On appelle moulée certaine poudre qui se trouve sous la meule des taillandiers.

Il est défendu aux teinturiers d'employer la moulée, parcequ'elle rend les teintures fausses.

De la limaille de fer.

C'est une petite poudre qui se détache du fer à l'aide de la lime.

On se sert de la limaille d'acier pour teindre les soies.

Du réalgar, orpiment.

L'orpiment est une combinaison de l'oxide d'arsenic avec le soufre. Sa couleur tire d'autant plus sur le rouge qu'il y entre plus de soufre. On lui donne les noms d'*orpin*, d'*arsenic jaune* ou *rouge*, de *réalgal*, ou *réalgar*, etc. Cette substance est employée dans quelques procédés de teinture et particulièrement pour quelques cuves d'indigo.

Du salpêtre, *nitrate de potasse.*

Ce sel se retire des plâtras et des mélanges artificiels, où il s'est formé par le concours de l'air atmosphérique.

Le nitrate de potasse a peu d'action sur les parties colorantes, il leur donne cependant une couleur un peu plus claire et un peu plus vive.

Du sel marin, *muriate de soude.*

Ce sel qu'on tire des eaux de la mer et des autres eaux salées, a une action très-marquée sur les parties colorantes ; en général il tend à foncer leur nuance et à leur donner plus de solidité.

De l'amidon.

On prépare dans le commerce deux sortes d'amidon, le fin et le commun. Le fin est fait avec des recoupettes et des griots, le commun se fait avec du blé gâté et moulu. Pour l'obtenir parfaitement blanc, les amidonniers le font séjourner dans une eau acide, qu'ils nomment *eau sure.*

De l'étain.

C'est un métal qui a une blancheur qui tient le milieu entre celle du plomb et celle de l'argent ; il est mou, se plie facilement. On emploie ce métal pour les belles teintures écarlates, et on le dissout dans un mélange d'acide nitrique et d'acide muriatique.

De la litharge.

On appelle litharge ou oxide de plomb demi vitrifié, une substance qui a une couleur moins vive que le minium, et qui est tirée, ou des travaux en grand qu'on fait sur l'or et sur l'argent pour les purifier, ou des travaux qu'on fait exprès sur le plomb pour le convertir en litharge.

De la gomme.

La gomme arabique et la gomme adragant sont celles que les teinturiers emploient le plus ordinairement.

Ingrédiens propres à la teinture.

On se sert d'urine en teinture pour purger le pastel, l'échauffer et aider la fermentation : on l'emploie aussi dans les cuves de bleu au lieu de chaux.

On emploie en teinture plusieurs autres ingrédiens, savoir : la terre à foulon, le savon, l'huile de lin et le fiel de bœuf, pour nétoyer les étoffes qu'on veut teindre.

Les liqueurs dont on se sert dans la teinture sont l'eau de puits, l'eau de rivière, le vinaigre, le suc des limons, l'eau forte ou acide nitrique faible, l'eau de son, le miel.

De l'indigo.

L'indigo est une substance colorante bleue qu'on extrait d'une plante qui est connue sous le nom d'*anil*, d'*indigofère* et d'*indigo*.

De l'inde.

L'inde est une feuille qu'on tire par le moyen de l'eau et de l'huile d'olive, des seules feuilles de l'anil, ce qui la fait différer de l'indigo, qui se compose avec les feuilles et les menus branchages.

L'inde doit être d'un violet foncé, léger et flottant sur l'eau, d'où lui est venu le nom d'*inde flottant*; il faut qu'il soit cuivreux, et qu'on y remarque de petites paillettes couleur d'argent.

Du bois d'Inde.

Le *bois d'Inde*. C'est un arbre qui devient très-gros, et s'élève à une grande hauteur. Il croît dans les îles de la Jamaïque, de Campêche et de Sainte-Croix en Amérique. On l'appelle *bois de Campêche* ou *bois de la Jamaïque*.

Du bois de Brésil.

Le meilleur bois de Brésil est le bois de Fernambouc, ville de Brésil. Il faut le choisir pesant, compact, rougeâtre.

Il y a encore le brésilet, qui est le bois de Brésil des îles Antilles.

Du stil de grain.

Le bois de Brésil rend une teinture avec laquelle on prépare une espèce de craie rougeâtre appelée *rosette*, qui se fait avec le blanc de Rouen. C'est ce que certains teinturiers et les peintres appellent *stil de grain*.

De la cochenille.

La cochenille est un petit animal qu'on trouve sur plusieurs sortes d'arbres de la Nouvelle-Espagne.

Le *mestèque* est une espèce de cochenille qui nous vient du Pérou, du Mexique, de l'étang salé, de Cadix.

La cochenille *sylvestre*, ou cochenille de graine, est celle qu'on trouve entre les racines de la grande pimpinelle.

Enfin il y a une autre cochenille appelée *cochenille téthrécale*.

De l'agaric.

L'agaric est une excroissance qui naît en forme de champignon sur les troncs et sur les branches de quelques arbres. Il y en a de deux espèces, le mâle et la femelle. L'agaric femelle est meilleur que l'agaric mâle. Il croît sur le mélèse : c'est celui dont on se sert en médecine.

L'agaric tire son nom de la province *Agaric* ou du fleuve *Aganès*.

De la terra merita.

On appelle *terra merita* une petite racine dure, jaune en-dehors et en-dedans.

La *terra merita* naît en plusieurs endroits des Indes.

On doit choisir cette racine nouvelle, pesante, compacte, bien nourrie, de couleur jaune safranée.

Les teinturiers s'en servent pour teindre en jaune ou en couleur d'or.

Du sumac.

C'est un arbrisseau qui atteint quelquefois la hauteur d'un arbre.

Les teinturiers se servent des feuilles du sumac pour la couleur tannée.

Le meilleur sumac pour teindre est celui qui est verdâtre et nouveau.

Du sel ammoniac, muriate d'ammoniaque.

Le muriate d'ammoniaque du commerce est le produit de l'art. On en fabrique en Egypte et en France. Il est le résultat de la combinaison de l'acide muriatique et de l'ammoniaque que l'on retire des matières animales.

Du soufre.

Le soufre se trouve combiné dans différens minéraux; mais celui dont on fait usage se retire principalement des terrains volcaniques, et surtout de la *solfatare* auprès de Vésuve, où on le purifie et on le fait couler dans des moules qui lui donnent la forme sous laquelle on l'appelle soufre à canon.

Du cochenillage.

C'est la manière de donner la cochenille aux étoffes ou aux soies.

Les teinturiers disent : *Cette étoffe a eu un bon cochenillage, c'est-à-dire, a été bien teinte en écarlate ou en cramoisi.*

Du débouilli.

Le débouilli, en terme de teinture, est l'épreuve qui fait connaître la bonté et la fausseté des couleurs.

De l'engallage.

Engallage, en terme de teinture, est la manière d'engaller une étoffe, c'est-à-dire, de la teindre ou de la préparer avec la noix de galle. Le noir s'engalle avec la noix de galle d'Alep.

Du garançage.

C'est la manière de garancer une étoffe : garancer, en terme de teinturier, c'est teindre les étoffes avec la garance.

Le noir doit être garancé, parcequ'il en est plus beau, et plus durable.

Du guédage.

Guesder ou *empasteller*, c'est préparer les étoffes avec la guesde.

Du racinage.

C'est la manière de teindre les draps et les serges avec les racines.

Les laines destinées aux manufactures de draps, de serges, doivent être racinées du noyer, ou écorce du noyer, ou coque de noix.

Du repassage.

Le repassage, en terme de teinturier, est l'action avec laquelle on repasse une étoffe dans la cuve.

DE L'ATELIER.

On établit un atelier de teinture dans un endroit spacieux, couvert, mais éclairé d'un beau jour et proche d'une eau courante autant qu'il sera possible, car elle est extrêmement nécessaire, soit pour préparer les laines avant de les teindre, soit pour les faire dégorger après qu'elles sont teintes. Il faut aussi que l'atelier soit pavé avec chaux et ciment, et qu'on y ait ménagé des ruisseaux qui aient assez de pente pour l'écoulement prompt et facile des eaux et vieux bains de teinture qu'on y jette en grande quantité.

Des guesdes ou cuves de pastel.

On place dans quelque endroit, distant de

huit ou dix pieds des chaudières, pour la plus grande commodité, deux ou plusieurs cuves pour le bleu, suivant la quantité d'ouvrage qu'on présume avoir à faire.

Ces cuves s'appellent *guesdes* ou *cuves de pastel*.

C'est le point de la teinture le plus important; et ce qu'il y a de plus difficile dans cet art, c'est de bien asseoir et réchauffer une cuve de pastel, c'est-à-dire, de la bien préparer et gouverner jusqu'à ce qu'elle soit en état de donner sa couleur bleue.

De la champagne.

Quand on a de la laine ou de l'étoffe à teindre en bleu dans cette cuve, que je suppose préparée convenablement, on place dans cette cuve un cercle ou cerceau de fer, dont l'intérieur est garni d'un réseau de cordes et dont les mailles ont huit ou dix lignes en quarré. Ce cercle se nomme une *champagne*, et cette champagne sert à empêcher que les laines ou étoffes ne tombent au fond de la cuve, ou elles se mêleraient avec le marc. On soutient pour cet effet la champagne à la hauteur que l'on veut, par le moyen de trois ou quatre cordes que l'on attache au bord de la cuve.

Du rable.

On se sert aussi, pour *pallier* la cuve, c'est-à-dire pour la remuer ou brouiller le marc avec ce qui est liquide, d'un instrument de bois appelé un *rable*. C'est une planche épaisse, arrondie en forme d'un demi-cercle, et emmanchée au bout d'un long bâton. On soulève avec ce *rable* la pâtée du fond de la cuve pour la mêler dans le bain, et l'on s'en sert aussi pour *heurter la cuve*, c'est-à-dire, pour pousser brusquement et avec force la surface du bain jusqu'au fond de la cuve, et par-là y introduire de l'air et former des bulles, ou une espèce d'écume qui sert à faire connaître l'état de la cuve.

Du tranchoir.

Le *tranchoir* est une espèce de palette de bois, laquelle sert à mesurer la quantité de chaux que l'on met dans la cuve.

De la cuve d'Inde.

On prépare une autre sorte de cuve pour le bleu, qu'on nomme *cuve d'Inde*, parceque c'est l'indigo seul qui lui donne sa couleur. Les teinturiers qui se servent de la cuve de pastel n'emploient point ordinairement celle d'indigo : cependant on se sert, pour la poser, d'un vaisseau particulier à cet usage. Hellot, qui a décrit cette cuve, ne parle point du degré de chaleur, omission essentielle, à laquelle nous avons suppléé en parlant de cette cuve.

De l'atelier pour fixer les fécules des végétaux.

Pour extraire les teintures des végétaux, il faut commencer par réduire les bois, les racines et les plantes dans un état de division qui facilite à l'eau bouillante la communication de leurs molécules colorantes ; c'est ce qu'on ne peut espérer en grand que des moulins à couteaux, tels que ceux qui sont en usage pour pulvériser l'écorce de chêne et faire ce qu'on appelle le *tan*. Le mouvement leur sera imprimé par le vent, par un courant d'eau ou par des chevaux, selon les circonstances et la situation.

Toutes les décoctions doivent être faites dans des chaudières de cuivre montées d'après l'usage moderne, c'est-à-dire, sur des fourneaux à *évents* qui permettent à la flamme de circuler presque dans tout son pourtour, ce qui, en accélérant l'ébullition, économise beaucoup de temps et de matières combustibles.

L'intérieur de la chaudière doit être garni d'un panier serré ou d'un sac de canevas, qui, au moyen d'une mouffle fixée au plancher, perpendiculairement au centre du vase, puisse être enlevée après la décoction faite. On se débarrasse ainsi du marc de l'ingrédient colorant, pour ne laisser dans la chaudière que le bain tiré suffisamment au clair. Mais, parcequ'on emploie quelques fruits et beaucoup de végétaux en séve et herbacés, le sac me semble

semble préférable à leur égard, en ce qu'après que la suspension l'a égoutté, on peut le porter sur une presse établie à cet effet dans un coin de l'atelier et en obtenir encore beaucoup de bain, que l'emploi du panier laisserait perdre. Il faut avoir soin de laver en eau courante ces paniers ou ces sacs tandis qu'ils sont encore chauds, afin que la couleur qu'ils viennent d'acquérir ne puisse influer sur celles à l'extraction desquelles on les destine successivement.

Le bain ainsi restant dans la chaudière, est prêt à recevoir la laine piétée ou apprêtée de quelque façon que ce soit. Mais tous les bains ne colorent pas dans le même intervalle de temps ni au même degré de feu; les uns se communiquent rapidement et même sans bouillir : tels sont en général les *jaunes*, que le bouillon ternit et dégrade en les brunissant; ceux des *rubiacées*, ou plantes de la famille de la garance, exigent un peu plus de temps, mais très-peu d'ébullition. Mais une multitude d'autres nuances ne se porte sur la laine que graduellement, par l'évaporation d'une grande partie du bain et sa réduction en *extrait* ou *rob*. Il ne faut donc y employer que des chaudières dont le feu ne frappe que le fond, afin que la réduction puisse s'opérer sans brûler ni le métal ni le contenu : il serait même à desirer, si cela ne rendait pas les *viremens* de la laine par trop difficiles, que ces chaudières eussent la forme d'une cloche renversée, qu'elles fussent plus étroites dans le fond qu'à l'orifice, afin que la diminution de l'espace pût compenser celle du bain réduit. Telles sont toutes les couleurs dont le procédé exige *le long bouillon*.

Les chaudières montées à l'usage antique sont préférables aussi pour *piéter* ou donner les *mordans* aux laines, en ce que la conservation des autres exige qu'on y laisse une trop grande quantité d'eau, qui délaye et affaiblit l'*apprêt*. Tel vase, par exemple, convenable pour teindre les soixante livres destinées à la fabrication d'un *drap*, devrait être vide à moitié pour les apprêter : or la monture moderne ne le permet pas, puisque la flamme circule jusqu'aux trois quarts de sa hauteur. En général, tous les apprêts qui sont ainsi noyés et délayés deviennent débiles et manquent le but : il n'y faut que la quantité d'eau indispensablement nécessaire pour manier et tourner la laine à l'aide de l'ébullition. Toutes les décoctions et opérations peuvent se faire en employant le charbon de terre comme avec le bois.

Mordans métalliques. — Apprêt employé par Delafollie.

Dans un bocal ou matras de verre à long et large col, assez grand pour que la moitié de sa capacité reste vide, versez quatre livres d'acide nitrique faible, c'est-à-dire peu concentré ; posez ce bocal dans un grand plat de terre presque plein de cendres froides, pour l'y fixer debout ; adaptez un bouchon de liége convenable à son orifice, et placez le tout sous le manteau d'une cheminée; jetez-y peu à peu, par fortes pincées, jusqu'à seize onces de bismuth ou étain de glace; réduisez en poudre grossière et bouchez promptement après chaque projection, afin de prévenir la perte des vapeurs rouges, en évitant surtout de les respirer. La solution bien faite doit avoir une couleur de *verd-de-mer* clair; laisser très-peu de boue noire au fond, et ne charier ni déposer aucun sel ni cristaux blancs. Conservez-la bien bouchée pour ne vous en servir que le lendemain, et au plus tard, le quatrième jour après qu'elle a été faite.

Pour apprêter soixante livres de laine destinées à former un drap, prenez cinq livres de tartre rouge ou blanc, bien choisi, pulvérisé récemment et passé au tamis de crin, dix livres de saumure de sel marin faite en eau *froide* ou *tiède* et saturée, au poids de quatre degrés du pèse-liqueur des savonniers.

Mettez au bouillon une chaudière destinée à teindre la laine d'un drap, mais seulement à moitié pleine; projetez-y doucement et par poignées d'environ quatre onces, le tartre en poudre, afin d'éviter que l'effervescence, qui est nécessaire, ne fasse franchir à l'eau les bords du vase, ce qui arriverait si l'on y ajoutait le tartre en trop grande quantité à-la-fois. Versez-y ensuite simultanément la dissolution métallique et la saumure; palliez et rabotez de fond pour mêler et répartir le contenu en la chaudière, et abattez-y diligemment les soixante livres de laine lavée de son dégraissage et bien égouttée de son lavage; plongez et noyez-la le plus exactement possible; travaillez-la aux crochets également et promptement, afin qu'elle s'imprègne bien de l'apprêt; poussez le feu pour ramener l'ébullition, de laquelle vous profiterez pour la tourner plusieurs fois; laissez bouillir doucement une demi-heure, sans presque cesser de crocheter; enlevez la laine pour la *barquer* et laisser égoutter de cet apprêt.

Dans l'intervalle, disposez le bain colorant, dans lequel vous abattrez votre laine, pour l'y travailler suivant l'art.

Si vous desirez teindre des étoffes en pièces, il faut les passer au tourniquet, les noyer dans l'eau bouillante par plusieurs tours pendant un demi-quart-d'heure, et, dans la même eau, si les étoffes sont blanches et propres, former votre apprêt, toujours en raison des doses de drogues et quantité d'eau désignées pour le poids de soixante livres. Le tout étant mélangé, abattez-y l'étoffe tout-à-la-fois pour la bien imprégner; repassez-la au moulinet; poussez le feu et tournez pendant demi-heure, en l'étendant sur sa largeur, afin qu'elle prenne la couleur également. Il faut ici plus de feu que pour la laine, vu que les parties de l'étoffe qui passent successivement hors de la chaudière, éventent et refroidissent considérablement le bain d'apprêt. Enlevez la pièce sur le moulinet et l'y laissez égoutter, en lui donnant diverses situations, pour qu'il ne reste pas beaucoup plus d'apprêt dans une partie que dans d'autres. Après une demi-heure, vous la pourrez abattre encore tout-à-la-fois dans le bain colorant, où étant exactement plongée, vous la repasserez et tournerez au moulinet jusqu'à ce qu'elle ait atteint la nuance desirée.

Ces manipulations étant indispensables et communes à tous les apprêts métalliques, il suffira de les exposer une fois.

Mais, avant d'entreprendre un apprêt en grand, il est prudent de s'assurer en petit des conditions suivantes, savoir:

1°. Si la dissolution est bonne, vu que la moindre négligence dans la manipulation, dans le choix du métal, dans celui du menstrue et des drogues accessoires, peut faire manquer l'opération, perdre le temps, la dépense, et altérer la qualité de la laine.

2°. Si cette laine est suffisamment dégraissée et lavée de son bain de dégrais.

3°. Si les ingrédiens colorans sont en proportion requise d'énergie et de force pour la nuance qu'on desire.

4°. Jusqu'à quel degré de réduction on doit commencer les bains de *longue cuite* pour obtenir la couleur qu'on s'est proposée, et enfin tout ce qu'il convient de pratiquer ou d'éviter pour être moralement assuré du succès.

A cet effet, prenez quatre gros humides ou quatre gros secs de la laine, ou de l'étoffe dont il s'agit.

Mettez dans un poîlon de cuivre rouge ou jaune, selon la nature de votre chaudière, pinte et demie de la même eau qui doit vous servir en grand. Dès que vous l'aurez amenée à l'ébullition, jetez-y par pincées dix-huit grains de votre tartre en poudre. L'effervescence calmée, jetez-y ensemble dix-huit grains de votre solution métallique et trente six-grains de votre saumure ; mêlez bien le tout, abattez-y votre laine ou étoffe, travaillez et remuez pendant demi-heure au petit bouillon ; enlevez, égouttez et abattez dans un bain colorant composé dans les proportions relatives aux projets de l'opération en grand, sauf à les changer d'après l'effet de l'opération en petit, laquelle doit aussi vous servir à-peu-près de règle pour la durée et le degré de feu à employer.

Il ne faut pas induire les proportions de solution métallique et d'eau en grand de celles ci-dessus en petit. On doit, lors de l'opération en grand, augmenter la solution et diminuer l'eau du bain, parceque soixante livres de laine ne peuvent jamais être égouttées aussi exactement que quatre gros. Elles apportent donc nécessairement dans la chaudière beaucoup de fluide, qu'il faut compenser en diminuant l'eau et renforçant les parties actives. Or, en petit, la dissolution métallique est en raison du seizième du poids de la laine, et en grand, elle doit être au moins d'un douzième ; le tartre doit toujours être en poids égal, et la saumure en poids double de la dissolution métallique.

Expériences faites sur le bouleau.

L'utilité majeure de cet ingrédient en teinture mérite que je m'arrête un moment pour en décrire les manipulations.

Une branche de deux pouces de diamètre, coupée depuis six mois, a été hachée, bois et écorce, en petits éclats, ainsi que l'on hache le campêche. J'en ai fait cuire trois onces pendant deux heures dans une pinte d'eau : un gros de laine abattu dans la colature de ce bain, y a contracté en quatre heures de bouillon, c'est-à-dire, après une réduction considérable, une jolie couleur de noisette douce et solide.

La même espèce de bois coupé depuis six semaines, traité de la même manière, a donné à ladite laine une couleur de noisette pourpré, à très-peu de chose près comme celle que produit le bois de *bignonia catalpa*. Employé le jour même de sa coupe, la couleur a eu moins de violent et d'intensité.

L'écorce seule de ce bois coupé depuis six semaines, au poids de deux onces dans trois quarts de pinte d'eau, m'a procuré un très-beau bain canelle-marron ; mais au plus long bouillon, la laine n'y a pris qu'une couleur de coton de Siam.

Les brindilles ou verges de bouleau, coupées et employées le 7 mars, ont donné un bain jaune semblable en couleur et en odeur à celui des jeunes branches du peuplier d'Italie; mais la laine d'apprêt a contracté un jaune plus terne.

J'ai ajouté au déchet de ce bain un peu de vitriol de fer, et il est résulté, sur de nouvelle laine du même apprêt, une couleur olive sale.

Dans une demi-pinte d'eau, j'ai fait cuire pendant une heure, une once d'écorce de gros bois de bouleau, frais coupé et haché. Alors j'y ai jeté un gros de vieille orseille des Canaries, desséchée par défaut de soin et pulvérisée. Après encore une heure de petit bouillon, j'ai coulé ce bain et y ai abattu un gros de laine d'apprêt qui a contracté une belle couleur mordorée, presque pourpre, solide au savon et au vinaigre. Cette fixation d'une fécule aussi fugace que celle de l'orseille, me fit espérer que l'écorce de bouleau me serait également utile à l'égard des bois colorans étrangers, et cet espoir s'est réalisé, ainsi qu'on le verra lorsqu'il sera question de chacun d'eux.

Dans trois quarts de pinte d'eau, j'ai fait bouillir pendant une demi-heure quatre gros d'écorce sèche et autant de brindilles sèches de bouleau; j'ai refroidi ce bain pour y projeter un gros de belle garance, que j'ai maintenue entre chaud et bouillon pendant demi-heure. Le bain soutiré, j'y ai abattu un gros de laine d'apprêt bon pour exalter le rouge, qui pourtant n'y a pris qu'une nuance aurore très-vive. Cette laine enlevée, j'ai ajouté au déchet un gros de garance, et laissé cuire doucement encore pendant un quart-d'heure. Le bain soutiré, j'y ai réabattu la laine déjà teinte; elle y a acquis une aurore plus éclatante que la première. Partie de cette laine, repassée dans un bain de peuplier d'Italie et de baies sèches de bourdaine, y est revenue radieuse; mais ce serait une couleur bien chère, et par conséquent de pure curiosité.

D'après l'idée que m'ont suggéré MM. de Machy et Fourcroy, j'ai tenté d'attaquer la partie résineuse de l'écorce de bouleau; mais l'esprit-de-vin, l'eau-de-vie, dissolvans naturels de cette substance, induisant en des dépenses trop considérables, j'ai cherché à y suppléer par le menstrue suivant.

Dans trente-six pouces cubes d'eau, j'ai mélangé six pouces cubes de lessive de soude au degré quatrième du pèse-liqueur des savonniers, et j'y ai fait cuire deux onces d'écorce fraîche de bouleau, enlevée par la plane, d'un bois de six années de croissance.

Après seulement trois quarts-d'heure d'ébullition, le bain étant coloré d'un rouge foncé et violent, à-peu-près comme une forte cuite de bois de Fernambouc, je m'applaudissais déjà de ce que cette lessive peu dispendieuse avait dissout la riche résine de cette écorce; mais les laines de mes divers apprêts n'y ont pris qu'une nuance de nankin-grisaille. Je les ai enlevées, et j'ai projeté dans ce bain dix-huit grains d'alun en poudre, qui l'ont d'abord fait cailloter en isolant les parties résineuses; cependant, à l'aide du feu et du mouvement, l'homogénéité s'est rétablie; les laines y réabattues ne s'y sont point réhaussées de couleur, et leur nerf a été atteint au point de les rendre très-difficiles à feutrer.

Cette sensibilité de la laine aux alkalis m'a déterminé à teindre dans ces bains riches, du coton qui y résiste parfaitement. J'ai donc préparé, comme pour rouge des Indes, plusieurs écheveaux de coton, qui n'y ont pris qu'une nuance de nankin-canelle, mais bien solide au débouilli du savon.

Dans un bain alkalisé comme ci-dessus, j'ai fait cuire trois onces d'écorce fraîche de bouleau; dans ce bain bien terré, j'ai versé peu à peu de l'huile de vitriol qui l'a mordoré, en lui faisant exalter l'odeur styptique et austère du *cuir de Russie.* Alors de la laine-vierge seulement engallée, alunée et séchée, y a pris un beau ton canelle, comme d'un léger garançage transparent, et qui s'est bien feutré, en conservant sa couleur telle que la donnerait sur la laine apprêtée un mélange de paille de sarrasin commun, d'un peu de garance et de peuplier d'Italie.

J'ai ensuite fait cuire dans de l'eau alkalisée une once de brindilles sèches de peuplier d'Italie. Le bain est devenu mordoré-aurore. Quelques gouttes d'acide sulfurique l'ont un peu éclairci, en lui donnant aussi l'odeur austère ; mais la laine, quoique d'un bon apprêt, n'a contracté qu'une bruniture de jaune mordoré terne et inférieure à celle que l'on obtient d'un déchet ordinaire et surbouilli.

Dans un bain acidulé au ton du vinaigre par l'acide sulfurique, j'ai fait cuire trois onces d'écorce fraîche de bouleau. Après une heure d'ébullition, le bain s'est coloré d'aurore foncée très-transparente. J'y ai abattu un gros de laine d'apprêt par proportions doublées, et pendant trois heures de teinture, j'ai alimenté ce bain d'eau pure, afin de prévenir la concentration de l'acide : alors j'ai enlevé la laine, uniquement teinte en nankin-canelle ; elle s'est bien feutrée, mais le savon en a viré la couleur en un assez beau gris, qui redevint nankin dans l'acide.

Dans quatre verres d'eau acidulée, j'ai fait cuire deux gros de belle garance ; le bain a paru jaune comme celui du peuplier d'Italie cuit dans l'eau pure : un gros de laine d'apprêt double y a pris un jaune clair mais mat, lequel au feutrage s'est viré en nankin-canelle, portant encore couleur fausse.

Il n'y a donc, jusqu'à présent, que la laine vierge engallée et alunée qui, dans un bain d'écorce de bouleau modérément alkalisé, m'ait donné une couleur louable et solide nankin-canelle.

Comme il n'est point d'arbre plus commun dans nos bois, ni d'un accroissement aussi prompt que le bouleau, cette propriété de son écorce, pour assurer les fausses couleurs, est une des découvertes qui m'ait le plus flatté. J'ai reconnu depuis l'avantage de l'employer sèche plutôt que fraîche, et pour m'en procurer beaucoup et à bon marché, je n'ai pas trouvé d'autre moyen que d'en dépouiller les arbres de dix-huit à vingt ans, les plus droits, lorsqu'ils sont en séve. La manipulation est celle qu'on emploie pour écorcer les jeunes chênes afin de faire du *tan* : l'exsiccation et la pulvérisation sont les mêmes. Le bouleau dépouillé reste en feuilles le surplus de la saison, et son bois abattu l'hiver suivant, m'a paru avoir acquis de la dureté.

Le bouleau-merisier. Ses brindilles en feuilles, coupées depuis huit jours, m'ont procuré un bain jaune terne, un peu mucilagineux, exhalant une odeur mixte d'amandes amères et de mélilot comme celui du *mahaleb*. La laine d'apprêt y prend d'abord un ton jaunâtre qui, au long bouillon, devient musc doré, clair et transparent.

Expériences faites sur le peuplier.
par Dambournay.

La découverte des propriétés tinctoriales de cet ingrédient est celle qui m'a paru la plus satisfaisante. Le peuplier réunit en effet l'éclat, la solidité du plus beau jaune doré à la facilité de son extraction, à son aptitude pour entrer dans toutes les couleurs composées, ainsi qu'à l'économie.

On sait que, sur dix boutures plantées en terreins frais, il en reprend au moins neuf, qui, en vingt années, forment des arbres qui valent alors plus que le fond sur lequel ils ont poussé. L'avantage est double, si le propriétaire a pu les attendre trente années, puisque alors ils peuvent former toutes les pièces de charpente de bâtimens champêtres.

Dans l'intervalle, notre art aura payé annuellement les jeunes branches qu'il réclame, et dont on peut couper au moins la quatrième partie sans nuire à l'accroissement de la tige. Lors même qu'on vend la futaie, si on l'abat à coupe blanche, on se forme un taillis dont on pourra vendre la dépouille chaque année, et se faire ainsi un revenu considérable dont l'acquisition n'aura rien coûté. La plupart des individus de la famille des peupliers nous offre à-peu-près les mêmes avantages, ainsi qu'on le verra dans le détail de mes expériences.

Une once d'écorce fraîche de peuplier d'Italie, hachée, cuite doucement pendant une heure dans trois quarts de pinte d'eau, m'a procuré un beau bain de citron.

Deux onces de bois écorcé, haché et cuit, donnent, au long bouillon, de bonnes nuances de noisette, de nankin et de musc.

Deux onces de brindilles en jeunes feuilles hachées et cuites pendant une heure dans trois quarts de pinte d'eau, m'ont procuré, sur un gros de laine, en demi-heure de teinture, sans bouillir, un jaune encore plus jonquille et aussi solide.

Un peu de garance fraîche ajoutée à ce bain, donne au bouillon une suite de marrons rougeâtres fort agréables et solides.

Un quarante-huitième du poids du peuplier, en garance fraîche écrasée, ajouté à un nouveau bain, procure une belle aurore-canelle.

L'unique défaut de ce jaune est de ne point prendre un verd franc dans la cuve d'Inde, mais une nuance olive, à cause de quelques atômes de rouge qui font partie de son essence.

Cherchant à réduire la quantité de cet ingrédient, je n'ai pris que six gros de brindilles fraîches, qui, hachées et cuites dans une demipinte d'eau, m'ont procuré, sur un gros de laine d'apprêt, un jaune ravenelle un peu mat.

J'ai ajouté au déchet un peu de garance sèche, et la laine a contracté un beau mordoré.

Dans un bain pareil de six gros de brindilles fraîches hachées, j'ai abattu un gros de laine d'apprêt qui y a pris subitement entre chaud et bouillon, un très-beau jaune doré bien égal et beaucoup plus brillant que sur la laine. J'aurais pu l'enlever après cinq minutes, mais je l'y ai laissée quinze sans qu'elle ait terni. Cette belle couleur résiste à toute épreuve de savon et de vinaigre. Il faut, dans ce procédé, n'abattre la laine qu'au bain tout-à-fait tiéde et la travailler diligemment.

Un gros de laine piétée en bleu, puis réapprêtée, abattue dans un bain de six gros de brindilles fraîches, a contracté un joli et très-solide verd tendre un peu olivâtre.

Un gros de laine d'apprêt, teinte en six gros de brindilles fraîches, réabattue dans un bain de quatre gros de baies sèches de bourdaine, devient d'une belle nuance de ronce d'Artois bien chatoyante.

En portant le poids du peuplier jusqu'à huit gros, et celui des baies sèches jusqu'à six, on obtient, sur un gros de laine d'apprêt, une belle couleur de ravenelle - maure transparente et solide.

Huit onces de laine d'apprêt ont été teintes dans un bain de brindilles fraîches, hachées, cuites dans huit pintes d'eau, qui leur a communiqué un beau jaune-jonquille solide, mais légérement inégale.

Cet inconvénient a depuis été prévenu en abattant la laine dans le bain presque froid, pour se ménager le loisir de la bien ouvrir et travailler.

Huit onces de laine de cet apprêt ont été teintes de meme, puis réabattues dans un bain de trois livres de baies sèches de bourdaine, où elles ont acquis un beau jaune verdâtre chatoyant et bien transparent.

Huit onces de la même laine ont été teintes dans un bain de trois livres de brindilles sèches, hachées, cuites dans six pintes d'eau. Je les ai réabattues dans un autre de trois livres de baies sèches de bourdaine, trois onces de garance, six gros de vieille orseille sèche, et trente-six grains de dissolution de fer, le tout cuit dans sept pots d'eau. Elles y ont acquis une bonne teinte de carmélite bien pétillante.

J'ai éprouvé qu'en faisant sécher les brindilles de peuplier, six poids en remplaceront neuf et occuperont un tiers de moins que la capacité de la chaudière;

Que le broiement par le moulin à couteaux en sera plus facile;

Qn'en étendant ce bois moulu sur le plancher d'un grenier et le remuant à la pelle pour en perfectionner l'exsiccation, il sera possible de l'embarriller, conserver en lieu sec et le voiturer par-tout où la consommation l'appellera;

Qu'on ne sera plus obligé de consommer dans le même jour tout ce que l'on aura fait moudre, sous peine de fermentation destructive de la couleur, ainsi qu'il arrive aux brindilles hachées fraîches;

Qu'enfin on pourra choisir sa propre commodité, ainsi que celle du moulinier.

Cette expérience me sembla donc très-capable d'accréditer l'emploi de cet ingrédient admirable pour procurer des jaunes brillans et solides.

L'apprêt coûtera vingt-un francs soixante centimes, dont on aura à déduire la valeur des bourrées séchées; ainsi il n'en coûterait que dix-huit francs.

Que l'on calcule maintenant ce qu'il coûterait en gaude, en bois jaune, en alun pour cette teinture, moins brillante et infiniment moins solide.

Cette économie de cinq livres resultant de l'apprêt par chaque drap, m'a fait chercher la possibilité d'en obtenir le jaune de peuplier presque aussi vif que par l'apprêt. Il consiste à projeter le tartre en poudre avant le bouillon, et dès que l'eau frémissante est seulement assez chaude pour le fondre avec effervescence; ensuite on diminue le feu pour verser les solutions de bismuth et de sel marin, et l'on n'abat la laine qu'à un degré de chaleur moindre que celui qu'on appelle vulgairement *entre chaud et bouillon ;* puis on l'y travaille ainsi pendant une heure, au lieu de la demi-heure indiquée par l'apprêt au bouillon.

Ces essais m'ont démontré que le peuplier d'Italie avait, comme l'écorce de bouleau, la propriété d'assurer les fécules du fernambouc et du campêche.

TABLEAU

TABLE ET CLASSES
DES COULEURS

Résultantes des expériences décrites dans le Recueil de Procédés sur les teintures solides par DAMBOURNEY.

Aurore.

AURORE jaune doré, par bain de tiges et feuilles fraîches de *bidens-tripartita* ;

Aurore sérieux de ladite plante sèche ;

Idem, terne, des racines d'if ;

Idem, brillant sur laine E, des mêmes racines et alun fondu dans le bain ;

Idem, de fleurs sèches de jonc marin, et un peu de garance ;

Aurore cannelé, par brindilles de peuplier d'Italie, et $\frac{1}{48}$ de garance ;

Aurore des racines jaunes d'un pommier sauvage ;

Aurore par bain de garance, sur laine apprêtée par la dissolution d'alquifoux ;

Aurore-canelle sur coton, par bain d'écorce de paletuvier ;

Aurore doré, par bain de *genista-anglica* ;

Aurore orangé, par bain de sumac de Virginie ;

Aurore rembruni, par bain d'Euporbe tithymale;

Aurore-capucine, par deux bains de bois de rhûs de Virginie. On le rend plus capucine, en y ajoutant un peu de garance;

Aurore de paille sèche de sarrasin et un peu de garance, sur laine E;

Idem, chatoyant, très-riche, sur laine E et O, en paille sèche de sarrasin, baies sèches de bourdaine et un peu de garance.

Bleu.

Imitation du bleu, par bain de bois de Campêche, jolie couleur, mais peu résistante aux acides;

Idem, plus solide;

Imitation de bleu de roi, solide, sur laine piétée de petit bleu de cuve réapprêtée E, en bain d'écorce de bouleau et bois de Campêche;

Idem, de bleu dauphin, par laine piétée de petit bleu de cuve réapprêtée $L\ F$, teinte en bain d'écorce et Campêche;

Petit bleu ou gris bleuâtre sur laine $L\ F$, en bain de baies mûres de sureau;

Idem, avec vitriol de Cypre, joli bleu tendre mais peu solide aux acides;

Bleu de composition, par indigo extrait du pastel dissous en huile de vitriol (*acide sulfurique*);

Bleu de composition par indigo d'Amérique, dissous en huile de vitriol;

Bleu ou indigo extrait du pastel;

Bleu de cuve d'Inde à chaud, montée en indigo du pastel ;

Bleu ou indigo experé du chou violet.

Brunitures.

Bruniture, couleur de tabac rapé de France, première mise en bain de bois écorce d'aune ;

Bruniture olivâtre, première mise en bain de brindilles *d'agnus-castus ;*

Idem, brun foncé violent, bain de tiges en feuilles d'agripaume ;

Idem, la plus belle et plus intense des brunitures procède du bain de brou de noix mûre, non fermenté ;

Belle bruniture, puce violente, du bain d'écorce fraîche du noyer noir de Virginie ;

Brun violent, du même bain, en moindre dose ;

Bruniture puce, presque prune, du bain des brindilles de l'obier à fleurs simples en séve ;

Bruniture presque noire, des tiges et feuilles vertes de la grande ortie ;

Bruniture de gris foncé olivâtre, en bain des tiges et feuilles fraîches de la pariétaire ;

Brun noirâtre, par double bain de bourdaine et Campêche ;

Brun noirâtre, par bain de feuilles vertes du pastel ;

Bruniture d'aurore, par bain d'euphorbe tithymale ;

Idem, de jaune par bain de filipendule ;

Idem, de jaune, par bain d'yellow-oack, ou chéne jaune d'Amérique septentrionale.

Caca-Dauphin, ou Fauves chatoyans..

Idem, verdâtre chatoyant, de laine *E*, en bain de bruyère sèche et paille sèche de sarrasin ;

Fauve clair, en bain de paille sèche de sarrasin ;

Idem, très-brillant, par laine *E* et *O*, en bain de paille sèche de sarrasin ;

Idem, olivâtre, par paille sèche de sarrasin et baies sèches de bourdaine ;

Idem, aventurine, par les mêmes moyens, et très-peu de garance, sur laine *L F*, apprêt modifié ;

Idem, opération un peu en grand.

Canelle.

Canelle doré, première mise en bain de brindilles sèches d'acacia rose, long bouillon ;

Idem, en bain de brindilles d'abricotier ;

Idem, mordoré, en bain de souches et racines d'airelle verte canelle sur laine *E*, en bain de branches de *ignonia catalpa* ;

Idem, très-riche en déchet de Campêche et sumac, sur laine *E* et *O* ;

Idem, clair, coton de Siam ; en bain de bois frais écorcé du charme commun ;

Canelle doré du cyprier, en bain des brindilles sèches dudit ;

Canelle des racines fraîches de fraisier de jardin ;

Idem, rosé brillant sur laine *L F*, en bain de garance fraîche ;

Idem, foncé, par bain de cœur de genêt;

Idem, rougeâtre, par bain de brindilles de *grevia*;

Idem, mordoré, d'écorce de hêtre sur laine d'apprêt *E*;

Canelle nankin, des tiges vertes du houblon;

Idem, mordoré, des racines d'if et écorce de bouleau;

Idem, riche, en bain de fleur sèche de jonc marin et un peu de garance;

Idem, mordoré, bain des brindilles du laurier de Portugal;

Canelle, en bain de racines fraîches du grand lizeron;

Idem, clair rosé, en bain des branches du mahaleb;

Canelle clair-rosé, en bain des branches de marsaule;

Idem, doré, de brindilles sans feuilles de mélèze;

Idem, du gros bois de merisier;

Idem, tendre, d'écorce de néflier;

Idem, de brindilles du nez-coupé;

Idem, rougeâtre, en bain d'écorce d'orme et d'écorce de bouleau;

Idem, clair, de brindilles de pêcher;

Idem, doré, en bain des fruits mûrs du pied-de-veau;

Idem, de branches de poirier de trois ans;

Idem, rosé, de brindilles de *syringa*;

Canelle aurore, par bain de baies du troëne;

Canelle fine, par bain de gros bois sec d'aube épine;

Idem, sur laine engallée, teinte en bain d'écorce de bouleau ;

Canelle très-rosé, par bain d'écorce de racine de pêcher.

Carmelite.

Carmelite de première mise en bain de brindilles d'aune, un peu de garance, puis en bain de baies sèches de bourdaine et de brindilles de peuplier d'Italie ;

Idem, par laine d'apprêt *C*, en déchet de bain de balsamine, réabattue en baies sèches de bourdaine ;

Idem, en bain de vin de bourdaine et un peu de garance;

Idem, faible, en bain de foin sec, qui ne fournit guère que le piétage,

Devient belle en y ajoutant un peu de garance ;

Idem, native, de bain de tiges de lavande ;

Carmelite riche, par bain de brindilles de *pavia* et baies sèches de bourdaine;

Idem, par brindilles de nerprun, et réabattue en bain de garance;

Idem, par paille sèche de froment, un peu de garance, sumac et dissolution de fer ;

Idem, un peu en grand, par peuplier d'Italie, baies sèches de bourdaine, garance et dissolution de fer ;

Carmelite claire, très-chatoyante, en bain de paille sèche de sarrasin, baies sèches de bourdaine, peuplier d'Italie, et garancée, sur laine d'apprêt *L F;*

Idem, en un seul bain, par son de sarrasin,

baies sèches de bourdaine et peuplier d'Italie;

Idem, par suie de cheminée, garance, baies sèches et peuplier;

Idem, en bain de trèfle rouge et un peu de garance;

Bon piétage de carmelite, par bain de véronique lierrée;

Carmelite native, par bain de garance, sur laine apprêtée par la dissolution d'alquifoux;

Carmelite par bain de brou de noix desséché;

Carmelite fauve, par bain du gros bois de *robinia*.

Cerise.

Cerise, par bain de cochenille, sur laine pétrie en très-forte dissolution d'étain.

Citron.

Citron jaune, de première mise, en bain de jeunes branches d'acacia;

Idem, verdâtre, en bain d'aristoloche clémathite;

Citron, de bain de brindilles de bois joli;

Idem, de bain de branches et feuilles du bonduc, sans bouillir;

Idem, brillant, sur laine E, en bain de bruyère, commune sèche;

Citron-soufre, de feuilles vertes du cerfeuil musqué;

Idem, clair, en bain de fleurs de colchique des prés;

Idem, du bain de coronille-glauque;

Citron mat, de brindilles du cyprès;

Idem, brillant du dompte-venin ;
Idem, de brindilles du genêt à poils ;
Idem, du genêt des teinturiers ;
Citron jaune, du géranium musqué ;
Citron mat, de jacée noire ;
Citron de la grande jacobée ;
Idem, du jasmin jaune des bois ;
Idem, de l'œillet d'Inde ;
Idem, des brindilles d'olivier ;
Citron paille, des racines de grande ortie ;
Citron brillant, du peigne de Vénus ;
Idem, par les brindilles des peupliers de Virginie, liart, ypréau et tremble des forêts, sur laine E ;
Citron verdâtre, du pied-d'alouette ;
Citron solide, en bain des feuilles vertes du pin maritime ;
Citron brillant, en bain de tiges, feuilles et fruits verds du poivre de Guinée ;
Idem, des feuilles de pomme de terre ;
Idem, des tiges fleuries de reine des prés ;
Idem, des tiges de reine-marguerite ;
Citron verdâtre, des tiges vertes de rhue ;
Citron jaune, en bain du sarrasin, lizeron, sur laine E ;
Citron verdâtre, en bain de souci de Barbarie ;
Citron olivâtre, des tiges fraîches de verge-d'or du Canada ;
Citron jaune, en bain de fleurs fraîches de verge-d'or du Canada ;
Citron clair, queue-de-serin, par vin de bourdaine ;
Citron, verdâtre, par bain du *lithospernum arvense minus*, sur laine pétrie E ;

Citron chamois, par bain de *phytolacca*;
Citron mat, par bain du sceau de Salomon;
Citron clair, par bain de sylvie ou anémones des bois;
Citron queue-de-serin, par bain d'yellow-oack;

Cramoisi.

Cramoisi tendre, nommé *écarlate de Venise*, sur laine *E*, teinte en bain d'écorce de bouleau et de bois de Fernambouc;

Idem, plus intense, par plus forte dose de Fernambouc, nommé *amaranthe*;

Idem, moins aimable, par Fernambouc, fixé par les brindilles de bouleau, au lieu de l'écorce dudit;

Idem, clair, par écorce de bouleau et de bois de Sainte-Marthe;

Idem, en déchet dudit;

Idem, proportions préférables pour l'emploi du bois de Sainte Marthe;

Rouge rosant, presque cramoisi, qui résulte d'un bain d'écorce de bouleau, bois de brésillet et alun fondu dans le bain;

Idem, moins brillant, par bain de bois de brésillet et alun, sans écorce de bouleau;

Idem, plus vif et plus solide, par bois de brésillet, écorce de bouleau, alun et crème de tartre, en deux bains successifs;

Idem, en déchet de ce bain;

Idem, par bain de bois d'Angole, écorce de bouleau et alun fondu dans le bain;

Cramoisi pouprant, par bain de garance, de bois de Campêche et de bois de Fernambouc.

Ecarlate.

Ecarlate, par bain de cochenille;

Idem, sur laine en floccons;

Idem, tranchante, sur drap formé de cette laine;

Idem, en chaudières de cuivre rouge et jaune, sans changer les eaux;

Idem, par dissolution d'étain dans l'huile de vitriol;

Ecarlate imitée par bain de garance, sur laine pétrie E.

Grisailles.

Gris doré, par bain de mouron commun;

Grisaille-noisette, par bain du plantain à feuilles étroites ou *quinque-nervia*.

Jaune.

Jaune-souci, première et seconde mise en bain de brindilles d'alaterne à feuilles large;

Jaune jonquille, première mise en bain de brindilles d'alaterne à feuilles étroites;

Idem, première mise en bain de brindilles en feuilles du *thuya* du Canada;

Idem, plus foncé, seconde mise dans ledit;

Idem, jonquille, première mise en bain de brindilles de l'arbre aux anémones;

Jaune-ravenelle, première et seconde mise en bain de gros bois d'acacia;

Jaune-ravenelle mat, première mise en bain d'écorce d'aune;

Jaune-ravenelle, première mise en bain de feuilles d'artichaut;

Jaune brillant, en bain de brindilles d'apalachine ;

Jaune olive, seconde mise en bain de bonduc ;

Jaune foncé-ravenelle, en bain de fleurs de balsamine ;

Jaune mat, en bain de brindilles vertes de bouleau ;

Jaune brillant, en bain de baies non mûres, de bourdaine ;

Jaune-ravenelle, sur laine E, en bain de bruyère sèche ;

Jaune-ravenelle-maure, sur laine E, en bain de bruyére sèche et baies sèches de bourdaine ;

Jaune-capucine terne, en bain de baies mûres de brionne ;

Jaune-chamois, en bain de capsules de faînes ;

Jaune-abricot, du chevrefeuille des Alpes ;

Jaune doré, de l'écorce du cornouiller mâle ;

Jaune franc, du *cucurma*, fléchit au savon ;

Jaune-ravenelle vif, de première mise, en baies de *cytise trifolium* ;

Jaune franc, en bain de fumeterre fraîche ;

Idem, en bain de fumeterre sèche ;

Jaune du fustet, fixé par écorce du bouleau sur laine E ;

Jaune franc, de gaude sèche ;

Idem, plus solide en gaude verte ;

Jaune-ravenelle, en déchet du bain de genêt à poils ;

Jaune foncé mat, du genêt des teinturiers ;

Jaune intense olivâtre, en bain de *geranium* à Robert ;

Jaune-jonquille, des fleurs fraîches du jonc marin ;

Jaune-souci, desdites fleurs sèches ;
Jaune d'écorce de marronnier d'Inde ;
Jaune, abricot, d'écorce de marsaule ;
Jaune olivâtre, par bain de brindilles fraîches de nerprun ;
Jaune agréable, par bain de tiges sèches de l'œil de Christ à fleurs gris de lin ;
Idem, ravenelle, du même bain ;
Idem, tendre, d'écorce d'orme, baies sèches de bourdaine et paille de sarrasin, sur laine E ;
Jaune doré, par bain de brindilles d'osier jaune ;
Joli jaune verdâtre, de pensées fermentées.
Jaune foncé, *idem*, sur laine $L\ F$;
Beau jaune, en bain de *viola rothomagensis*;
Jaune-ravenelle de fleurs de grande persicaire;
Jaune doré, presque aurore, de l'écorce du peuplier, d'Italie ;
Jaune-jonquille, par bain de brindilles fraîches du peuplier d'Italie ;
Jaune-ravenelle, desdites sur laine d'apprêt C;
Jaune doré exquis, sur laine E, en bain de brindilles fraîches de peuplier d'Italie ;
Jaune-ravenelle-maure desdites, et baies sèches de bourdaine ;
Jaune de peuplier d'Italie, un peu en grand ;
Idem, en brindilles hachées ;
Idem, sans les hacher ;
Ce jaune est économique, le peuplier assure le colorant du bois, l'alun décompose sa fécule ;
Jaune-jonquille, du peuplier noir des rivières, égal à celui d'Italie, sur laine d'apprêt E ;

Jaune doré, par bain des plantes fraîches de pied-de-lit ;

Jaune-ravenelle-maure, en bain d'écorce subérique de pin résineux ;

Jaune foncé, des brindilles du placminier ;

Jaune-ravenelle, par bain de l'écorce du platane ;

Jaune doré, de bain de racines de pommier sauvage ;

Idem, du bain de plantes fraîches de reine-marguerite ;

Beau jaune orangé, par bain de *rhûs virginianum* ;

Jaune-souci, des fleurs fraîches de la rose d'Inde ;

Idem, plus doré, par bain de la plante entière ;

Idem, encore doré, quoique par déchet des deux bains ;

Jaune franc, en bain de plantes presque sèches de sarrette ;

Jaune-ravenelle, en bain de la sauge des bois ;

Jaune-mat, de l'écorce du saule de rivière ;

Jaune-ravenelle, par bain du thym ;

Jaune-souci verdâtre, par bain des racines de tormentille ;

Jaune franc, par bain des plantes fraîches, du petit trèfle jaune ;

Idem, dans le déchet dudit bain ;

Jaune-ravenelle, de verge-d'or, *nostras* ;

Jaune pur, obtenu du vin de bourdaine ;

Jaune pur très-joyeux, par bain de *genita anglica* ;

Jaune doré, par bain de fleurs de jonc-marin séchées;

Jaune-jonquille, par bain de peuplier d'Italie sec et pulvérisé;

Jaune clair, par bain du sarrasin de Sibérie;

Jaune foncé, *idem;*

Jaune-olivâtre et mat, par décoction de sylvie;

Jaune-citron, par bain d'yellow-oack, ou d'Amérique;

Jaune-ravenelle, *idem;*

Jaune d'or, par bain dudit chêne jaune d'Amérique.

Lie-de-vin.

La laine-vierge, pétrie en terre précipitée d'alun et d'étain, devient rose foncé, lie-de-vin, dans un bain de son de sorgho.

Marron.

Marron sur laine *L F*, en déchet de bain de l'arbre aux anémones;

Marron rosé, du bain de l'écorce de l'érable commun;

Marron violent, procédant d'un bain composé de bois de Fernambouc, d'orceille et de garance;

Marrons divers, par bains de foin sec et de garance;

Marron-puce, en bain de garance et solution de bismuth dans le bain;

Marron, par bain de hêtre;

Marron clair, par bain d'écorce brune du marron d'Inde;

Marrons rougeâtres, par peuplier d'Italie et garance ;

Marron clair, par bain de gros bois sec du pommier ;

Marron foncé pourprant, par bain de son de sorgho, sur laine E ;

Marrons pourpres divers, par bain de bois d'Afrique et écorce de bouleau.

Merdoie.

Merdoie dorée, première mise en bain de brindilles de l'arbre de neige ;

Idem première mise en bain d'écorce d'aune ;

Merdoie, par bain, d'aristoloche clémathite ;

Merdoie, en bain de l'arrête-bœuf, *natrix ;*

Idem, en bain d'armoise ;

Idem, presque musc, en bain du béhen blanc ;

Merdoie opaque, par bain de blé de vache des prés ;

Idem, brillante, en bain de baies mûres de bourdaine sur laine pétrie en vitriol de Cypre ;

Merdoie claire, en déchet de bain du cerfeuil musqué ;

Merdoie jaunâtre, de bain d'estragon ;

Idem, en bain d'euphorbe cyparissias ;

Merdoie dorée, par bain de feuilles de figuier ;

Merdoie riche, par bain de *galeopsis-ladanum ;*

Merdoie dorée, par bain *d'impia ;*

Merdoie dorée, par bain de l'immortelle des bois ;

Idem, des brindilles du laurier-rose ;

Idem, par bain de *marrubiastrum* :

Idem, du lierre terrestre;

Idem, du marrube noir;

Merdoie portant au musc, par très-longue cuite de pied-de-lit;

Idem, olivâtre, du pied-de-loup;

Merdoie dorée, de brindilles du prunier de Sibérie;

Merdoie musc, en bain de sauge des bois;

Merdoie, par bain des tiges et feuilles de rhue;

Idem, riche, en bain de brindilles vertes de sumac vrai;

Idem, très-dorée, bain brindilles de sureau à fruits rouges.

Mordoré.

Mordoré, par troisième mise en bain d'alaterne à feuilles étroites;

Idem, clair, première mise en bain de brindilles d'aune avec un peu de garance;

Mordoré, première mise en bain, de brindilles d'aube-épine;

Mordoré riche, en bain des brindilles d'algalou;

Mordoré, en bain d'argentine;

Mordoré-marron, en bain d'argentine à fruit;

Idem, presque pourpre, en bain des brindilles ou de l'écorce de bouleau et orceille qui s'y fixe;

Mordoré, par baies sèches de bourdaine et un peu de garance;

Mordoré, très-beau, par bain de brindilles du charme à fleurs de Virginie;

Mordorés divers, procédans de bain de foin sec et bains acidulés de garance;

Mordoré

Mordoré riche, par laine *F*, en bain de cœur de genêt ;

Idem, plus riche, avec sel d'étain ;

Idem, en bain concentré, de cœur de genêt ;

Idem, en bain de brindilles de laurier-cerise ;

Mordoré clair, par luzerne et garance ;

Idem, par l'écorce du marronnier d'Inde ;

Mordoré clair, par déchet d'écorce de marsaule ;

Mordoré tanné, en bain de brindilles sèches de nerprun ;

Mordoré, par écorce d'orme ;

Idem, par brindilles d'osier jaune ;

Idem, sur laine *C*; en peuplier d'Italie, réabat; tue dans son déchet avec un peu de garance ;

Mordoré petillant de jaune, par peuplier d'Italie, Fernambouc et baies sèches de bourdaine ;

Mordoré tendre, par bain de l'écorce subérique du pin résineux ;

Mordoré, par bain d'écorce fraîche de pin de Genève ;

Idem, du cœur coloré du bois de prunier cultivé ;

Mordoré-canelle, de brindilles fraîches de *pyracantha* ;

Idem, en bain des mûres de ronce ;

Mordorés divers, par bain de bois d'Afrique ;

Mordoré rouge, par bain de garance et de bois de Fernambouc ;

Idem, le plus riche, par un poids de garance et un demi-poids de Fernambouc ;

Mordoré par bain du cœur coloré du genêt à balais ;

4

Mordoré terne, par bain d'écorce de palétuvier.

Musc.

Musc doré, de troisième mise en déchet de bain d'alaterne à feuilles larges;

Musc doré, troisième mise en bain de *thuya* de Canada;

Musc doré, de première mise en bain de *thuya* de la Chine;

Musc foncé, de troisième mise en bain de l'arbre aux anémones;

Musc doré, de première mise en bain de brindilles de l'arbre poison;

Idem, de première mise en bain de gros bois d'acacia, forte dose;

Musc violent singulier, de première mise en bain de fleurs *d'althea;*

Musc rougeâtre, de première mise en bain de branches d'alizier;

Musc, poil de castor, par bain de tiges mûres de l'aigremoine;

Musc doré, en bain de bois de noyaux d'abricot;

Musc-canelle, en brindilles d'airelle;

Musc, par bain de bagnaudier d'Orient;

Musc-marron, déchet de fleurs de balsamine;

Musc-marron, par seconde mise en bain de fleurs de balsamine sur *C;*

Musc doré, par bain de racines de bétoine;

Musc foncé, par bain de bétoine;

Musc, poil de Castor, en bain de racines de bistorte;

Musc clair doré, en bains de bois joü;

Musc doré, par bain de brindilles du bouleau-merisier;

Musc foncé, de bain de la bruyère élégante;

Musc clair olivâtre, en bain de racines de cabaret;

Musc clair olivâtre, en bain de capucine petite;

Idem, foncé, de fruits de cassis;

Idem, du bain d'écorce de châtaignier;

Idem, de bain de grande consoude;

Musc, du sanguin de nouvelle Hollande;

Musc doré, du sanguin de Virginie;

Musc clair, du cyprès commun;

Musc doré, de la Dierville;

Idem, jaunâtre, par les fruits verds de l'épine noire;

Musc-puce, des mêmes fruits mûrs;

Musc doré, sur laine *E*, en bain d'eupatoire d'Avicenne;

Idem, riche, des brindilles vertes du fustet;

Idem, clair, des tiges fleuries du *galeopsis tetrahit*;

Idem, de la même plante presque sèche;

Idem, doré, par le déchet réduit du genêt à poils;

Musc doré, du bain de *geranium* à grandes fleurs;

Idem, clair, du *geranium* à Robert;

Idem, brun très-beau, en bain de souches d'hélianthême,

Idem, foncé, de l'herbe à l'épervier;

Idem, en bain de brindilles de hêtre;

Idem, olivâtre, de la jacobée;

Idem doré, de jacobée des marais;

Musc doré, de l'*inula disenterica*;

Musc, par bain de laitue sauvage;

Musc doré, des brindilles de laurier franc;

Musc doré, en bain de jeunes branches en feuilles du *liriodendron tulipifera*;

Musc olivâtre, en bain des tiges fleuries de la linaire;

Musc doré, des brindilles en feuilles du liquidambar;

Musc clair, des traînasses du petit lizeron;

Musc opaque, des racines de lisimachie;

Musc-canelle, des jeunes branches en feuilles du marronnier d'Inde;

Musc-canelle plus riche, de celles du *pavia*;

Musc doré, du bois et écorce de marsaule;

Idem, des brindilles en feuilles de melèze;

Musc olivâtre, par bain des tiges et feuilles de menthe des marais;

Musc clair, de la mercuriale;

Musc doré, des plantes fraîches du petit mufle-de-veau;

Musc, poil de castor, de brindilles du myrthe d'eau;

Idem, de racines sèches de noyer commun;

Musc doré, par bain des feuilles du noyer commun, cueillies au mois d'août;

Musc clair, en bain des chatons du noyer, tombés naturellement;

Musc doré, } de la grosse écorce du noyer
Musc brun, } commun

Musc mordoré, en déchet de bain de l'écorce de noyer noir;

Musc foncé, de brindilles sans feuilles du noyer noir;

Idem, des feuilles fraîches dudit ;
Musc clair, des brindilles sèches de l'obier à fleurs simples ;
Musc doré, des fruits rouges de l'obier ;
Musc clair, des brindilles vertes de l'obier à fleurs doubles ;
Idem, doré, des tiges fleuries d'origan ;
Musc doré, de bains de racines d'oseille ;
Musc foncé, des racines de patience des champs ;
Idem, de patience, à nervures pourpres ;
Musc clair, espèce de vigogne, par bain de *periploca græca* ;
Musc olivâtre, du persil des montagnes ;
Musc du bois écorcé du peuplier d'Italie ;
Musc très-beau, par bain de la pimprenelle fraîche ;
Idem, des brindilles du plaqueminier ;
Idem, de l'écorce du platane ;
Musc clair, du bois et écorce dudit ;
Idem, foncé, des fleurs de pœône ;
Idem, clair, de tourtes du marc de poiré séché ;
Idem, clair et joli, des tiges de la pyramidale ;
Musc doré, de la reine des prés ;
Idem, de ladite plante sèche ;
Idem, olivâtre, de la renoncule jaune ;
Idem, des brindilles du romarin ;
Idem, transparent, en déchet du bain de rose d'Inde ;
Idem, clair et doré, des brindilles du rosier à fleurs jaunes ;
Idem, très-beau, des fleurs de sainfoin d'Espagne ;
Musc-marron, des tiges fleuries de la salicaire ;

Idem, des sommités de sapin ;

Idem, tabac d'Espagne, des tiges fraîches du sarrasin ;

Idem, des sommités fleuries dudit ;

Musc-nankin, presque canelle, des tiges du sarrazin grimpant ;

Musc-aurore, du sarrasin-lizeron ;

Musc, par bain de plante fraîche de grande scrophulaire ;

Idem, jaunâtre, d'une fleur de soleil ;

Idem, des fleurs sèches de sureau ;

Idem, des baies de sureau fermentées ;

Musc riche, par bain de feuilles mûres de tabac séchées et non apprêtées ;

Musc clair, desdites feuilles, cueillies avant maturité, employées vertes ;

Musc doré, par bain des tiges en boutons de la tanaisie ;

Idem, clair, du *thalaspi arvense* ;

Idem, mordoré, en bain de l'écorce des racines de tormentille ;

Idem, clair, en bain de verge-d'or du pays ;

Musc doré clair, par bain de verveine ;

Idem, foncé, en bain de sarmens de la vigne à vin ;

Idem, foncé mordoré, par bain de l'écorce de viorne ;

Idem, des baies mûres de l'yèble ;

Idem, desdites baies séchées au four ;

Musc mat, par bain de campêche, sur laine apprêtée par la dissolution d'alquifoux ;

Musc, poil de castor, par bain de brou de noix desséché au four ;

DE LA TEINTURE. 55

Musc violent, par bain de feuilles vertes du pastel;

Musc, par bain sur bouilli de chêne jaune d'Amérique.

Nankin, coton de Siam.

Nankin riche, première mise en bain de brindilles de l'arbre de Judée;
Idem, en bain d'acacia rose;
Idem, rosé, en brindilles d'azédarach d'Italie;
Idem, coton de Siam, par brindilles de l'amélanchier;
Idem, doré, en bain des tiges fleuries d'aigremoine;
Idem, canelle, en bain d'apalachine;
Idem, coton de Siam, en bain d'écorce de bouleau;
Idem, tendre, en bains de cerises mûres;
Idem, idem, de cerises de *zara*;
Idem, id.... en bain d'eupatoire d'Avicenne;
Idem, id.... id.... de groseilles rouges;
Idem, id.. de fleurs d'haricots à la reine;
Idem, id.. du lotier hémorrhoïdal;
Idem, id.. du bois frais écorcé du micocoulier;
Idem, id.. du gros bois d'oranger;
Idem, riche, des noyaux de pêcher;
Idem, du bois écorcé du peuplier d'Italie;
Idem, id. de tous les peupliers;
Idem, du bois écorcé du pin de Genève;
Idem, des brindilles du rosier-canelle;
Nankin rosant, par bain de son de sarrasin;

Nankin-musc, des plantes du sarrasin-lizeron;

Idem, coton de Siam, en bain du bois frais écorcé du saule ;

Idem, *id*.. riche, du bain de brindilles du sorbier des oiseleurs ;

Idem, blond, du bain de *spiræa opulifolia;*

Nankin-canelle sur coton, par bain d'écorce de bouleau ;

Nankin clair, par bain de buglose sauvage ;

Nankin clair, par bain de *lithospermum arvense minus;*

Nankin blond, par bain de lychen de marsaule ;

Nankin-canelle, par bain de racines de polypode ;

Nankin très-rosé, par bain des racines de renouée.

Noir.

Noir procédant d'une double teinture en bain de baies fraîches de bourdaine et un peu de campêche.

Noisette.

Noisette foncée, presque musc, première mise en bain de brindilles de l'arbre aux boutons ;

Noisette dorée, en bain d'airelle ;

Noisette en bain de benoîte ;

Idem, rosée, en bain de *catalpa;*

Idem, douce, en bain de bouleau sec;

Idem, pourprée, en bain de bouleau en partie sec;

DE LA TEINTURE.

Idem, foncée, en bain de bruyère commune fraîche ;

Idem, claire, en bain de buis des forêts ;

Idem, id. des cônes de pin résineux ;

Idem, rosée, en bain d'écorce rouge des racines de cornouiller ;

Idem, claire, du bois écorcé dudit ;

Idem, *id*.. du mélange des bois d'ébénier des Alpes et de *ptælia* ;

Noisette-canelle rosée, des racines de l'épine noire ;

Idem, coton de Siam, du bois de gros érable ;

Idem, par bain de foin sec et bain acidulé de garance ;

Idem, tendre, en bain d'écorce de fusain ;

Idem, *id*.. de bain du bois de genièvre ;

Idem, foncée, des brindilles de groseillier ;

Idem, tendre, de bois sec d'if ;

Idem, foncée rosée, du bain de bois du laurier-teint ;

Idem, nankin, en bain du bois frais écorcé du marsaule ;

Noisette-olivâtre, en bain de bois de nerprun ;

Noisette un peu violente, par bain de brindilles d'olivier de Perse ;

Noisette, par bain de bois écorcé d'orme ;

Noisette-nankin, en bain des fleurs de l'orpin ;

Noisette-olivâtre, de pavot noir ;

Noisette, par la longue cuite du bois de tous les peupliers ;

Noisette de longue cuite des feuilles de pin résineux ;

Noisette, par bain de pruneaux secs ;

Noisette rembrunie, par bain des raisins noirs ;

Noisette rosée, des brindilles du rhamnoïdes;

Noisette-nankin, en bain de souci de Barbarie;

Noisette-nankin, par bain de l'écorce de tilleul;

Noisette-musc, des racines de tormentille.

Olive.

Olive grisaille, de première mise en bain des tiges d'absynthe;

Olive, en bain de tiges fraîches d'apocin;

Olive grisaille, en bain de blé-de-vache;

Olive terne, en bain de brindilles vertes de bouleau et vitriol;

Olive claire, en bain de racines de bourdaine;

Olive, presque verd, natif, en bain de plantes mûres du *bromus tectorum;*

Olive grisaille, de bain de brunelle;

Olive transparente, par peuplier et bois de Campêche;

Olive claire, par bain de centaurée scabieuse;

Olive jaunâtre, par bain du champignon hideux;

Olivâtre, par bain du petit chêne;

Olive jaunâtre-brillante, en bain de fleurs de colchique des prés;

Olive jaunâtre, du bain de branches de coudrier;

Olivâtre, par bain de cytise à poils;

Olive foncée native, par bain de cosses sèches de grosses féves;

Olive franche, *idem* sur laine *E;*

Olivâtre transparent, en déchet de gaude verte;

Olivâtre, par déchet du bain de *geranium* musqué ;

Olive jaunâtre, en bain de l'herbe de Sainte-Barbe ;

Olive claire, par bain de jacée noire ;

Olive jaunâtre, par bain des tiges mûres de la jernotte ;

Olivâtre, des baies mûres de lierre ;

Olive brune, mais dorée, en bain de mercuriale fermentée ;

Olive jaune-dorée, par bain de l'écorce des branches de noyer ;

Olive, par bain des racines de patience aquatique ;

Idem, plus intense, au moyen d'un peu de solution de fer ;

Olive franche, par bain de feuilles de pavot macérées ;

Olive tendre et native, en bain de plantes de pensées ;

Idem, clair et transparente, en déchet de pensées fermentées ;

Olive transparente, en brindilles fraîches de peuplier et neuf grains de campêche ;

Idem, plus intense, en doublant le campêche ;

Idem, par peuplier réabattu, en vin et baies sèches de bourdaine ;

Olivâtre, en bain de thym ;

Olive foncée dorée, par bain d'agripaume ;

Olive dorée, par bain de vin de bourdaine.

Ombre ou bruniture de jaune, piétage pour carmelices.

Ombre, par seconde mise en bain de l'alaterne à feuilles étroites;

Idem, de jaune-orangé, première mise en bain de brindilles d'aurone;

Idem, en bain de brindilles d'aune;

Idem, foncé, en bain de sarmens du bourreau-des-arbres;

Idem, de jaune rougeâtre, en bain de petite centaurée;

Idem, jaune, couleur de chair, *idem*, *idem*;

Idem, mat, en bain de centaurée scabieuse;

Idem, jaune terne, de racines de grande chelidoine;

Idem, de bain de clémathite;

Idem, de seconde mise en *cytise trifolium*;

Idem, fauve, du bois d'églantier;

Idem, olivâtre, par bain de brindilles de *l'emerus*;

Idem, jaune, du bain de fenouil;

Idem, de genêt d'Espagne;

Idem, abricot, de l'hellébore-griffon;

Idem, opaque, de l'herbe à coton;

Idem, olivâtre, de l'herbe-au-chantre;

Idem, chamois, de bois de lierre;

Idem, jaune-brun, du bois sec de lilas;

Id., jaune-grisaille, par bain des tiges fleuries de lisimachie;

Idem, jaune, du bain de mélilot;

Idem, olivâtre, du bois de mûrier noir;

Idem, du déchet du bain d'olivier;

Idem, mat-verdâtre, des brindilles d'oranger;

Idem, orangé-mat, du bain d'écorces d'oranges mûres;

Idem, jaunâtre, des tiges et feuilles du *palma Christi*;

Idem, du peigne-de-Vénus;

Idem, olivâtre, en bain de pensées;

Idem, mat, des pensées de Rouen;

Idem, en déchet de bain de reine des prés;

Idem, de ladite plante sèche;

Idem, des racines de ronce commune;

Idem, en déchet de bain de sarrette;

Idem, olivâtre, de *solidago sempervirens*;

Idem, de brindilles de sureau.

Ombre de jaune-ravenelle, par bain de suie de cheminée.

Idem, par suie concrète;

Idem, des brindilles du tanaris;

Idem, verdâtre, de tiges de *thalictrum*;

Idem, ravenelle-terne, de troisième mise en bain de petit trèfle;

Idem, terne, du trèfle rouge frais;

Idem, en déchet de fleurs de verge-d'or du Canada;

Idem, olivâtre, de véronique lierrée;

Idem, id. plus transparente sur *L. F.*

Orangé.

Orangé composé du jaune d'yellow-oak, au

chêne jaune d'Amérique, et de plus ou moins de garance.

Pourpre.

Pourpre sérieux procédant du bain de bois de Fernambouc sur laine d'apprêt E et O;

Pourpre rouge ou giroflée, *idem*;

Pourpre giroflée, par Fernambouc et écorce de bouleau sur laine d'apprêt E.

Prunes.

Prune d'oissel, par bain de baies mûres et fraîches de bourdaine;

Prune d'oissel, opération en grand;

Prune de monsieur, par bain de l'écorce de bouleau et campêche;

Idem, par bain de son de sorgho;

Prune de monsieur, sans mélange de bois de Fernambouc.

Ronce d'Artois.

Ronce d'Artois, par bain des tiges et feuilles fraîches de l'arroche violette;

Idem, par bain d'arroche puante;

Idem, par bain de plante entière de balsamine;

Id., en déchet de bain de baies de bourdaine fermentées;

Idem, par bain de baies sèches de bourdaine;

Idem, des plantes de camomille puante;

Idem, de bain de cerfeuil musqué, séché à l'ombre;

Idem, des brindilles en feuilles de citronnier;

Idem, des plantes de petite ciguë;

Ronce d'Artois, par bain de plantes fraîches d'épinards;

Idem, du bain de l'euphorbe des marais;

Idem, de l'euphorbe *cyparissias*;

Idem, du déchet de gaude verte;

Idem, de première mise en bain de gesse jaune sur laine d'apprêt *E*;

Idem, d'écorce de micoulier;

Idem, en brindilles de peuplier, réabattues en bain de baies sèches de bourdaine;

Idem, répétée un peu en grand;

Idem, en bain de véronique des haies;

Ronce d'Artois, par bain de vin de bourdaine;

Idem, par fécule précipitée de vin de bourdaine;

Idem, par bain de l'ortie à fleurs pourpres;

Idem, par bain de seneçon commun;

Idem, par bain de véronique mâle.

Rose.

Rose par décoction des haricots d'Espagne;

Idem, plus tendre, par décoction d'haricots-roux jaspés;

Idem, des racines du grand lizeron;

Idem, en bain d'orseille des Canaries, viré par les acides;

Rose tendre, par bain léger de nackarat de bourre.

Rouge

Rouge exalté, imitation d'écarlate, par bain de racines sèches du caille-lait;

Idem, des racines sèches de croisette du Portugal;

Rouge marron, par bain de garance et sumac;

Rouge pourprant, sur laine *L*, *F*, engallée, teinte en bain de belle garance;

Rouge exalté, comme écarlate d'Angleterre, en belle garance;

Idem, plus rosé, *idem;*

Idem, la plus vraie imitation de l'écarlate, par garance;

Idem, plus jaune brûlant, par bain de garance de Cypre;

Idem, couleur de fleurs du *glaucium;*

Idem, couleur de feu.

Nature de l'eau employée.

Essaies infructueux pour roses sur imitation d'écarlate;

Idem, qui approche du coquelicot des champs;

Rouge imitant l'écarlate, par bain de garance, soumis à la fabrication et au foulon;

Rouge exalté sur laine *P* et *O* teinte en bain de belle garance;

Idem, par solution en acide marin fumant;

Avantage de ces imitations d'écarlate.

Rouge, exalté par bain de croisette de Portugal.

Ventre de crapaud, piétages de carmelites.

Ventre, dit olivâtre-sale, en bain de branches de l'arbre du vernis;

Idem, en bain d'astragale;

Idem, en bain d'*amorpha;*

Idem,

Idem, en bain de bourse à pasteur ;
Idem, en bain de conise ;
Idem, en bain de brindilles et feuilles de houx ;
Idem, en bain de gros bois de jonc-marin ;
Idem, en bain de marrube blanc ;
Idem, de pied-de-lit, *thymus acinos* ;
Idem, en bain de sariette ;
Ventre de crapaud, par bain d'*alsine stellaria*.

Ventre-de-Biche.

Ventre-de-biche, par bain de bois d'*althea* ;
Idem, foncé, bain d'écorce de jeune chêne ;
Id., brillant, par bain de l'ébénier des Alpes ;
Idem, par bain d'écorce de genêt ;
Idem, des brindilles de *gleditsia* ;
Idem, de laitue potagère ;
Idem des brindilles de *sophora*.

Verd.

Verd natif, par bain des baies mûres et fermentées de bourdaine ;

Verd-pomme, de l'écorce du frêne ;

Verd sur laine piétée de bleu, apprêtée *L F*, teinte en bain de peuplier d'Italie, nuance un peu olivâtre ;

Verd-pomme, par bain de fleurs de violette ;

Verd de toutes nuances, par le bleu de composition ou indigo, dissous dans l'huile de vitriol et le jaune du peuplier d'Italie ;

Verd tendre de pistache, par bain de vin de bourdaine ;

Verd composé de jaune de l'yellow-aack et d'indigo dissous ;

Verd-dragon ;

Verd-olive, du jaune de peuplier et du bleu de composition.

Vigogne.

Vigogne clair, en baie de brindilles de l'acacia de Sibérie ;

Idem, fauve, en bain de brindilles sèches d'aune ;

Idem, dorée, des feuilles d'artichaut ;
Idem, jaunâtre, de l'arrête-bœuf ;
Idem, dorée, de l'angélique sauvage ;
Idem, tendre, de la plante de bacinet ;
Idem, du baguenaudier commun ;

Idem, coton de Siam, en déchet de fleurs de balsamine ;

Idem, faible, en bain de berle ;
Idem, en bain des tiges de caille-lait.
Idem, dorée, en bain des tiges de campanule ;
Idem, claire, de bain de chardon-roland ;
Idem, du chèvrefeuille bleu ;
Idem, du chèvrefeuille des haies ;
Idem, claire, du bain de coquelourde ;
Idem, très-belle, de coronille glauque ;
Idem, tendre, de branches de figuier ;
Idem, noisette, en bain de sarmens de framboisier du Canada ;

Idem, franche, du bois frais écorcé de frêne ;
Idem, rousse, du cœur de genêt ;
Idem, plus intense, sur laine *A T.* dans le même bain ;

Idem, dorée, en bain de gesse ;
Idem, claire, des tiges de grateron ;

Idem, dorée, du groseiller épineux;
Idem, des jeunes branches d'hélianthême;
Idem, dorée, en bain d'herbe-au-chat;
Idem, claire, des tiges de houx-frêlon;
Idem, dorée, de brindilles de jasmin blanc;
Idem, *idem*, de bain du laitron commun;
Idem, *idem*, du laitron du Japon;
Idem, de bain de laitue sauvage;
Idem, de laitue potagère, sur laine E;
Idem, dorée, des jeunes branches de lilas;
Idem, tendre, de la luzerne en foin;
Idem, du *lychen prunastri*;
Idem, de mousse verte du pied de hêtre;
Idem, des tiges de mufle de veau;
Idem, musc, des branches de myrte d'eau;
Idem, dorée, en bain de nèfles mûres;
Idem, des brindilles de nerprun;
Vigogne par bain de coquille de noix sèches;
Idem, canelle, d'écorce d'orme; sur E;
Idem, dorée... *idem*... *idem*;
Idem, *idem*, dorée, en bain de tiges d'osier fleuri;
Idem, *idem*, en bain de paille sèche de froment;
Idem, *idem*, des tiges de panais;
Idem, *idem*, des sarmens de grande pervenche;
Idem, par longue cuite de tous les peupliers;
Idem, tendre, du bois écorcé de platane;
Idem, de plante de reine-marguerite;
Idem, de bain de plante de renouée;
Idem, *idem*, de sainfoin verd;
Idem, douce, de décoction de scorsonère;

Idem, canelle, des fleurs et cotons frais de sureau commun;

Idem, fauve, d'écorce de sycomore;

Idem, olivâtre, des tiges de *thalictrum*;

Idem, vraie, par bain de brindilles de tilleul en séve;

Idem, canelle, en bain de racine robée de tormentille;

Idem, des baies mûres de troëne;

Idem, dorée, musc clair, par bain de brindilles de viorne;

Idem, olivâtre, des tiges fleuries de la vipérine;

Vigogne-noisette, par bain de brou de noix sèche;

Vigogne rembrunie, par bain d'euphraise à fleurs blanches.

Violet.

Violet pourpre, procédant de laine d'apprêt E, en bain de Campêche;

Idem, giroflée-violette, sur laine E et O, en bain de Campêche et alun;

Violet transparent, sur laine d'apprêt LF, en bain de Campêche et écorce de bouleau;

Violet, dit *américain*, par bain d'écorce de bouleau et très-peu de bois de Campêche;

Violet intense et brillant, par bain d'écorce de bouleau et Campêche.

Violet solide, par bain de Campêche, en substituant l'alun à l'écorce de bouleau;

Violet par bain de peaux de grosses groseilles violettes;

Violet brillant et solide, par bain d'écorce

de bouleau et de bois de Campêche, sur laine pétrie *E*.

Mordans métalliques divers, désignés par les lettres majeures dans la Table précédente.

Dans un bocal ou matras de verre à long et large col, assez grand pour que la moitié de sa capacité reste vide, versez quatre livres d'acide nitrique peu concentré. Posez ce bocal dans un grand plat de terre presque plein de cendres froides, pour l'y fixer debout. Adaptez un bouchon de liége convenable à son orifice, et placez le tout sous le manteau d'une cheminée. Projetez-y peu-à-peu, par fortes pincées, jusqu'à seize onces de bismuth, ou étain de glace, réduites en poudre grossière, et bouchez promptement après chaque projection, afin de prévenir la perte des vapeurs rouges. Ne projetez de nouveau qu'après la dissolution totale de chaque pincée, et ainsi de suite jusqu'à l'emploi des seize onces. La solution bien faite doit avoir une couleur de vert de mer clair, conservez-la bien bouchée pour ne vous en servir que le lendemain, et au plus tard le quatrième jour après qu'elle a été faite.

Pour apprêter soixante livres de laine déstinées à former un drap, prenez cinq livres de tartre rouge ou blanc bien choisi, passé au tamis de crin ; dix livres de saumure de sel marin faite en eau froide ou tiède et saturée à quatre degrés du pèse-liqueur des savonniers.

Mettez au bouillon une chaudière destinée à teindre la laine d'un drap, mais seulement à moitié pleine ; projetez-y doucement, et par poignées d'environ quatre onces de tartre en poudre, afin d'éviter que l'effervescence qui est nécessaire, ne fasse franchir à l'eau les bords du vase, ce qui arriverait si l'on y jetait le tartre en trop grande quantité à-la-fois.

Versez-y ensuite simultanément la dissolution métallique et la saumure ; palliez et rabotez de fond, pour exactement mêler et répartir la couleur en la chaudière, et abattez-y diligemment les soixante livres de laine lavée de son dégrais et bien égouttée de son lavage ; plongez et noyez-la le plus exactement possible ; travaillez-la aux crochets, également et promptement, afin qu'elle s'imprègne bien de l'apprêt. Poussez le feu pour ramener l'ébullition, de laquelle vous profiterez pour la tourner plusieurs fois. Laissez bouillir doucement une demi-heure, sans presque cesser de crocheter. Enlevez la laine pour la baigner et laisser égoutter de cet apprêt, lequel je désignerai pour abréger, par les lettres *L F*.

Dans l'intervalle, disposez le bain colorant dans lequel vous abattrez votre laine, et l'y travaillerez suivant l'art.

Si vous desirez teindre des étoffes en pièce, il faut les passer au tourniquet, les noyer dans l'eau bouillante, par plusieurs tours, pendant un demi-quart d'heure, les enlever, et dans la même eau ; si les étoffes sont blanches et propres, former votre apprêt, toujours en raison des doses de drogues et quantité d'eau ci-dessus désignées pour le poids de soixante livres.

Le tout étant bien mélangé, abattez-y l'étoffe tout-à-la-fois pour la bien imprégner. Repassez-la au moulinet ; poussez le feu et tournez pendant une demi-heure, en l'étendant sur la largeur, afin qu'elle prenne la couleur également. Il faut ici plus de feu que pour la laine, vu que les parties de l'étoffe qui passent successivement hors de la chaudière, éventent et refroidissent considérablement le bain d'apprêt. Enlevez la pièce sur le moulinet et l'y laissez égoutter, en lui donnant diverses situations pour qu'il ne reste pas beaucoup plus d'apprêt dans une partie que dans d'autres : après une demi-heure, vous la pourrez abattre encore tout-à-la-fois dans le bain colorant, où étant exactement plongée, vous la repasserez et tournerez au moulinet jusqu'à ce qu'elle ait atteint la nuance desirée.

Première modification au mordant ci-dessus apportée par M. d'Ambourney, à dessein d'exalter les rouges des rubiacées.

J'ai substitué, dit-il, au tartre en poudre la même dose de crême ou cristal de tartre, également pulvérisé et tamisé.

Idem, à la solution du bismuth par l'acide nitrique, celle de l'étain fin de Malack, ou tout au moins de Cornouailles, en petits chapeaux, grenaillé ou gratté sur le tour, et projeté dans l'eau régale ci-après.

Dans quatre livres de bonne eau forte et quatre onces d'eau pure dissolvant bien le savon, j'ai fait fondre à froid quatre onces de sel ammoniac en poudre grossière. Lorsqu'il a été bien fondu, j'ai mis le bocal ou matras sur un bain de cendres que j'ai réchauffé par degrés, et j'y ai projeté peu-à-peu, par pincées d'environ trente-six grains chacune, neuf onces d'étain finement gratté en rubans. J'ai observé de tenir le matras bouché, et de ne l'ouvrir que pour projeter de nouveau aussitôt que la dissolution et la projection précédente était complète.

La chaleur du bain de cendres également entretenue, la solution s'est trouvée accomplie en dix-huit heures de temps. Elle pesait cinq livres une once, qui, avec autant de crême de tartre et dix livres deux onces de saumure, formait l'apprêt de soixante livres de laine, ou de lainage.

Cette dissolution peut se faire au soleil pendant les mois de Juin, Juillet et Août; mais elle exige au moins trois jours, c'est-à-dire trente heures d'exposition à l'activité de ses rayons.

Elle ne doit être employée que deux à trois jours après qu'elle est bien reposée et épurée.

Cet apprêt est exquis aussi pour les jaunes extraits de la famille des peupliers; mais la solution avec moitié moins de métal leur suffit. Je designerai celle ci-dessus par la lettre $E\frac{1}{8}$ qui annonce que l'étain y est entré pour un huitième du poids du menstrue.

Si de sa nature la laine a peu de nerf il arrive qu'elle détériore et recordelle dans cet apprêt; en ce cas il convient doubler la dose de crême de tartre, et diminuer d'un quart celle de la saumure. La laine en sort en meilleur état, mais le rouge en est moins rosé et il porte plus à la couleur de feu qu'à l'écarlate.

En substituant cet apprêt $E\frac{1}{8}$, l'alun à la crême de tartre, la garance communique à la laine une éclatante couleur de glaucium ou de pavot cornu.

Deuxième dissolution d'étain.

Dans quatre gros d'eau forte, j'ai fait fondre un gros de sel marin. Ce menstrue a opéré la dissolution d'un gros d'étain. Mais peu de jours après je vis s'y former une agrégation de cristaux, ce qui me détermina à laisser le petit matras en place et bien tranquille. Trois semaines après j'en retirai un cristal pesant un gros, fort semblable au nitre mais d'une saveur acide, se fulmina vigoureusement sur les charbons ardens ; cependant l'étain restait constamment dissous. L'expérience m'a donné une seconde fois les mêmes résultats. Mais l'apprêt formé de cette solution a porté moins au rouge que celles faites par eau régale muriatique dans lesquelles il ne s'est point formé des cristaux qui ont donné par la garance une belle couleur mitoyenne entre la fleur du glaucium et de celle du coquelicot des champs.

Troisième dissolution d'étain.

Semblable à la précédente avec la différence qu'on a employé 36 grains d'étain. Il en résultait pour la garance une couleur pseudo-écarlate voisine de celle du coquelicot des champs. $E\;M\;R\;\frac{1}{8}$ désigne cet apprêt.

Quatrième dissolution. Pourpre de Cassius.

Neuf grains de la dissolution, et autant de celle de 25 feuilles d'or en livret, dissoutes dans 4 gros d'eau régale, 18 grains de crème de tartre et 36 grains de saumure, donne dans une pinte et demie d'eau bouillante, l'apprêt de quatre gros de laine. Elle a dans le bain de bois de Fernambouc, acquis un beau pourpre foncé qui résiste au vinaigre. L'apprêt est désigné par les lettres E et O.

Cinquième dissolution d'étain.

Dans 2 gros d'acide marin fumant on projette 36 grains d'étain de Malack, la laine apprêtée avec cette solution est indiquée par les lettres E A M F $\frac{1}{8}$.

Sixième dissolution d'étain.

Dix-huit grains d'étain furent dissous à chaud dans un mélange d'acide nitrique, d'acide muriatique de chaque 1 gros étendu par 18 grains d'eau, l'apprêt est désigné A N $\frac{1}{2}$ A M E à $\frac{1}{8}$.

Septième dissolution d'étain.

On a dissous un gros d'étain dans 4 gros d'acide nitrique, 1 gros d'acide marin, et 2 gros d'eau.

Huitième dissolution d'étain.

Deux gros d'étain dissous dans un mélange de 3 onces d'acide nitrique, 1 once d'acide marin et 4 gros d'eau, ces apprêts sont désignés par les caractères $\frac{1}{4}$ A N $\frac{3}{4}$ A M E $\frac{2}{16}$.

Dissolution de cuivre.

Trente-six grains de cuivre rouge dissous dans 2 gros d'acide nitrique, il en faut employer 9 grains avec 18 grains de tartre et 36 grains de saumure dans une pinte et demie d'eau pour apprêter 4 gros de laine, indiqué C.

Dissolution de fer.

Dans 4 gros d'acide marin on a fait dissoudre 36 grains de clous, 9 grains de cette solution suffisent pour l'apprêt de 4 gros de laine. Lettre F.

Apprêt de laine en bouillon de tartre et alun.

Pour apprêter 66 livres de laine, on y projette peu-à-peu dans une quantité à-peu-près suffisante d'eau en ébullition, 3 livres de tartre rouge ou blanc pulvérisé, ou ajoutez-y après avoir refroidi la liqueur par deux seaux d'eau, 9 livres d'alun de Rome concassé. Dès que l'alun sera bien fondu, palliez, rabattez et abattez la laine, en la travaillant aux crochets et en la tournant plusieurs fois pendant une demi-heure. Poussez un peu le feu pour maintenir entre chaud et bouillon pendant $\frac{3}{4}$ d'heure.

En voici la réduction en petit : 12 grains de tartre pulvérisé dans une pinte et demie d'eau bouillante, ajoutez 36 grains d'alun de Rome, l'apprêt désigné par A T qui exprime alun et tartre.

Dissolution d'étain.

On fait dissoudre dans 2 gros d'acide nitrique et 1 gros d'acide marin 2 gros et 8 grains d'étain. La laine apprêtée avec cette dissolution désignée apprêt E, a réussi dans le bain de garance, dans ceux de bois de Fernambouc, de Campéche et des peupliers d'Italie.

Dissolution d'étain pour le pétrissage de la soie teinte en couleur cerise par la cochenille.

On apprête peu-à-peu 3 gros d'étain dans un mélange de 4 gros d'acide nitrique et deux gros d'acide marin.

C'est l'apprêt que l'on désigne par *laine vierge pétrie* E.

Eau Régale d'après M. Laze.

Un gros de sel ammoniac fondu dans 4 gros d'acide nitrique : on y ajoute peu-à-peu 52 grains d'étain en chauffant le mélange, l'apprêt est désigné par le nom d'apprêt $E\frac{1}{4}$ ou E ammoniacal.

De la laine, de son dégraissage et blanchissage.

La laine est une espèce de poil dont le corps de plusieurs animaux est revêtu. Elle est composée de filamens ou tubes remplis d'une substance huileuse ou médullaire. Les parois de ces tubes sont perforés d'une infinité de petits pores qui communiquent avec le tube longitudinal.

La première opération qu'on fait subir à la laine s'appelle *Dessuintage*.

La laine est naturellement enduite d'une espèce de graisse qu'on appelle suint ; cet enduit la préserve des teignes. Réaumur a observé (1) qu'il suffisait de frotter avec la laine grasse une étoffe pour la préserver de la teigne ; ensorte qu'on n'a besoin de leur faire subir le dégraissage que lorsqu'on se dispose à les teindre ou à les filer.

Pour dégraisser les laines, il faut les mettre en pelottes et les faire bouillir ainsi dans de l'eau de son, on charge l'eau d'un boisséau de son par cent livres de laine, et on les fait bouillir pendant une heure.

Il faut avoir grand soin, dans le dégraissage, que les laines ne soient tachées par le cuivre de la chaudière : pour prévenir cet accident, on met les laines dans des sacs de toile claire.

Les laines filées à l'huile pour draper, se dégraissent dans un bain de lessive : on emploie à cet effet une livre de potasse pour cinquante livres de laine, et le bain sur lequel on les dégraisse doit être échauffé au trentième degré du thermomètre de Réaumur. On fait tourner les laines avec des bâtons à lisser pendant un quart-d'heure, ensuite on les lave et on les bat à la rivière.

A Paris, l'on ne dégraisse que les laines de Picardie. Les laines dégraissées pour passer en cuve doivent être, avant d'y entrer, bien lavées et bien battues à la rivière jusqu'à ce que la graisse en soit entièrement sortie et ne rende plus l'eau lai-

---

(1) Mémoires de l'Académie, 1728.

teuse: on la retire alors et on la met égoutter. Il est important que le dégraissage se fasse avec soin, parceque la laine en est mieux disposée à recevoir la teinture.

Dans les fabriques, on dégraisse ordinairement la laine par une lessive formée de cinq mesures d'eau de rivière, et d'une mesure de vieille urine; la laine en écheveaux ou en matteaux est plongée, pendant vingt minutes, dans un bain de ce mélange chauffé à cinquante six degrés, retirée ensuite, puis égouttée, et enfin dégorgée dans de l'eau courante: cette manipulation adoucit la laine, et lui donne un premier degré de blancheur; on la répète une seconde, et même une troisième fois; elle est alors prête à être employée. Dans quelques endroits, on décreuse, avec une eau légérement savonneuse; et en effet, ce procédé est préférable pour les objets précieux; mais il est trop dispendieux pour les étoffes de moindre valeur.

L'on fait fondre dans une chaudière du savon blanc à raison de deux onces par livre de laine: l'on passe les laines botte par botte dans une autre chaudière remplie d'eau très-chaude, et à chaque botte on met la quantité necessaire de savon fondu et de l'eau de bleu d'indigo. Il faut bien remuer les laines dans ce bain presque bouillant, les tordre et les mettre au soufre.

Du soufrage de la laine.

La chambre au soufre doit être bien close, car son évaporation serait capable de gâter toutes les couleurs qui se trouveraient dans la maison. Cette chambre doit avoir une fenêtre qui puisse s'ouvrir pour donner de l'air lorsqu'on a à y travailler, soit pour étendre ou détendre des marchandises. Les perches sur lesquelles on étend les laines doivent être d'une grande propreté, puisqu'elles servent alternativement pour les draps et la soie. On fait brûler le soufre dans une terrine, ou mieux encore dans un vieux mortier, en observant avec le plus grand soin qu'il ne renferme aucune matière hétérogène capable de produire de la fumée. Pour l'éviter, il faut faire fondre le soufre avant de le porter dans la *soufroire*, et y mettre ensuite le feu ; de cette manière on est sûr que tout le soufre brûlera. On laisse aussi les laines au moins douze heures dans la soufroire, et ensuite on les fait sécher.

Le simple exposé de ce procédé fait voir combien il est imparfait. D'abord l'acide du soufre ne fait qu'effleurer les surfaces, et ne les pénètre pas. Ce bain aérien ne suffit point, le gaz ne saurait s'introduire profondément dans les étoffes, et il n'y a que la superficie de décolorée. En mettant à profit les connaissances exactes que nous avons sur la nature de cet acide, on a trouvé un procédé plus simple, plus économique et plus conforme aux principes de la science.

L'acide sulfureux, résultat de la combustion imparfaite du soufre, diffère de l'acide sulfurique, en ce qu'il contient moins de principe acidifiant, et qui est pour ainsi dire le terme moyen entre le soufre et l'acide sulfurique.

Le gaz acide s'unit très-facilement à l'eau. Dans cette combinaison on peut l'employer pour le blanchîment de la laine et de la soie.

Pour le préparer avec économie, on met de la paille hachée dans un matras fermé par un bouchon, dans lequel on fait entrer un tube recourbé, qui va plonger dans un flacon tubulé au fond duquel est un peu d'eau; a l'autre tubulure on adapte un tube droit de sûreté, qui plonge de quelques lignes dans l'eau, à la troisième tubulure on adapte un tube recourbé, qui va plonger dans un second flacon tubulé plein d'eau; on en peut mettre un troisième, dans un flacon rempli d'eau sans être bouché : après avoir luté tous les tubes, excepté le premier, on verse de l'acide sulfurique sur la paille, on bouche promptement et on acheve de luter; on chauffe au bain de sable, et on augmente peu-a-peu le feu. L'acide sulfurique est décomposé; une partie de son oxigène se porte sur l'hydrogène et carbone la paille, forme de l'eau, de l'acide carbonique qui se dégage en même temps que l'acide sulfureux et qui va se dissoudre dans l'eau du deuxième flacon.

L'appareil que l'on emploie pour les immersions des étoffes de laine et même de soie dans les lessives d'acide sulfureux, consiste en une caisse en carré long, séparée par un diaphragme dans le milieu; à chaque côté de cette séparation se trouve un grand moulinet sur lequel s'enroulent les étoffes, dans chaque angle sont établis des rouleaux sur lesquels les toiles se dévident avant de traverser le diaphragme, pour s'enrouler du côté opposé sur un pareil nombre de rouleaux qui conduisent au second dévidoir. L'objet de cette disposition est de faire parcourir par les étoffes la lessive blanchissante, et
d'exposer

d'exposer à son action le plus de surface possible.

Pour tourner ce dévidoir, on se sert d'un axe ou colonne de verre traversant une boîte à cuir, et dont une des extrémités équarrie s'insère dans l'axe du dévidoir, tandis que l'autre s'ajuste à une manivelle qui lui donne le mouvement de rotation ; par cette disposition, l'on peut se dispenser totalement d'employer aucune substance métallique dans l'intérieur ; pour la dispersion du gaz, le couvercle de cet appareil est muni d'un rebord qui s'ajuste parfaitement dans le coffre, et dont un pouce au moins doit être plongé dans la liqueur détergente.

On donne assez généralement deux souffrages pour obtenir un blanc fin ; on lave ensuite à la riviere, et on passe au blanc d'Espagne, si on le juge nécessaire.

L'azurage se fait en jetant dans le bain du blanc une solution d'une partie de bleu de Prusse sur quatre cents parties d'eau, en rabattant le drap sur le bain et en moulinant rapidement.

L'opération se termine par un léger bain de savon, pour donner du moëlleux et de la souplesse aux étoffes.

Le bleu doit être distribué également à chaque botte.

Quelques teinturiers mettent dans la chaudière tout le savon et le bleu nécessaires pour blanchir à-la-fois trente livres de laine, qu'ils passent dans des bâtons à lisser sur la chaudière, en les retournant une heure sur le bain très-chaud, qu'il faut bien prendre garde surtout de ne point faire bouillir, car, outre que l'alkali du savon altérerait les laines, le blanc ne serait jamais beau. Ils relèvent ensuite les bâtons l'un après l'autre, et ils les tordent fortement à la cheville ou avec une manivelle de fer qui a un crochet d'un bout et une cheville de fer de l'autre. On les essuie sur leur *tord*, de manière qu'il ne reste aucune écume de savon.

Les anciens se servaient, pour dégraisser leurs laines, d'une plante que les Grecs nommaient *struthion*, et à laquelle Pline donne le nom de *redicula*. La racine de cette plante, dit-il, a la vertu (1) de donner aux laines un moëlleux et une blancheur surprenante. Tout terrain est propre à la produire de ses semences; mais elle croît aussi naturellement dans les endroits pierreux et incultes : elle pousse de grandes racines, qu'on pile pour s'en servir à dégraisser les laines. Dioscoride (2), en parlant de cette plante, dit que c'est la même que la *saponaire*, parcequ'elle s'emploie comme le savon, et qu'elle en tient lieu pour ôter les taches des étoffes et purger les laines de leur suint. Hardouin dit que c'est la même que l'herbe aux foulons, parcequ'elle leur sert pour fouler les draps. Linnée (3) nous apprend que les paysans de la province de la Manche, en Espagne, s'en servent encore au lieu de savon. La plante commune dans la Ca-

---

(1) *Tigentibus radicula lanas præparat, quam struthion à Græcis vocari diximus.* Plin. lib. 24, sect. 58.

Radicula lavandis lanis succum habet : mirum quantùm conferens candori mollitieique. Plin. lib. 19, sect. 18.

(2) Lib. 2. cap. 193.
(3) Syst. nat. 2. pag. 1023.

labre, qu'on nomme *lanaria* (1), avec la racine de laquelle on dégraisse les laines, est peut-être la même ou du moins de la même espèce.

Notre saponaire ou savonnière est une espèce de *lichnis* qui croît au bord des rivières, des étangs, dans les bois et dans les sables : sa racine est longue, rougeâtre, noueuse, rampante, fibrée et vivace ; ses feuilles sont larges, semblables à celles du plantain, et d'un goût nitreux. On la cultive dans les jardins ; elle ôte les tâches des habits comme le savon.

Nous connaissons plusieurs plantes qui pourraient être employées au même usage : la première est la pariétaire, qui croît abondamment dans les vieux murs, le long des haies et des masures ; la seconde est le pied-de-veau maculé, dont les femmes en Poitou font macérer les tiges et les racines dans de l'eau qu'elles renouvellent tous les jours ; elles pilent le marc, le font sécher, et s'en servent pour le linge au lieu de savon. En général toutes les soudes pourraient être employées au même usage, surtout étant fraîchement cueillies ; mais la facilité qu'on a dans tous les pays de se procurer le savon à peu de frais, rend aujourd'hui l'usage de ces plantes plus utile en médecine qu'en teinture.

---

(1) Hist. nat. di fer. imp.

De la teinture en général. De la teinture de laine en particulier et de sa préparation avec l'alun.

La teinture est l'art de développer et d'extraire d'une substance quelconque les parties colorantes, de les unir ensuite aux étoffes et aux matières qui entrent dans leur fabrication, de manière qu'elles ne paraissent faire qu'un corps avec elles.

La teinture a pour objet les couleurs. Les couleurs primitives sont au nombre de trois, le jaune, le rouge et le bleu.

De même qu'en peinture on distingue la couleur à l'huile et la couleur à détrempe, c'est-à-dire un genre de peinture solide, à raison de l'huile qu'on mêle avec les couleurs, et un genre de peinture légère dont les couleurs s'altèrent facilement, de même en teinture on distingue le bon et le petit teint.

Le bon teint consiste à introduire dans les pores de l'objet qu'on veut teindre des fécules colorantes, qui, par l'essence et la combinaison de leurs principes, soient inattaquables par l'air et le soleil.

Le petit teint, au contraire, consiste à introduire dans les pores du sujet qu'on veut teindre des matières dont les parties sont trop déliées pour résister à l'action de l'air qui, en les attaquant, change leur texture, d'où résulte une destruction ou un affoiblissement de leurs couleurs.

Il y a plusieurs degrés de bon teint selon

les différentes espèces d'élémens plus ou moins propres à fixer les matières colorantes dans les pores des corps soumis aux opérations de la teinture ; de ces couleurs les unes résistent à la seule action des acides et d'autres à celle des alkalis fixes ; les premières conviennent à la laine et à la soie, parcequ'on ne savonne pas ces matières ; les dernières sont nécessaires pour la teinture du fil et du coton.

La laine, comme matière animale, s'unit parfaitement aux acides minéraux, et sous ce rapport, les chimistes et les savans ont considéré la teinture comme un objet digne de leurs recherches.

Avant de parler de la préparation de la laine par l'alun, je dois faire ici quelques observations sur les propriétés des matières colorantes.

Les propriétés des matières colorantes sont de plusieurs espèces. On appelle matières extractives celles qui se dissolvent d'elles-mêmes dans l'eau : de cette espèce sont la gaude, la sarrette, le genêt, la garance, le curcuma, le bois blanc, le bois de Brésil, le kermès, la cochenille, etc., substances que l'on mêle avec l'alun, afin qu'elles ne se dissolvent pas si facilement dans l'eau.

Macquer appelle résino-extractives ou résino-terreuses les substances qui, indissolubles par elles-mêmes, se mêlent pourtant avec l'eau, étant unies avec d'autres matières extracto-savonneuses : telles sont le sumac, l'écorce d'aulne, l'asarum officinal, le brou de noix, qui donnent toutes un jaune obscur, inaltérable par l'eau et le savon.

Si l'on met un mélange de deux substances colorantes dans un liquide qui n'a de l'action que sur l'une d'elles, 1°. le liquide n'attaque pas toute la matière dissoluble, parcequ'il y a une portion qui est soustraite à son action par la substance indissoluble ; 2°. en vertu de l'union intime qui a lieu entre la matière soluble et celle qui ne l'est pas, une partie de la matière non-dissoluble est attaquée par le liquide dissolvant, et le soutient dans cet état tant qu'elle est unie avec la matière dissoluble ; mais si elle vient à en être séparée, la matière non dissoluble va à l'instant au fond.

L'eau ne peut extraire les parties colorantes, purement résineuses et huileuses, comme celles de l'indigo et les parties rouges du carthame.

Cette division, comme l'a très-bien dit le célèbre Berthollet, des parties colorantes en extractives et en résineuses, ne peut donner que des incomplètes et fausses de leurs propriétés ; car il y a des parties colorantes qui, ne se dissolvant pas dans l'eau, seront regardées comme résineuses, et cependant elles ne se dissolvent pas dans l'alcool; telles sont la partie colorante rouge du cartham qui ne se dissout que par le moyen d'un alcali, et l'indigo, qui ne se dissout ni dans l'eau ni dans l'alcool, et qui ne devient soluble par les alcalis qu'au moyen de quelques circonstances, et qui se dissout facilement dans l'acide sulfurique.

Les parties colorantes qui se dissolvent dans l'eau, ne peuvent être comparées aux parties mucilagineuses et extractives des végétaux, puisque la propriété de se dissoudre dans l'eau, comme ces substances, ne donne aucune idée des propriétés qu'il est essentiel d'y reconnaître, telles que leurs rapports avec les agens chimiques qui sont en usage dans la teinture, avec l'air, avec la lumière, avec les substances animales et végétales.

C'est encore un abus nuisible aux progrès de la véritable théorie, que de vouloir expliquer les propriétés des substances colorantes par les parties mucilagineuses, résineuses, terreuses, salines, huileuses qu'on suppose entrer dans leur composition.

Comme les laines se lavent rarement, on appelle principalement couleurs fausses en teinture de laines, celles que le soleil et la lumière décomposent promptement, et couleurs fines, celles qui sont très-peu altérées par ces agens, ou ne le sont même pas du tout.

Enfin il me reste à faire une observation importante relativement à la nature de l'étoffe; c'est que la laine, ainsi que toutes les matières animales, prend la couleur plus facilement que le lin et le coton. La soie produit d'une substance végéto-animale, puisqu'elle est l'extrait des feuilles de mûrier digérées par une espèce de chenille, paraît tenir le milieu entre la nature des substances végétales et celle des substances animales; aussi la teint-on avec plus de peine que la laine, mais plus facilement que le lin, et le lin reçoit mieux la teinture lorsqu'on le prépare avec des substances animales.

L'alun est d'un très-grand usage dans la teinture, dont il est l'ame. Il fait valoir la plupart des couleurs, augmente beaucoup leur intensité et leur éclat.

On trouve l'alun dans quelques sources d'eau minérale; il effleurit à la surface des schistes; dans les mines de charbon, ou dans le voisinage des volcans et sur plusieurs rochers.

C'est dans l'orient que l'alun factice a commencé d'être connu. L'une des plus anciennes fabriques a été celle de Roche, ville de Syrie, qu'on appelle aujourd'hui Edesse. De là vient le nom d'alun de Roche, que, par une confusion de mots, l'on donne encore aux masses cristallisées d'alun.

Presque tous les teinturiers disent que l'alun est un mordant qui ouvre les pores de la laine et la prépare à recevoir la matière colorante.

L'affinité de l'alumine pour les substances animales n'est point douteuse ; M. Berthollet l'a prouvée par un grand nombre d'expériences. Il a formé cette combinaison, en mêlant un alkali saturé d'une substance animale avec une dissolution d'alun ; il se fait un double échange, l'alkali s'unit avec l'acide de l'alun ; pendant que l'alumine combinée avec la substance animale se précipite.

Le même chimiste a prouvé par une autre expérience l'affinité de l'alumine pour les substances animales : après avoir mêlé une dissolution de colle forte et une dissolution d'alun, il a précipité l'alumine avec un alkali ; elle a entraîné avec elle la colle forte avec laquelle elle s'est combinée: Cette combinaison a l'apparence d'une gelée demi-transparente, et se dessèche difficilement.

Aucune expérience directe ne prouve encore l'affinité de l'alumine pour les substances végétales autres que les parties colorantes ; elle paraît beaucoup plus faible que celle qu'elle a pour les substances animales ; de là vient que l'acétile d'alumine est un meilleur mordant pour le coton et le lin que l'alun, et de là viennent les différens moyens qu'on emploie pour augmenter la solidité des parties colorantes de la garance dans la teinture de ces substances.

Cette opération préparatoire est ce qu'on appelle, en termes de l'art, première opération; elle doit précéder la teinture des laines, si l'on excepte néanmoins de cette règle générale bien des espèces de mères-laines qu'il faut dégraisser avant de les soumettre à ce que nous appelons première opération.

Une chaudière contenant cinquante seaux d'eau est assez grande pour faire bouillir cent livres de laine. Il faut que l'eau soit très-chaude, au degré qui précède l'ébullition ; alors on passe dessus les laines qui sont préparées sur des bâtons à lisser, afin de les bien mouiller : sans cette précaution l'on risque de tacher les laines ; mais ce procédé préparatoire est inutile lorsque la laine a été dégraissée à l'eau de son.

L'on retire les laines de la chaudière, et si elles sont destinées à la teinture en couleurs fines, on jettera dans la chaudière vingt-cinq livres d'alun de Rome, et douze livres et demie de crême de tartre par cent livres de laine, c'est-à-dire, quatre onces d'alun et deux onces de crême de tartre.

Il faut observer de ne mettre que peu-à-peu l'alun et le tartre dans la chaudière, de peur que l'eau, entrant tout-à-coup en effervescence, ne rejette ces matières hors de la chaudière. Pour prévenir cet accident, ou y remédier promptement, il est prudent d'avoir à côté de la chaudière un ou deux seaux d'eau froide pour appaiser l'effervescence.

Lorsque l'eau bout, ce qui annonce que l'alun et le tartre sont dissous, il faut mettre les laines dessus, les retourner avec des bâtons l'un après l'autre alternativement pendant une demi-heure; ensuite l'on passe les bâtons dans des ficelles, et on fait bouillir les laines en les remuant de temps en temps pendant deux heures et demie au moins. Cette première opération est d'une telle importance dans l'art de la teinture, qu'elle est consacrée par ce proverbe familier : *qui bout bien, teint bien.*

Pour faire les couleurs communes, le jaune de gaude, par exemple, il ne faut que deux onces d'alun par livre de laine et demi-once de tartre rouge ou gris au plus, parceque le tartre n'est point l'ami des couleurs végétales, notamment de la gaude, avec laquelle il a très-peu d'affinité.

Les couleurs dorées dont le premier fond est de gaude, exigent quatre onces d'alun par livre de laine et demi-once de tartre; il faut que le tartre gris ou rouge soit pilé et tamisé pour qu'il se dissolve même à l'eau bouillante.

L'eau qui a servi au bouillon d'alun, avant de la laisser refroidir, est meilleure que la nouvelle eau, parceque le premier bouillon ayant emporté les parties hétérogènes de l'eau et celles du cuivre, il en résulte que les laines que l'on bout en alun la seconde fois, sont beaucoup plus belles que les premières, en y ajoutant les doses d'alun et de tartre nécessaires aux couleurs que l'on veut exécuter.

Les couleurs délicates, telles que le jaune souffré, les clairs en carnation, exigent un bouillon d'alun qui ait servi deux fois avant celui qu'on fait subir aux laines destinées à recevoir ces couleurs.

Pour le cramoisi et l'écarlate faux, fait au Brésil, le bouillon d'alun exige vingt-deux livres d'alun et dix livres de tartre pour le premier cent; vingt livres d'alun et neuf livres de tartre pour le deuxième cent, en continuant sur la même eau; dix-huit livres d'alun et huit livres de tartre pour le troisième cent; et si l'on continue, il ne faut plus mettre moins de dix-huit livres d'alun et huit livres de tartre à chaque cent que l'on recommencera sur la même eau. Ce bouillon, pour le petit teint, n'exige pas moins de trois heures.

Les laines bouillies en alun pour couleurs fines doivent être déposées plusieurs jours à la cave sur des chantiers d'un bois propre et de quelque espèce qu'il soit, excepté de chêne. Les couleurs de gaude, soit jaune, soit verd, bon teint, doivent être faites le lendemain de leur bouillon; plus on différera, et moins ces couleurs auront de fraîcheur.

Les couleurs cramoisi et écarlate faux, faites au Brésil, exigent que les laines séjournent quinze ou vingt jours dans la cave; un plus long-temps est inutile. J'ai trouvé des flocons de laine qui étaient depuis plus d'un an dans la cave entre des pièces de bois, et qui n'avaient rien perdu de leur qualité naturelle, parceque l'alun a la propriété de conserver très-long-temps la laine dans l'humidité.

Du bois de Brésil et de ses belles qualités en petit teint sur des laines.

Les bois de Brésil, Fernanbouc et Sainte-Marthe, produisent à-peu-près la même couleur, mais non pas la même quantité de matière colorante. Le Sainte-Marthe ne produit tout au plus que la moitié de celui de Brésil ; le Fernanbouc, proprement dit, n'a pas les belles qualités ni la fraîcheur du Brésil ; cependant c'est celui que les teinturiers emploient de préférence, parceque c'est celui qui produit le plus de matière colorante : il est aussi toujours plus cher que les autres. Cependant, comme ces trois matières varient beaucoup entre elles et pour l'abondance et pour le prix, il faut savoir les employer indistinctement et faire toujours avec elles de belles couleurs.

Pour cuire le bois de Brésil l'on met ordinairement, dans une chaudière qui tient trente seaux d'eau, cinquante livres de bois de Brésil haché, que l'on fait bouillir trois heures ; ensuite l'on transvase ce bain dans deux tonnes préparées pour le recevoir, en observant de mettre dans chacune, moitié de ce premier bain : l'on remplit de nouveau la chaudière au Brésil, que l'on fait rebouillir trois heures, et on le transvase comme la première fois dans les deux tonnes. On doit faire bouillir ainsi le Brésil jusqu'à trois fois ; il y a même des teinturiers qui le font bouillir jusqu'à cinq fois : plus l'on fait bouillir le Brésil, en suivant le procédé que nous venons d'indiquer, et plus la couleur devient belle. Ce sont les derniers bouillons qui rendent au premier la beauté et la fraîcheur qui lui convient ; il suffit que les deux tonnes, qui tiennent chacune trente-deux seaux d'eau, soient pleines du produit de cinquante livres de bois de Brésil.

Il est essentiel que l'eau dont on se sert pour faire cuire le Brésil soit la plus dure possible. A Paris, les couleurs de Brésil sont plus belles que par-tout ailleurs, parceque les eaux de puits sont généralement très-dures, à cause de la surabondance des sels dont elles se trouvent chargées. J'ai fait, avec les eaux de la Seine, des couleurs de Brésil aussi belles qu'avec les eaux de puits, en y ajoutant deux gros de nitre commun par chaque seau d'eau : l'on peut faire usage de ce procédé dans tous les pays.

La manière de disposer les tonnes pour y préparer le bain de Brésil cuit exige beaucoup de précaution. Il faut se servir, le moins qu'il est possible, de tonnes à eau-de-vie, parceque le tartre fait tourner à l'eau claire le bain de Brésil. Beaucoup de teinturiers, dans ce cas, croient leur bain comme perdu sans ressource ; ils sont dans l'erreur, à moins qu'il ne soit tombé en putréfaction ; encore y a-t-il souvent du remède. Cet accident est l'effet trop ordinaire de la fermentation (1).

---

(1) La position des tonnes dans des endroits mal-sains

Lorsqu'une tonne de Brésil est tournée à l'eau claire, vous en prenez dans un seau et vous y introduisez peu à peu de la chaux ; le bain revient à sa beauté primitive ; mais si l'on met trop de chaux, le bain vient d'un rouge violent et perd la qualité requise pour faire une belle couleur. En faisant cet essai sur un seau d'eau tournée, on peut calculer ce qu'il faut de chaux pour faire revenir la tonne à son état de perfection.

Pour prévenir cet accident, l'on prend des tonnes à huile d'olive qu'on défonce; on les place ensuite sur trois pierres, en les renversant, le fond en haut et le bout défoncé en bas : on allume en dedans un feu de paille, afin que la chaleur fasse couler à terre l'huile qui y est restée. Il est inutile d'observer que ce feu doit être modéré : ensuite on les rince avec de l'eau chaude qui ne soit ni acide ni alkaline : la première, loin de nétoyer la tonne, ne ferait au contraire que la rendre plus sale ; la seconde vous exposerait à laisser votre bain violent et le bois de la tonne savonneux.

Comme dans les ateliers de teinture on tire toujours à l'économie, il faut, dans ce cas, se servir d'un bain de gaude qui ait servi à faire du jaune et que l'on jette ordinairement après. Ces sortes de tonnes sont toujours très-bien placées dans une cave qui n'est point humide. Lorsqu'elles sont en place, l'on jette

---

auprès des eaux stagnantes, la proximité des lieux d'aisance, leur situation auprès d'un mur échauffé par un ou par des fourneaux, peuvent faire tourner le Brésil.

dans chacune d'elles une demi-livre de *terra merita*. La *terra merita* a la propriété d'empêcher le Brésil de tourner et en même temps celle de donner un petit air de jaune à la teinte ; mais comme ce jaune n'est pas généralement goûté de tout le monde, ainsi que je l'observerai en parlant de l'application des couleurs, je me contenterai de dire ici que lorsqu'on met, pour la première fois, le bain de Brésil dans la tonne, une demi-livre de *terra merita* l'empêche de tourner. On laisse reposer le bain dans les tonnes sans y toucher, durant un mois : par ce séjour, de rouge violent qu'il était, il devient d'une belle couleur écarlate, et porte à sa surface une petite écume rouge et jaune dorée, ce qui annonce que le bain est à son degré de perfection et qu'il est propre à la plus belle teinture.

Le terme d'un mois n'est pas rigoureusement nécessaire au bain de Brésil pour produire une belle teinture : dans un cas pressant, on peut s'en servir en quinze jours et obtenir une belle couleur ; mais si le Brésil ne repose au moins quinze jours dans la tonne, il perd moitié de son produit, et la teinture qu'on en tire est de la plus mauvaise qualité.

De la teinture des laines au bois de Brésil.

Après que les laines auront séjourné un mois à la cave et que le bain de Brésil sera parvenu au plus haut degré de perfection, on chargera une chaudière de trente seaux aux deux tiers ; l'on fera chauffer l'eau depuis le cinquantième jusqu'au soixantième degré du thermomètre de

Réaumur : un plus haut point de chaleur est inutile ; et si l'eau vient à bouillir, il faut la jeter et en remettre d'autres : ce précepte est essentiel. En effet, il serait fort désagréable de jeter le bain d'une chaudière sur laquelle on aurait fait plusieurs passes de faux écarlate ; en ce cas la perte serait réelle.

Voici le procédé que l'on doit employer. Préparez sur des bâtons à lisser trente livres de laine, que vous aurez préalablement fait rincer à la rivière ; lorsque l'eau de la chaudière sera parvenue au degré indiqué ci-dessus, vous y mettez, pour la première fois, trois seaux de bain du bois de Brésil ; vous mêlez le bain avec une rable, ayant soin d'entretenir la chaudière au degré de chaleur au-dessous du frémissement et de l'ébullition ; vous passerez sur le bain les laines qui sont disposées sur les bâtons à lisser, en les retournant continuellement. Cette première teinte n'est jamais écarlate ; elle n'est propre qu'à faire du beau cramoisi.

Tandis que vous faites la première teinte, vous préparez trente autres livres de laine ; vous ajoutez deux seaux de bouillon de Brésil que vous jetez dans la chaudière, et vous passez dessus les laines comme vous avez fait la première fois. Cette deuxième teinte devient écarlate, quoique moins belle que la troisième, dont le bain est parvenu au plus haut degré de perfection, à raison de l'alun et du tartre que les deux premières teintes y ont déposé.

Si l'on n'a pas besoin de cramoisi, le teinturier peut préparer quatre passes à-la-fois
d'après

d'après le procédé suivant. Il met peu de Brésil à la première teinte, un peu plus à la seconde, et la quantité requise pour finir la troisième et la quatrième. Il finit ensuite la première, qui n'a qu'une très-légère teinte de son premier bain, en y ajoutant toutefois à la chaudière le bain de Brésil nécessaire, et il finit de même la deuxième passe. Par ce procédé, les quatre passes se trouvent d'un écarlate égal en couleur. Il continue à teindre ainsi toutes les laines qu'il a à teindre par trente livres, sur la même chaudière, sans changer d'eau. Par ce moyen, un teinturier industrieux peut passer mille livres de laine avec le bain de cinquante livres de bois de Brésil, et faire encore cent livres de couleur *sang-de-bœuf* avec le marc des tonnes.

Les laines écarlate et cramoisi en faux ne se lavent point ; on se contente de les tordre au sortir de la chaudière, et on les met sécher à l'ombre, surtout quand les tonnes au Brésil ont été assurées à la *terra merita*.

Il y a des teinturiers qui mettent dans le fond de leur chaudière une petite botte de deux livres de *gaude* attachée à un poids de quatre livres, qu'ils rafraîchissent à trois ou quatre passes. Ce procédé n'est point à rejeter ; il donne de la consistance, de la ténacité à la couleur ; mais à la vérité il altère un peu son brillant.

Les écarlates en faux teint purement au Brésil sans aucune autre mixtion, ont également leur mérite particulier : quant aux roses, on ne leur donne que le tiers et même le quart du Brésil que l'on donne aux écarlates en faux, suivant le degré de délicatesse auquel on veut les obtenir.

Pour roser les cramoisis et les roses, l'on charge une chaudière de trente seaux, aux trois quarts, que l'on fait chauffer jusqu'au troisième degré ou environ du thermomètre de Réaumur : on y jette un seau d'urine ou deux (1), si un seul ne suffit pas, et l'on passe dessus les faux écarlates, qui deviennent d'un beau cramoisi aussi beau que la cochenille. Les laines destinées pour rose, qui sont légérement chargées du bain de faux écarlate, sont également rosées sur chaudière à l'urine, de la même manière qu'on a rosé les cramoisi faux.

Suivant M. Berthollet, la laine plongée dans le jus de Brésil n'y prendrait qu'une teinte faible qui se détruirait promptement; il faut lui donner des préparations.

On fait bouillir la laine dans une dissolution d'alun, à laquelle on ajoute seulement le quart ou même moins de tartre ; une plus grande proportion de tartre rendrait la couleur plus jaune: on tient la laine imprégnée au moins huit jours dans un lieu frais ; après cela on la teint dans le jus de Brésil en le faisant bouillir légérement; mais les premières parties colorantes qui se déposent, donnent une couleur moins belle ; de sorte qu'il convient de faire passer d'abord dans le bain une étoffe grossière. Les

---

(1) L'urine putréfiée et l'akali, suivant M. Berthollet, en favorisant l'extraction des parties colorantes, en augmentant le ton de leur couleur, peuvent souvent être contraires à l'effet qu'on en veut obtenir, et doivent nuire à la durée des couleurs.

couleurs rouges et roses qu'on peut obtenir du Brésil par l'alun et par quelques autres mordans sont très-belles et très-brillantes, mais peu solides comparativement à celles de la cochenille.

M. Pœrner prépare le drap avec un bouillon composé de dissolution d'étain, d'alun et d'un peu de tartre, et il fait son bain avec du fernanbouc et une proportion considérable d'alun. Il teint dans le résidu de ce bain une seconde pièce qui a reçu une préparation semblable. La première pièce prend une belle couleur de brique, et la seconde une couleur qui approche de celle de l'écarlate. On peut varier beaucoup les nuances en variant les proportions des ingrédiens.

Les parties colorantes du bois de Brésil sont facilement affectées et rendues jaunes par l'action des acides; alors elles deviennent des couleurs solides; mais ce qui les distingue de la garance et du kermès, et ce qui les approche du cochenille, c'est qu'elles reparaissent sous leur couleur naturelle lorsqu'on les précipite dans l'état de combinaison avec l'alumine ou avec l'oxide d'étain. Ces deux combinaisons paraissent les plus propres à les rendre durables. Il faut donc chercher les circonstances les plus propres à favoriser la formation de ces combinaisons selon la nature de l'étoffe.

Le principe astringent paraît aussi contribuer à la solidité des parties colorantes du bois de Brésil; mais l'engallage fonce leur couleur et il ne peut être employé pour les nuances claires.

Des différentes espèces de jaune.

La gaude, la génestrolle, la graine d'Avignon,

le bois jaune, le fer, l'écorce de bouleau, la suie de cheminée, le quer citron, la *terra merita*, le safranum, l'épine-vinette, s'emploient en teinture pour faire des jaunes plus ou moins beaux; mais le produit de chaque espèce s'emploie suivant les circonstances.

Dans la teinture des laines, on n'emploie ordinairement que la gaude, le bois jaune, la suie, la *terra merita* et le fustet. Les teinturiers des campagnes emploient par économie la génestrole et l'écorce de bouleau. Pour les jaunes frais et réfléchissans, l'on emploie la gaude; pour les jaunes moins beaux et les verds de Saxe, l'on emploie les bois jaunes; pour les jaunes dorés, la gaude et la suie, ou mieux encore le bois jaune et le fustet. La suie sert aussi à donner le fond à bien des couleurs de circonstance.

La *terra merita* s'emploie pour les écarlates et pour les couleurs de carnation, lorsqu'il est fixé par l'acide nitreux arsenical. Il y a beaucoup de désagrément à employer la *terra merita*, en ce que le moindre coup de soleil fait disparaître la couleur, même en séchant.

La gaude et le bois jaune, au contraire, n'ont aucun inconvénient dans leur usage, et le produit de ces deux substances répond toujours aux vœux d'un teinturier jaloux de faire de belles couleurs.

La gaude ou vaude est une plante qui est fort commune aux environs de Paris, dans la plupart des départemens, et dans une grande partie du reste de l'Europe.

Cette plante pousse des feuilles longues, étroites, d'un verd gai; du milieu de ses feuilles la tige s'élève de trois ou quatre pieds ; elle est souvent rameuse, garnie de feuilles étroites comme celles d'en-bas, et moins longues à mesure qu'elles approchent des fleurs, qui sont disposées en épis longs. Toute la plante sert à teindre en jaune.

On distingue deux sortes de gaude, la gaude bâtarde ou sauvage, qui croît naturellement dans les campagnes, et la gaude cultivée, qui pousse des tiges moins hautes et moins grosses. Cette dernière est préférée pour la teinture ; elle est beaucoup plus abondante en parties colorantes ; elle est d'autant plus estimée, que les tiges en sont plus fines.

Lorsque la gaude est mûre, on l'arrache, on la laisse sécher et on la met en bottes ; c'est ainsi qu'elle est employée.

La gaude a la propriété de faire toutes sortes de jaunes frais et de verds bon teint. En voici le procédé. On charge une chaudière que l'on fonce le plus de gaude qu'il est possible ; car il est à observer que sur cent livres de laine destinée pour différens jaunes, pour peu qu'il y en ait qui soient montées en couleur, ce n'est pas trop de cent livres de gaude ; si même l'on fait des jaunes pour des bruns à réflexion dorée, il faut mettre jusqu'à quatre livres de gaude par livre de laine : avant que la gaude ne bouille, il faut mettre jusqu'à quatre livres de gaude par livre de laine : avant que la gaude ne bouille, il faut passer dessus les laines destinées pour jaune frais. Il est bon de les laver à la rivière avant que de les teindre, pour les dégager des parties grossières de l'alun ; c'est même une sage précaution de transvaser une partie du bain dans une autre chaudière pour passer les premières laines, parceque l'alun, qui se mélerait à la gaude, lui ferait beaucoup de tort. Dans ce dernier cas, l'on remplit la chaudière d'eau froide et on la fait bouillir dix minutes au plus : on jette alors un seau d'eau dans la chaudière pour faire tomber leur bouillon, et l'on passe dessus les laines pour jaune et verd bon teint.

Quand la gaude est tirée de son premier bouillon, on la fait rebouillir une deuxième fois, et l'on jette dans la chaudière quatre onces de potasse. La potasse a la propriété de dilater les pores de la gaude et d'en faire sortir toute la matière colorante. On tire de ce deuxième bouillon tout le parti possible, soit en y passant de nouvelles laines ou en renforçant le jaune du premier bouillon, s'il se trouvait trop faible.

La couleur jaune que la gaude communique à la laine a peu de solidité, si la laine n'a été préparée auparavant par quelques mordans. C'est de l'alun et du tartre qu'on se sert, et par ce moyen cette plante donne le jaune le plus pur, et cette couleur a l'avantage d'être solide.

Par le bouillon qui s'exécute de la manière ordinaire, Hellot prescrit 4 onces d'alun pour chaque livre de laine et seulement une once de tartre; cependant plusieurs teinturiers emploient la moitié autant de tartre que d'alun : le tartre rend la couleur plus claire, mais plus vive.

Pour teindre avec la gaude, on fait bouillir cette plante, enfermée dans un sac de toile claire, qu'on charge d'une croix de bois pesante pour qu'il ne se lève pas au haut du bain ; quelques teinturiers la font bouillir jusqu'à ce qu'elle se précipite au fond de la chaudière, après quoi ils abattent dessus un champagne ; d'autres enfin la retirent avec un râteau lorsqu'elle est cuite, et ils la jettent.

Hellot prescrit cinq à six livres de gaude pour chaque livre de drap ; on se contente ordinairement de trois ou quatre livres, quelquefois plusieurs teinturiers ajoutent à la gaude un peu de chaux vive et de cendre, qui favorisent l'entretien des parties colorantes et qui rehaussent leur couleur, mais qui en même temps la rendent sujette à changer par l'action des acides : au reste la quantité de gaude doit être proportionnée à la nuance plus ou moins foncée que l'on veut obtenir.

On peut teindre à la suite des premières mises pour obtenir des nuances de plus en plus faibles, en ajoutant de l'eau à chaque suite et en tenant le bain bouillant.

Si l'on ajoute du muriate de soude dans le bain de gaude, il rend la couleur plus saturée et plus foncée. Le sulfate de chaux la rend aussi plus foncée ; mais l'alun la rend plus claire et plus vive, le tartre plus pâle. Le sulfate de fer la fait tirer au brun.

Du produit du bois jaune.

Pour se servir du bois jaune, on le fend en éclats, ou, ce qui est mieux, on le réduit en copeaux, on l'enferme dans un sac pour empêcher que quelques parties ne se fixent à l'étoffe et ne la déchirent.

Mettez dans une chaudière de vingt seaux d'eau cinquante livres de bois jaune, que l'on fait bouillir pendant trois heures. On transvase le bain dans une tonne, on le fait rebouillir une seconde fois seulement pendant trois heures, et l'on transvase ce deuxième bain sur le premier.

J'observe de ne jamais laisser reposer sur la chaudière le bain d'un bois quelconque que l'on aura fait cuire, car en moins d'un quart-d'heure le bois attirerait à lui plus de la moitié de la partie colorante qu'il avait rejetée dans l'eau ; il convient même de le transvaser presqu'en bouillant. Il faut aussi bien prendre garde de ne point laisser de bois dans la tonne, de peur qu'il ne produise le même effet. Pour éviter cet inconvénient, il faut se servir d'une passoire d'osier sur laquelle on étend une toile.

Ce bain de bois jaune remplit parfaitement les vues de celui qui travaille à teindre les laines en échantillon. J'observe que le bain de bois jaune s'affaiblit beaucoup en vieillissant ; qu'il conviendrait, pour l'avoir beau et frais, de l'employer dans les deux ou trois premiers jours.

Le bois jaune s'emploie aussi dans les verds de Saxe. On fait bouillir les laines en alun à raison de deux onces par livre, pendant une heure et demie seulement ; l'on met ensuite sur la même eau la quantité de bois jaune et composition de bleu de Saxe nécessaire à la hauteur du verd que l'on veut monter, et on le fait bouillir encore une heure et demie. Il est à propos de mettre le bois jaune dans des sacs de toile, parceque si le verd jaunit trop, on retire les sacs ; si au contraire il devient trop bleu, on remet les sacs dans la chaudière.

Pour faire un verd de Saxe un peu nourri, on met un quart de bois jaune par livre de laine et une once de dissolution d'indigo par l'acide sulfurique. J'ai connu de très-habiles teinturiers qui mettaient à-la-fois dans la chaudière l'alun, la dissolution d'indigo et le bois jaune, sur lesquels ils faisaient bouillir leur laine l'espace de deux heures ou deux heures et demie. J'ai quelquefois suivi leur procédé, et il m'a toujours parfaitement réussi.

Lorsque le bois jaune ne produit point assez, on lève les laines, et si l'on a du bain de bois jaune, on en met dans la chaudière la quantité nécessaire; si le bois domine trop, on remet du bleu. Il faut bien laver cette couleur au sortir de la chaudière : cette précaution lui donne beaucoup d'éclat et d'activité.

Du produit de la suie.

Le produit de la suie n'est point à dédaigner en teinture ; au contraire, lorsqu'on emploie une suie qui pelotte bien en la maniant, on est sûr que son rapport en couleur sera de toute beauté. Les couleurs des bordures des tapis et des tapisseries ne peuvent avoir leur réflexion dorée si l'on n'y emploie de la suie; les couleurs d'osier et de corbeille exigent de la suie, ainsi que bien des couleurs dites de paysage et d'après nature. Quoique cette couleur soit très-solide, je préviens qu'il ne faut jamais l'employer avec les acides minéraux, qui la dégradent et lui font perdre toute sa réflexion.

Dans une chaudière de trente seaux d'eau, on se contente d'en mettre vingt et dix seaux de suie, que l'on fait bouillir pendant deux heures jusqu'à ce que la suie ne monte plus par l'effet de l'ébullition; l'on remplit la chaudière, et on la laisse reposer au moins une heure pour que la suie ait le temps de se précipiter au fond de la chaudière. On passe ensuite dessus des laines qui ont reçu préalablement trois à quatre livres de gaude par livre de laine. Si c'est des bruns que l'on veut faire, il convient de les laisser sur la chaudière, dont on entretient la chaleur à un assez haut degré l'espace de deux heures au moins; les clairs, à proportion de leur échantillon.

On lave ensuite les laines à la rivière, et on leur donne de la garance et du noir à vue de l'échantillon. Si l'on veut faire la couleur d'après nature, des aîles dorées, des mouches vertes, il faut passer les laines ou les draps, après leur avoir donné la garance, sur une cuve d'indigo un peu faible, mais dont le produit soit frais.

Du produit du terra merita.

On fait tout ce que l'on veut dans la chaudière en jaune et en verd avec la dissolution d'indigo et le *terra merita*; mais un seul coup de soleil suffit pour tout détruire; les couleurs sont souvent disparues avant que d'être sèches. Le *terra merita* ne peut être employé que dans les écarlates, parcequ'il s'y trouve fixé par l'acide nitrique dans les couleurs en carnation. Après avoir fait dissoudre dans l'eau forte ou acide nitrique faible, on met quatre livres de *terra merita* dans dix livres d'acide nitrique, après y avoir fait dissoudre une livre d'arsenic jaune. Cette liqueur produit un assez beau jaune, qui ne s'altère point à l'air, mais qui ne résiste à aucune ébullition, pas même à celle de l'eau chaude.

On retire un très-grand produit du *terra merita* en le faisant dissoudre à l'esprit de vin. Mettez dans un bocal de verre deux pintes d'esprit de vin et une livre de *terra merita*; bouchez bien le bocal, et laissez le tout reposer huit ou quinze jours. Un poisson de cette liqueur suffit pour quatre seaux d'eau, dans laquelle on verse un demi-septier de vinaigre. Avec ce bain, on peut teindre à froid deux pièces de mousseline ou quatre livres de soie d'un très-beau jaune, mais qui ne résiste point au soleil. Cette couleur, bien faite, est très-recherchée dans le commerce; elle est supérieure à tous les autres jaunes pour la toile et la soie seulement, mais elle ne teint point la laine. Je ne prétends point dégoûter les ouvriers d'employer le *terra merita* pour les jaunes et les verds, je les invite seulement à bien prendre leurs précautions lorsqu'ils font sécher leur couleur.

Le *terra merita* est une racine qu'on nous apporte des Indes orientales. Celui qui vient de Patema est le plus estimé.

Du produit du brou de noix.

Le brou de noix est l'écorce verte de la noix. L'on sait que le brou de noix est blanc dans son intérieur, et que lorsqu'on l'expose à l'air, il se brunit et se noircit ; d'où vient que lorsque la peau est imprégnée de son suc, elle prend bientôt une couleur brune et presque noire.

La décoction filtrée prend une couleur brune foncée à l'air ; elle donne par l'évaporation des pellicules qui, étant séparées, bien lavées et séchées, sont presque noires. La liqueur séparée de ces pellicules donne un extrait brun qui se redissout complètement dans l'eau, mais qui, par une nouvelle évaporation donne encore des pellicules semblables aux premières.

Ces pellicules, qui se forment dans plusieurs autres évaporations, sont dues à la substance colorante dont les propriétés ont été changées par une légère combustion.

Le brou de noix est une matière colorante qui n'est employée que dans les ateliers où l'on ne travaille que bon teint. La feuille, la racine de noyer ont le même produit que le brou de noix, mais la matière colorante n'y est point en aussi grande quantité.

Dans la saison où l'on abat ce fruit, il faut remplir des tonnes ou des citernes de brou de noix et les couvrir d'eau ; on fait fermenter le tout pendant six mois et plus, s'il est nécessaire, sans craindre que le brou de noix s'y gâte, y restât-il pendant trois ans. Cependant il faut avoir la précaution de conserver les tonnes pleines d'eau, et de ne point les changer de place, car si le brou est remué, les vers s'y mettent, et il perd de sa qualité. Son produit colorant est inaltérable, même par la putréfaction. Sa couleur fauve est un assemblage égal des trois couleurs primitives.

Les couleurs en carnation, quelles que soient leur délicatesse et leur force, ne peuvent jamais être de bon teint, si du grand brun au grand clair elles ne sont faites au brou de noix. A son défaut, il faut employer le noir; mais le noir en petit n'est qu'une couleur absolument faux teint. Or quel que puisse être le talent de l'ouvrier qui emploie cette couleur faux teint, son ouvrage ne peut lui faire honneur, car il est altéré avant qu'il y ait mis la dernière main.

Les couleurs en carnation sont si compliquées, que leur nombre total se porte à vingt-cinq mille; ainsi l'on peut juger quelle consommation immense on peut faire du brou de noix dans le commerce, sous le rapport de la teinture.

Pour faire usage du brou de noix, on charge une chaudière, et sur trente seaux d'eau, on met dix à douze seaux de brou de noix que l'on fait bouillir l'espace de trois heures; ensuite l'on retire le brou, que l'on laisse égoutter dans une passoire pour le jeter dehors. L'on remplit la chaudière d'eau froide jusques par-dessus les bords, et l'on entretient dessous un petit feu, pour l'entretenir à un degré de chaleur au-dessous de l'ébullition. Cette chauffe fait monter, à toute la surface et au-dessus des bords de la chaudière, une surabondance d'huile en forme d'écume très-épaisse, et à l'instant physique où le bouillon est prêt à partir, on enlève avec un ballet neuf toute cette écume, dont il ne faut laisser aucune trace. Si l'on ne prenait cette précaution, les laines ou les draps que l'on passerait sur ce bain seraient couverts de taches irréparables, à raison de la couleur indélébile du brou de noix; mais, avec cette sage précaution, l'on n'a plus à redouter les taches : on passe même les laines ou les draps sur ce bain sans mouiller et sans aucune préparation préalable, telle que le bouillon d'alun.

L'on passe sur le bain de brou de noix les laines et draperies pour brun jusqu'au degré que l'on croit nécessaire; ensuite ce bain est excellent pour brunir des verds de Saxe au degré de verd-bouteille. Après avoir rempli ce premier objet, ce bain est encore bon à donner le fond à bien des couleurs, telles que celle de noisette, celle dite couleur de chair, la couleur boue-de-Paris et celle de gris bon teint, etc

Pour peu qu'un ouvrier soit habile dans la pratique de l'Art de la Teinture, il lui est très-facile de finir toutes les couleurs commencées avec le brou de noix et à très peu de frais.

Pour finir les bruns commencés au brou de noix, il faut d'abord les laver à la rivière, les bouillir ensuite en alun et les aviver avec un peu de garance : cette couleur est inaltérable et résiste à toute épreuve. La noisette se fait par le même procédé et n'est pas moins solide que le brun Les couleurs de chair se finissent avec un peu de garance sur un bouillon d'écarlate très-léger; la couleur boue-de-Paris, avec un peu de bois d'Inde et couperose, ou, pour donner plus de solidité au teint, avec une dissolution d'acier et de noix de Galle : les gris bon teint se finissent par le même procédé que les couleurs boue-de-Paris ; les gris d'Amiens, avec une dissolution d'indigo préparée au blanc d'Espagne; le gris américain se finit de la même manière que le précédent, avec du bain de suie.

En un mot, le brou de noix et la suie sont d'un usage si général et si important dans l'Art de la Teinture, que je puis dire, sans exagération, que ces deux couleurs sont au teinturier ce que les fondemens sont au maçon pour la solidité et la beauté des édifices qu'il construit.

Du produit du sandal, ou santal.

On distingue trois sortes de bois de santal ; le santal blanc, le citron et le rouge ; le dernier est seul employé en teinture ; c'est un bois solide, compacte, pesant, que l'on apporte de la côte de Coromandel, et qui brunit en restant exposé à l'air : on l'emploie ordinairement moulu ; il donne une couleur fauve brune, tirant sur le rouge.

On s'en sert dans le petit teint pour faire des bruns de toute espèce : l'on met dans une chaudière, à raison de dix livres de sandal par cent livres de laine, huit livres de sumac ou d'orédon et deux livres de bois jaune. L'on fait bouillir ces substances et les laines ensemble pendant deux heures et demie; ensuite on retire les laines et on met dans la chaudière une livre de couperose, on y remet les laines, et on les remue avec vîtesse; alors elles deviennent brunes.

Comme les bruns sont toujours de différentes espèces, l'on commence par rabattre sur la couperose les bruns les plus clairs, et lorsqu'ils ne sont point assez bruns, l'on ajoute de la couperose. C'est la couperose seule qui finit tous les différens bruns depuis le plus rouge jusqu'au plus noir : c'est plus ou moins d'évent qu'il faut leur donner, et pour tous le même fond de sandal et de sumac ou d'orédon.

Quand l'on veut faire des bruns très-violens, l'on ne met point de bois jaune, et lorsqu'on veut qu'ils tirent sur le marron, on met du bois jaune en plus ou moins grande quantité, suivant le ton que l'on veut donner à la couleur.

Pour faire ces sortes de bruns, il ne faut point employer l'alun; on ferait du très-mauvais ouvrage. Le sumac fournit dans son ébullition une matière résineuse qui a la propriété de fixer la matière colorante qu'on emploie avec lui, tels que le bois jaune, le sandal, le bois d'Inde et même la garance. Le sandal ne s'altère point avec les acides minéraux; au contraire, il a la propriété de monter au brun les verds de Saxe pour verd-bouteille.

De l'orseille.

On distingue deux espèces d'orseilles : l'orseille d'herbe ou des Canaries, et l'orseille de terre ou d'Auvergne, qu'on nomme aussi pérelle. La première est beaucoup plus estimée.

Micheli, cité par Hellot, dit que les ouvriers

qui préparent l'orseille à Florence, réduisent la plante en poudre fine, qu'ils passent à travers un tamis; qu'ils l'arrosent ensuite légérement de vieille urine; qu'ils remuent une fois par jour le mélange, en y ajoutant à chaque fois une certaine proportion de soude en poudre, jusqu'à ce que la matière ait pris une couleur colombine : alors on met dans un tonneau de bois, et on y ajoute de l'urine ou de l'eau de chaux, ou de la dissolution de gypse, jusqu'à ce que la surface en soit recouverte, et on la conserve en cet état. Dans une description que l'on trouve dans l'ouvrage de Plictho, l'on ajoute à cette préparation, du sel ammoniac, du sel gemme et du salpêtre; mais Hellot s'est convaincu, par l'expérience, que la chaux et l'urine étaient les seuls ingrédiens nécessaires; qu'il fallait remuer fréquemment le mélange, en ajoutant de nouvelles doses de chaux et d'urine.

Il y a plusieurs autres espèces de mousse et de lichen qui pourraient, peut-être servir en peinture, si elles étaient préparées comme l'orseille. Hellot donne ce moyen de découvrir si elles possèdent cette propriété : on met un peu de ces plantes dans un vaisseau de verre; on humecte d'ammoniaque et de partie égale d'eau de chaux; on ajoute un peu de muriate d'ammoniaque ou sel ammoniac; ensuite on bouche le petit vaisseau. Après trois ou quatre jours, si la plante est de nature à donner du rouge, le peu de liqueur qui coulera, en inclinant le vaisseau qu'on aura couvert, sera teint d'un rouge cramoisi, et la plante elle-même prendra cette couleur. Si la liqueur ou la plante ne prennent point cette couleur, on ne peut en rien espérer, et il est inutile de tenter sa préparation en grand. Cependant Lewis dit qu'il a éprouvé de cette manière un grand nombre de mousses, et que la plupart lui ont donné une couleur jaune ou brune-rougeâtre; que très-peu ont donné une liqueur d'un rouge foncé, qui ne communiquait au drap qu'un rouge jaunâtre.

La dissolution aqueuse de l'orseille, appliquée au marbre froid, le pénètre et lui communique une belle couleur violette ou bleue tirant sur le pourpre, qui résiste beaucoup plus long-temps à l'air que les couleurs de l'orseille appliquées à d'autres substances. Dufay dit qu'il a vu du marbre teint de cette couleur, l'avoir conservée au bout de deux ans sans altération.

L'orseille de terre s'emploie sans aucune préparation antérieure : son produit colorant est de faire des violets depuis le plus brun jusqu'au plus clair. L'on fait aussi avec l'orseille des couleurs qui approchent du coquelicot, avec lesquelles on teint la soie, en rabattant les soies teintes en violet-brun sur une eau chargée de vitriol : mais cette couleur est imparfaite en comparaison de celle faite au safranum.

Pour faire un beau violet en laine, il faut au moins une livre d'orseille de terre par dix livres de laine. On fait bouillir dans une chaudière l'orseille pendant une demi-heure ; on la laisse un peu reposer, et on passe dessus les laines. Si le violet n'est pas assez monté, l'on fait rebouillir la chaudière sans y rien mettre, et l'on passe dessus. Il y a des teinturiers qui font bouillir tout ensemble, les laines ou draperies et l'orseille, jusqu'à ce qu'elles soient montées au degré desiré. Si l'orseille a produit un violet trop rouge, il faut passer les laines ou les étoffes sur une lessive légère de cendres gravelées, après les avoir lavées, et non de potasse, ou sur une cuve de bleu très-faible. Le produit de l'orseille est beau à la vérité, mais il n'a aucune solidité : l'air, le soleil, la boue, la moindre goutte d'eau acidulée, enfin le plus léger accident détruit la couleur de l'orseille.

L'orseille d'herbe est préférable à l'orseille d'Auvergne, par un plus grand éclat qu'elle communique aux couleurs et par une plus grande quantité de parties colorantes : elle a de plus l'avantage de soutenir l'ébullition; enfin cette dernière ne peut s'allier avec l'alun qui en détruit la couleur; mais l'orseille d'herbe a l'inconvénient de teindre d'une manière inégale, à moins qu'on n'ait l'attention de passer le drap dans l'eau chaude aussitôt qu'il sort de la teinture.

Du produit du bois d'Inde.

Le bois d'Inde, de Campêche, de la Jamaïque, a reçu ses différens noms des endroits où il croît le plus abondamment. Il est très-commun à la Jamaïque et sur la côte orientale de la baie de Campêche : on le trouve aussi à Sainte-Croix, à la Martinique et à la Grenade.

Le bois d'Inde est un arbre qui s'élève très-haut et devient très-gros dans les bons terrains; son écorce est mince, unie, d'un gris brillant et quelquefois jaunâtre ; sa tige est droite, garnie d'épines ; ses feuilles ont quelque ressemblance avec celles du laurier, dont elles se rapprochent encore par leur qualité aromatique, ce qui lui a fait donner le nom de *laurier aromatique* ou *laurier* d'*Inde*. On donne improprement à ses semences le nom de *graine de gérofle*, parcequ'elles en ont la saveur. Les Anglais les nomment *poivre de la Jamaïque*, ou *graine de quatre-épices*.

Le bois d'Inde est pesant, il s'enfonce dans l'eau, il est dur, compacte, d'un grain fin, susceptible de poli et presque incorruptible.

Il faut employer le bois d'Inde immédiatement après sa cuisson : plus il vieillit, moins il a de produit en matière colorante. On fait bouillir le bois d'Inde haché deux heures et demie, à raison de trois livres par deux seaux d'eau. Il faut transvaser dans une tonne le bain cuit ; on le fait rebouillir une deuxième fois seulement, et l'on transvase ce deuxième bain par-dessus le premier.

Le produit du bois d'Inde et son usage commun à différentes couleurs, l'ont fait nommer une selle à tous chevaux des teinturiers à petit teint. Son produit naturel, avec le bouillon d'alun, est de faire un violet imparfait qui approche du puce, qui, étant recouvert d'un bain de suie, fait un brun passable pour le moment. Si l'on donne aux matières ainsi colorées une légère lessive de potasse ou de cendres gravelées, il en résulte une couleur bronze qui approche du verd-bouteille. Si, sur un brun foncé de bois d'Inde, on donne de la gaude, ensuite de la suie, dans laquelle on aura mis un peu de potasse, il en résulte un superbe verd-dragon; ou si l'on veut un verd-bouteille dont le mérite est au-dessus de ceux faits à la composition du verd de Saxe, la couleur est mieux nourrie et l'étoffe moins fatiguée.

Presque tous les teinturiers ont coutume de monter leurs verds de Saxe, pour verd-bouteille, du bois d'Inde et de couperose; la couleur est bonne pour le moment de la livraison, quand toutefois elle est acceptée.

Lorsque les cuves d'indigo sont trop faibles pour parvenir au bleu de roi, mettez dans une chaudière du bain de bois d'Inde, de l'alun et du vitriol de Chypre, savoir, deux onces de l'un et de l'autre par seau de bois d'Inde, et passez dessus les laines ou les draps passés d'abord en cuve, et surtout ménagez le bois d'Inde dans cette occasion : on risque de monter jusqu'au noir, tel faible qu'ait été le bleu. Il ne faut jamais faire bouillir le bois d'Inde lorsqu'on l'emploie à monter une couleur quelconque, mais encore plus particulièrement lorsque l'on monte des bleus; l'alun et le vitriol en ébullition gâteraient tout : il faut néanmoins entretenir le bain très-chaud. L'on fait aussi avec le bois d'Inde, des bleus sans indigo, de deux manières : la première est de le monter tout uniment au bois d'Inde, avec l'alun et le vitriol, sans se servir du tout du bleu de cuve, et si les bleus ne sont pas assez beaux après avoir été lavés à la rivière, il faut les passer sur une lessive légère un peu tiède, et les faire sécher ensuite sans les laver; la deuxième, qui leur donne un peu plus de solidité, consiste à les faire bouillir en alun, à les laver, à leur donner ensuite du bois d'Inde avec du vitriol de Chypre, en observant de suivre le même procédé, et de prendre les mêmes précautions exposées ci-dessus.

Le bois d'Inde s'emploie dans presque toutes les couleurs d'idée qui se font à l'échantillon. Lorsqu'un teinturier se trouve embarrassé pour l'exécution d'une nouvelle couleur qu'il n'aura pas encore pu exécuter, il faut qu'il parte toujours de ce principe, que la couleur qu'il veut rendre ne se compose que des trois couleurs primitives et de chacune d'elles en plus ou moins grande quantité; que les trois couleurs primitives, sont le bleu, le rouge et le jaune, et que la bruniture est toujours du bois d'Inde et de la couperose ou du noir.

Quand le teinturier n'est pas sûr de son entreprise, il doit commencer par faire un échantillon de la couleur qu'il veut exécuter : si l'échantillon n'est pas conforme à l'idée qu'il veut rendre en teinture, c'est-à-dire, s'il a trop de bleu, ou de rouge, ou de jaune, il fait un second échantillon, et corrige sur celui-ci le défaut ou l'excès qu'il a remarqué dans les couleurs primitives de l'échantillon ; enfin, lorsque l'échantillon est à son gré, il exécute en grand, avec sûreté, la partie qu'il veut entreprendre.

Un teinturier qui aime son état et qui le pratique avec succès, voit, en mirant une couleur, de quoi elle est composée.

Le bois d'Inde est la base de presque tous les gris, savoir :

1°. Le gris ordinaire se compose de bois d'Inde et de couperose.

2°. Le gris-rouge, de bois d'Inde, de couperose et d'alun.

3°. Le gris-ardoise ou bleu, de bois d'Inde, de couperose et de vitriol de Chypre.

4°. Le gris-jaune, de bois d'Inde, de suie et de couperose.

5°. Gris-d'Amiens, d'abord bois d'Inde et couperose, qu'on mêle ensuite avec la composition de bleu de Saxe préparée de la manière suivante ;

Versez de la composition du bleu de Saxe sur du blanc d'Espagne modérément et peu à peu, à cause de l'effervescence : la teinte du blanc d'Espagne en bleu empêche l'indigo de se rapprocher.

Il y a des teinturiers qui mettent tout uniment le blanc d'Espagne, revêtu du bleu de vitriol, dans la chaudière, et qui passent leurs laines ou leurs draperies dessus, d'autres qui étendent leur composition dans l'eau, la laissent reposer, et ne mettent que le clair : l'un ou l'autre procédé s'emploie suivant les circonstances, quand le gris est demandé avec ou sans fond blanc.

L'on fait encore, avec le bois d'Inde, un violet passable dans le commerce pour la teinture des laines destinées au travail du poil de chèvre. En voici le procédé :

Prenez du bois d'Inde frais de la première cuite, ajoutez un peu d'alun et très peu de vitriol de Chypre, passez les laines dessus ; le produit n'est point indifférent.

L'on fait la couleur dite *Prune de Monsieur* avec le bois d'Inde et la composition d'écarlate. Cette même couleur se fait avec la dissolution de bismuth. Pour la bien faire :

Bouillez d'abord vos laines en alun, ensuite donnez-leur du bois d'Inde autant qu'il est possible, lavez-les à la rivière, rabattez-les sur une eau tiède dans laquelle vous introduirez peu à peu de la dissolution de bismuth, jusqu'à ce qu'elle soit parvenue au degré de vivacité que vous pouvez desirer ; enfin vous la laverez après l'avoir avivée.

De la teinture des laines en noir.

Le très petit nombre de substances qui puissent donner par elles-mêmes un noir solide, n'ont été éprouvées que sur le lin et le coton ; tels sont le suc de la noix d'acajou, l'*anacardium occidentale*, le *toxicodendron*, le suc des tiges de houblon, le jus de prunelle, etc. : mais le noir qui est le produit de ces substances, ne saurait être comparé à celui qu'on forme en teinture.

Toutes les couleurs noires sont donc le produit d'une combinaison. On fixe sur les étoffes les molécules noires, qui se forment par l'union du principe astringent et de la dissolution de fer.

La teinture de la laine en noir est la plus facile à exécuter. La laine a une plus grande affinité avec les molécules noires que n'en ont la soie et le coton ; cependant il faut des attentions particulières pour obtenir un noir qui soit bien foncé, solide et doué de l'espèce d'éclat qui est particulière à cette couleur.

Pour cent livres de laine, on met dans une chaudière dix livres de bois d'Inde, dix livres de sumac, une botte d'écorce d'aune bien triturée, et, si l'on veut, une livre de noix de Galle noires. Pour peu que les laines puissent supporter la manœuvre, il convient de les mettre pêle-mêle avec les drogues et de faire tout bouillir quatre heures au moins, en les retournant souvent avec une barre de bois. Il faut observer que les laines doivent être enfilées dans des ficelles par paquets de deux livres au plus : l'on commence cette première opération par l'*engallage*, dans laquelle les laines doivent prendre une couleur de brou de noix ou de papier brouillard foncée. L'engallage fini on retire les laines pour les débrouiller botte à botte ; on les secoue à la main sur une cheville et on les évente, c'est-à-dire, on les étend par terre ; ensuite l'on retire de la chaudière, avec une passoire de cuivre, le plus qu'il est possible des débris qui ont servi à l'engallage, en observant toutefois de ne point trop diminuer le bain, et pour cet effet on a soin de remplir la chaudière au degré nécessaire pour que les laines y baignent avec aisance. L'on met dans la chaudière cinq livres de couperose, l'on fait du feu dessous pour entretenir le bain très-chaud, mais sur-tout point de bouillon : quand la couperose est bien fondue, l'on balaye la chaudière, l'on met les laines dessus, et on les retourne comme la première fois avec une barre, ayant soin d'entretenir le bain très-chaud l'espace d'une heure au moins ; ensuite on les lève avec les mêmes précautions qu'on a prises à l'engallage, et on les évente bien : plus les laines sont éventées, et plus la couperose fait son effet pour les monter en noir.

Lorsque les laines sont bien éventées, l'on remet dans la chaudière, que l'on entretient toujours chaude, trois livres de couperose, et l'on observe à cette troisième immersion la même manœuvre qu'on a observée à la première et à la deuxième ; cette troisième immersion sur la couperose, le deuxième évent sur la couperose.

Pour le troisième évent, l'on met dans la chaudière deux livres de couperose et une livre de suif de chandelle ou d'huile grasse : le suif et l'huile ont la propriété d'empêcher la couperose de sécher les laines ; de leur donner, au contraire, un maniement doux et moelleux, d'ajouter à la couleur beaucoup de plein et de brillant. On rabat les laines sur la chaudière pour la quatrième fois, on les retourne l'espace d'une heure au moins, et on les laisse ainsi passer la nuit sans feu : on les lève de la chaudière pour les éventer, les laver et les faire sécher.

Les teinturiers en noir, par état, teignent à-la-fois dans la même chaudière la soie et la laine.

Dans ce cas, il ne faut point se servir de suif à la quatrième immersion ; au contraire, il faut remettre dans la chaudière du bois d'Inde, du sumac et de l'écorce d'aune en telle quantité qu'on juge nécessaire pour donner un deuxième engallage à la soie ; il faut donner ensuite cinq à six évents, sans pour cela charger trop le bain de couperose.

D'autres teinturiers font des noirs deux fois

en dix jours et se contentent de donner deux noirs de laine à leur soie en les gardant du premier noir, jusqu'à ce qu'ils puissent leur en donner un second : de cette manière les soies et les laines sont beaucoup mieux teintes.

La bille de chêne, l'écorce de gland, la sciure de bois de chêne et le tan ont de très-grandes propriétés pour teindre en noir. Toutes ces substances sont prohibées dans les ordonnances de Colbert. Ce ministre, malgré la supériorité de ses talens, ignorait sans doute qu'on peut employer le suif dans le noir, et que le suif a la propriété de rendre à la laine le maniement et la douceur, qui se trouvent altérés par l'usage de la bille de chêne et de l'écorce de gland ; car j'en excepte la sciure de chêne et le tan, que l'on peut employer avec avantage dans les noirs de fil de lin et de chanvre.

Si en employant la même quantité de bois d'Inde, de sumac et d'écorce d'aune, l'on emploie de la bille de chêne ou de l'écorce de gland à raison de cinq à six livres par cent, il en résulte que les soies se trouvent teintes avec le premier engallage, en lui donnant toutefois trois ou quatre évents de plus sur la couperose, et si l'on veut donner du suif aux matières-laines, on leur en donne après que la soie est finie.

Les teinturiers qui desirent bien remplir leur objet en noir, prennent leur chapeau pour échantillon.

Le bain de noir peut servir de suite à faire des gris de toute espèce. On fait des boue-de-Paris en donnant avant, aux étoffes ou aux laines, un pied de bain de suie ; on fait toutes sortes de gris, depuis le plus beau jusqu'au plus clair, et depuis le plus fort jusqu'au plus faible, avec le vieux bain de noir, le vieux bain de suie et le vieux bain d'orseille ; il ne s'agit que de savoir l'art de les employer.

Le bain de noir remplit très-bien son objet, lorsque l'on s'en sert pour les bruns au santal au lieu de couperose. On finit aussi les couleurs dorées depuis le grand brun jusqu'au grand clair avec le noir seul, et on les assortit du fort au faible : on peut aussi remplir les verds de Saxe pour verd-bouteille avec le noir. Les mauvais ouvriers se servent aussi du noir pour finir les couleurs d'après nature, soit paysage, draperies ou carnations, parceque cette manière est beaucoup plus facile à travailler. L'on finit aussi avec le noir les couleurs dites carmelites, en leur donnant avant de la gaude et du Brésil sur le bouillon d'alun.

Les mauvais teinturiers rabattent les couleurs en carnation et toutes les couleurs d'après nature avec le noir, pour leur donner la délicatesse et le ton qui leur est nécessaire mais cette teinte est absolument fausse, et le fabricant et le consommateur s'y trouvent trompés.

Lafolie, fabricant de Rouen, donna à la manufacture des Gobelins le moyen de supprimer absolument le noir dans toutes leurs couleurs, qui ne peuvent jamais être d'après nature sans un reflet ferrugineux. L'expérience en fut faite aux Gobelins par Quemisset en 1779.

L'usage des sels neutres à base métallique sert moins aussi à procurer la solidité qu'à donner le ton aux couleurs dont on veut teindre. On sait que les matières colorées changent de nuance suivant la nature des terres métalliques qui les attirent; car ces terres ont cette propriété, aussi bien que la terre d'alun, qui ne la possède peut-être que parcequ'elle tient de la nature métallique. Parmi les sels neutres à base métallique, il y en a deux qui joignent la qualité de mordans à celle d'altérans, et dont l'usage est le plus ordinaire. Ces sels sont la couperose ou vitriol de Mars, et le vitriol bleu ou de Chypre.

Du produit de la garance.

La garance, dont on fait un très-grand usage en teinture, est la racine d'une plante dont Linné distingue deux espèces : la première, *rubia tinctorum foliis senis*, la deuxième, *rubia peregrina foliis quaternis*. La première a deux variétés, la garance cultivée et la garance sauvage, que l'on nomme aussi *rubia sylvestris monspessulana major*.

La racine de garance est la seule partie de cette plante qu'on emploie en teinture: la racine de garance se cultive en différens départemens; mais la plus belle vient ordinairement de Zélande, où l'on cultive cette plante dans les îles de Tergoés, Zirzée, Sommerdyck et Thoolen. Celle de la première de ces îles est estimée la meilleure; le terroir est argileux, gras et un peu salé.

On connaît la garance, dans le commerce et la teinture, sous le nom de *garance-grappe*, de *garance-robée* et de *garance non-robée*. C'est pourtant la même racine; toute la différence, pour la qualité, est que la *grappe* ou *robée* se tire de la moëlle de la racine, et que la *non-robée* contient, avec cette moëlle, l'écorce et les petites racines qui sortent de la racine principale.

Les garances dont on fait usage dans le Levant et dans l'Inde pour la teinture des cotons, sont un peu différentes de celles qu'on emploie en Europe; on les nomme *chat* à la côte de Coromandel. Cette plante, ainsi nommée, se trouve abondamment dans les bois de la côte de Malabar, et ce chat est le sauvage. Le cultivé vient de Vaour et de Ticcorin ; et le plus estimé est le *chat* de Perse, qu'on nomme *dumas*.

On recueille aussi sur la côte de Coromandel la racine d'une autre plante, qu'on y nomme *raye-de-chaye* ou *racine de couleur*, et qu'on a cru être une espèce de *rubia tinctorum*, mais qui est la racine d'une espèce de *gallium flore albo*, ainsi qu'on l'a appris par des mémoires envoyés de l'Inde en 1748.

A Kurder, au voisinage de Smyrne, et dans les campagnes d'Ak-hissar et de Yor-das, on cultive une autre espèce de garance qu'on nomme, dans le pays, *chiocboya*, *ekme*, *hazala*. C'est de toutes les garances la meilleure pour la teinture rouge, selon les épreuves qui en ont été faites ; aussi est-elle beaucoup plus estimée dans le Levant que la plus belle garance de Zélande que les Hollandais y portent. Cette même garance si estimée, est nommée par les Grecs modernes, *lizari*, et par les Arabes, *fouoy*.

Il y a encore une autre espèce de garance que l'on peut tirer du Canada, et qu'on y nomme *tyssa-voyana*. C'est une racine extrêmement menue, qui fait à peu-près le même effet que notre garance d'Europe.

Il y a différentes manières de cultiver la garance et de la préparer.

La même espèce de garance ne produit pas des racines de même qualité dans tous les terrains et dans tous les pays: il est donc nécessaire de faire choix d'un terrain dont la nature soit propre à sa culture.

Il faut choisir, pour la culture de la garance, un terrain dont la position soit basse et humide, parceque les terrains secs et arides ne conviennent point à la garance; mais, quoiqu'un terrain humide soit à préférer, une trop grande humidité serait néanmoins préjudiciable à cette plante. Il faut donc éviter de choisir un terrain qui, par sa situation, serait exposé aux inondations d'une rivière.

La préparation du terrain dans lequel on veut planter la garance, consiste à le labourer plus soigneusement et plus profondément que si l'on voulait y semer du grain, et d'y faire passer la herse avant de semer.

La préparation consiste encore à donner un engrais suffisant : les vieux fumiers, surtout ceux du gros bétail, ainsi que les cendres lexivielles, sont favorables à la culture de la garance, parcequ'il est utile de donner de la vigueur à la terre.

Quant à la disposition du terrain, on divise son champ en parties inégales de quatre et de six pieds alternativement : celles de quatre pieds sont destinées à recevoir la semence, les autres à former dans le commencement un petit canal d'arrosage des deux côtés des planches semées. Il faut avoir attention que les sillons ou les lignes dans lesquelles on plante la garance aient leur direction du nord au midi.

On seme la garance au printemps, en germinal et floréal, de la même manière que les autres plantes destinées à être transplantées : on creuse un fossé de la profondeur d'un pied ou environ, on couvre dans le fond la terre de fumier, sur lequel on remet une quantité de terre ou terreau à une hauteur suffisante pour soutenir les plantes, qui, étant échauffées par le fumier, lèvent plutôt.

On prépare la garance, avant de la semer, de la manière suivante :

Pour chaque livre de graine on prend un quarteron de garance fraîche, qu'on pile dans un mortier après l'avoir bien lavée ; on y ajoute un demi-septier d'eau et deux onces d'eau-de-vie ; on jette cette composition sur la graine, de manière qu'elle s'en imbibe l'espace de vingt-quatre heures, prenant soin de la remuer trois ou quatre fois pour prévenir la fermentation. Le lendemain on met cette même graine dans un chaudron d'eau, qu'on fait bouillir l'espace d'une heure cinq ou six jours auparavant, et dans laquelle on a mis un panier de fiente de cheval : enfin on étend sa graine sur le pavé jusqu'à ce qu'elle ait assez perdu de son humidité pour être sémée tout de suite.

Cette préparation, dit Althen, d'après sa propre expérience, empêche la graine de s'abâtardir, la fait

fait germer et lever en plus grande quantité, et produit des plantes sensiblement plus belles, dont les racines donnent une couleur plus vive que quand elle n'a pas été ainsi préparée.

Il y a trois choses à considérer dans la plantation, savoir, le temps auquel on plante, le sujet qu'on plante et la forme qu'on veut donner à la plantation.

Le temps de planter la garance soit de plants provenus de graines, soit de rejetons, est le printemps et l'automne, parceque si l'on plantait pendant les chaleurs, les plantes reprendraient difficilement.

Le sujet qu'on plante, ce sont les plants provenus de semences ou les rejetons produits par la plante principale, et qu'on en sépare dans le cours de la culture ou lorsqu'on arrache les racines. Les premiers doivent être transplantés lorsque la plante a eu le temps de jeter quelques racines : la manière de détacher les rejetons est de suivre avec le pouce la plante principale jusqu'à ce qu'on les rencontre ; on les sépare alors facilement à l'aide du pouce ou avec la pointe d'une broche de fer.

La forme de la plantation dépend de la méthode qu'on aura choisie pour la préparation du terrein.

La manière de soigner la plantation tend à procurer les moyens les plus efficaces pour entretenir, faire grossir et multiplier les racines. Le premier soin doit donc être de sarcler et arracher les mauvaises herbes; plus on répète cette opération, plus on fournit aux racines une plus grande abondance de sucs nourriciers, et plus la plante prospère, parcequ'elle profite davantage des influences de l'air et du soleil.

Comme on cultive en Europe deux espèces de garance, savoir, celle de Hollande et celle du Levant, et que les tiges de la dernière espèce sont frêles et ne peuvent se soutenir d'elles-mêmes, il est bon, si l'on veut faire mûrir sa graine, de la ramer comme les haricots. Il faut encore décharger les tiges des branches latérales et ne laisser que la principale tige et quelques petites branches : en allégeant ainsi la plante, on procure l'accroissement des racines.

En vendémiaire de la seconde année, c'est-à dire, dix-huit mois après qu'on a semé, la garance donne une grande quantité de graines qu'il faut recueillir dans ce mois ou au commencement du suivant, aussitôt qu'elle est mûre, c'est-à-dire lorsqu'elle est bien noire.

Le meilleur de tous les moyens proposés pour faire la récolte des racines est celui de Tschifelli: il consiste à ouvrir, sur une des faces de la garancière qui paraîtra la plus commode à cet effet, un fossé en forme de tranchée, de longueur plus ou moins grande, suivant la quantité de monde qu'on voudra employer ; il doit avoir au moins quatre pieds de large, afin qu'il puisse y avoir deux rangs d'hommes, dont les uns arrachent et ramassent les racines, et les autres tirent la terre en arrière. La tranchée ainsi ouverte devant la garancière, on en coupe le terrein avec la bêche; la terre ôtée avec la bêche, on la fait tomber dans un fossé ; on casse les mottes, et avec une fourche ou trident dont les dents sont recourbées à angles droits, on sépare et on tire les racines pour les rassembler et les mettre dans des paniers. Les hommes ramènent ensuite la terre du côté du fossé, et lorsque la récolte est faite, on remet toute la récolte à sa place.

La préparation de la garance consiste en trois opérations, savoir : le triage des racines, le desséchement et la mouture.

Le triage est la séparation des parties de la garance arrachée, savoir, des tiges, des racines et des rejetons propres à être transplantés.

Les petites racines ne valent rien pour former la garance de première et seconde qualité. Il en faut dire autant de celles qui sont trop grosses, parcequ'elles contiennent beaucoup de cœur ou de parties ligneuses. Les meilleures racines sont celles qui ont la grosseur d'une plume à écrire ou du petit doigt tout au plus ; elles sont transparentes et rougeâtres ; elles ont une odeur forte, et leur écorce est unie ou adhérente au cœur ou partie ligneuse.

En Zélande et en Flandre on fait sécher la garance dans des étuves : les Hollandais sont si jaloux des leurs, qu'ils n'y laissent entrer personne que ceux qui en ont la direction. Celles dont on a jusqu'ici indiqué l'usage, sont la touraille des brasseurs, dans lesquelles on fait sécher l'orge pour la bière : on en peut voir les dessins dans le traité de Duhamel.

Tout le monde convient que le desséchement à l'étuve est sujet à plusieurs inconvéniens, et, ce qu'on peut assurer de certain, c'est qu'il est d'expérience que la qualité de la garance est toujours meilleure lorsqu'elle est séchée sans feu. Hellot dit que le lizary donne une couleur plus vive que la plus belle garance-grappée de Zélande, par la raison qu'on le fait sécher à l'air et non dans des étuves. Duhamel convient qu'il est mieux de faire sécher la garance à l'air et à l'ombre; il ajoute que si l'on arrache les racines au printemps, on pourrait faire évaporer une partie de l'humidité par le soleil et le vent, ce qui diminuerait de beaucoup la dépense des étuves. L'indice que les racines sont assez sèches, c'est qu'elles se rompent net en les ployant; lorsqu'elles ne le sont pas, il faut les faire sécher de nouveau pour pouvoir les réduire en poudre. On a observé que les racines de garance perdent communément, en séchant, sept huitièmes de leur poids.

Il y a deux manières de pulvériser la garance; l'une consiste à la mettre en pâte à l'aide d'une meule verticale, telles que celles avec lesquelles on écrase le chenevi et la noix pour en tirer de l'huile ; l'autre consiste à la piler dans des moulins avec des pilons garnis de pointes de fer, pareils à ceux dont on se sert pour le tan.

La garance, entièrement pulvérisée, se met dans des tonneaux bien foulée, et son onctuosité naturelle fait qu'elle se pelotte et forme des mottes qui deviennent fort dures : il faut la conserver dans un lieu sec.

Cette substance prend plus de corps lorsqu'elle se trouve unie à la terre de l'alun.

Pour ne rien laisser à desirer dans une matière aussi importante, je vais exposer en peu de mots les préparations que Althen juge à propos de donner aux racines de garance, et qu'il croit nécessaires, afin qu'elles fournissent une belle teinture.

Ces préparations consistent à imbiber les racines, avant de les réduire en poudre, de quelques-unes des cinq liqueurs ou compositions suivantes :

Première composition. Environ quinze pintes d'eau commune pour chaque quintal de racines, dans laquelle on fera dissoudre sur le feu une livre d'alun.

Seconde composition. Même quantité d'eau pour chaque quintal de racines, dans laquelle on fera fondre une livre de miel commun sans le mettre sur le feu.

Troisième composition. Même quantité d'eau et dans la même proportion, en y ajoutant deux livres de son.

Quatrième composition. Deux pintes de vinaigre, sans aucun mélange d'eau, pour chaque quintal de garance.

Cinquième composition. Quinze pintes d'eau commune par quintal de garance, dans laquelle on fera bouillir, pendant deux heures, deux livres de soude dont on se sert dans les savonneries. Après l'avoir retiré du feu, on y jettera trois livres de fiente de mouton, qu'on aura ramassée et fait sécher au mois de mai ; on remuera le tout de temps en temps pendant trois ou quatre jours, après lesquels on laissera reposer cette composition jusqu'à ce que le marc soit tombé au fond.

Je suis très-persuadé, dit d'Apligny avec raison, que ces préparations sont inutiles et même préjudiciables. Toute personne au fait de la teinture est instruite que tout sel ajouté à une fécule colorée en altère la couleur et détruit même sa fixité. C'est un principe général, dont on ne peut excepter que les fécules colorées qui n'exigent point d'alunage : si l'on emploie la première composition, l'alun formera, avec les particules colorées de la garance, une matière dure qui est en pure perte pour la teinture, parcequ'elle ne pourra plus entrer dans les pores du sujet; de plus, l'alun rancit la couleur de la garance, qui exige précisément tout le contraire. Il en faut dire autant du vinaigre et du son. Quant à la soude et à la fiente du mouton, on n'ignore pas qu'elles ont la propriété de roser la couleur de garance; mais il vaut bien mieux les employer sur la couleur déjà appliquée. Leur emploi sur les racines ne pourrait servir qu'à tromper le marchand, en leur donnant une plus belle apparence, ainsi que le miel, qui ne peut leur communiquer que de l'onctuosité. Il vaut donc beaucoup mieux, ajoute d'Apligny, s'en tenir à choisir un bon terrein pour la garance, à la cultiver avec soin et à former, en la pulvérisant, des poudres de différentes qualités et de différens prix, que de soumettre les racines de cette plante à des préparations qui, de l'aveu même d'Althen, ne conviennent point à toutes les espèces de garance.

Pour moi, je conclus de tout ce que je viens d'exposer, que la garance mérite les éloges que tant d'auteurs lui ont prodigués, à raison de la beauté de sa couleur et de l'immensité de son produit. C'est surtout aux teinturiers en coton et aux coloristes en indienne qu'il appartient de louer la garance, puisque sa couleur est aussi belle dans ces cas que la cochenille l'est pour la teinture des laines. Aussi, dans la teinture des cotons ne connaît-on qu'une seule nomenclature de garance, c'est-à-dire garance de première et deuxième qualité ; au lieu que, dans la teinture des laines, il y a mauvaise garance, garance-robée, garance non-robée, garance-grappe et belle garance.

La mauvaise garance s'emploie dans bien des couleurs de petit teint, pour donner du fond aux couleurs lorsque l'on travaille à l'échantillon. Cette manière de travailler remplace le brou de noix.

La garance-robée et non-robée s'emploie pour faire des bruns de pure garance sur le bouillon d'alun, et ensuite on les finit sur le bain de bois d'Inde ou sur le noir. Ces bruns sont plus beaux que ceux faits au sandal. Lorsque l'on veut aussi bien faire un verd-bouteille, on le finit avec cette garance, qui donne du fond et de la ténacité à la couleur, qui se trouve mieux remplie qu'avec tous les noirs et les bois d'Inde quelconques.

La garance-grappe s'emploie pour faire le rouge des femmes de la campagne. Après le bouillon de tartre et d'alun, on charge une chaudière dans laquelle on met, pour dix livres de laine, deux seaux d'eau sûre. On met dans une tonne à l'eau-de-vie deux boisseaux de son, on la remplit d'eau chaude, et on laisse le tout fermenter jusqu'à ce que l'eau soit sûre, et à raison de deux onces de garance par livre de laine,

Après que les laines ont été lavées à la rivière, on les met de dessus le bouillon d'alun sur la chaudière à trente degrés de chaleur seulement, et on les remue une heure, sans presser la chaleur au-delà de quarante-cinq degrés. Si la garance ne montait point assez, on lève et on en remet la quantité que l'on juge à propos pour amener la couleur au degré désiré.

Des rouges suisses se font de la même manière que les écarlates; au lieu de la cochenille, on emploie de la garance de la première qualité.

Du produit de la cochenille.

La cochenille, qui donne cette belle couleur écarlate couleur de feu, est un insecte qu'on prit d'abord pour une graine. On nous l'apporte du Mexique, où les naturels du pays et les Espagnols, qui n'ont que de petits établissemens, le cultivent, c'est-à-dire, qu'ils ont soin de le retirer de dessus la plante qui le nourrit. Ils font mourir et sécher ce qu'ils ont dessein d'en vendre, et conservent le reste pour le faire multiplier quand la mauvaise saison est passée.

Cet insecte se nourrit et multiplie sur une espèce d'*opuntia* épineux, qu'on nomme *nopal*. Hellot dit que la cochenille se conserve dans un lieu sec pendant des siècles sans se gâter, qu'il en reçut une petite quantité d'Amsterdam avec les preuves requises de cent trente ans d'ancienneté, qui fit en teinture le même effet qu'une cochenille nouvelle.

On récolte au Mexique deux sortes de cochenille ; la cochenille silvestre et la cochenille fine, qu'on nomme aussi mestèque, du nom d'une province du Mexique, et qu'on élève sur le nopal.

La cochenille silvestre est aussi apportée de la Vera-Crux en Europe. C'est dans les bois du nouveau Mexique et de l'ancien que les Indiens vont la chercher. L'insecte s'y nourrit, y croît, y multiplie sur les *opuntias* non cultivés, qui y sont en abondance. Cette cochenille est toujours beaucoup plus menue que la cochenille fine ou cultivée : sa couleur est meilleure et plus solide que celle qu'on tire de la cochenille fine, mais elle n'a jamais le même éclat ; et d'ailleurs, il n'y a pas de profit à l'employer, puisqu'il en faut quatre parties et quelquefois davantage pour tenir lieu d'une seule partie de cochenille fine.

La cochenille fine, qui a été bien séchée et bien conservée, doit avoir une couleur d'un gris tirant sur le pourpre. Le gris est dû à une poudre qui la couvre naturellement, et dont elle a conservé une partie ; la nuance propre est due à la couleur qu'a extraite l'eau dans laquelle on la fait mourir.

L'on a cru assez généralement que la cochenille devait sa couleur au nopal sur lequel elle vit et dont les fruits sont rouges ; mais Thieri observe que le suc qui lui sert de nourriture est verdâtre, et qu'elle peut vivre et se perpétuer sur les espèces d'*opuntia* dont le fruit n'est pas rouge.

Thieri eut le courage de braver les plus grands dangers pour aller observer l'éducation de la cochenille au Mexique, pour en arracher cette production et pour en enrichir la colonie de Saint.Domingue. Il rapporta avec lui de la cochenille fine, de la cochenille silvestre et des nopales, espèce d'*opuntia* la plus propre à nourrir ces insectes.

Il n'y a point de teinturier qui n'ait une recette particulière pour faire l'écarlate, et chacun d'eux est persuadé que la sienne est préférable à toutes les autres. Cependant la réussite ne dépend que du choix de la cochenille, de l'eau qui doit servir à la teinture et de la manière de préparer la dissolution de l'étain, que les teinturiers ont nommé *composition pour l'écarlate*.

Voici les différentes dissolutions qu'un teinturier est obligé de savoir bien faire.

Dissolution d'étain ou composition d'écarlate.

Il faut avoir la plus grande attention que l'eau forte dont on se sert soit toujours celle dite *acide nitrique faible*. Il y a beaucoup de teinturiers, qui, faute de connaissances chimiques, se servent indistinctement de l'eau forte sans prendre garde avec quoi elle a été fabriquée : il y a beaucoup de marchands d'eau forte dans les départemens qui emploient de la couperose avec le salpêtre. Cette eau forte a sans doute de grandes propriétés en bien des occasions, mais en matière colorante elle est très-mauvaise. En effet les écarlates que l'on teint avec cette eau forte noircissent à l'air, et l'on s'en aperçoit même en séchant.

Lorsque l'on veut employer la dissolution d'étain, il est bon de la faire la veille du jour où l'on doit s'en servir, parceque le temps faisant rapprocher les parties dissoutes, en forme une chaux métallique qui se précipite au fond du vase dans lequel l'on a fait la dissolution, et ce rapprochement lui ôte toute la beauté de son produit.

Pour faire cette dissolution, il faut d'abord régaliser l'eau forte avec du sel ammoniac ou du sel ordinaire; l'un ou l'autre est fort indifférent: la dose est de deux onces de sel par livre d'eau forte; ensuite l'on introduit dans ladite eau forte régalisée et peu à peu, de l'étain grenailli à raison de deux onces par livre, en observant que l'effervescence qui s'élève chaque fois que l'on met de l'étain ne soit point trop forte; car au lieu de faire de la dissolution, l'on ne ferait que de l'oxide d'étain. Quand tout l'étain a été ainsi introduit et la dissolution paraissant bien saturée, c'est-à-dire, qu'il n'y ait point d'étain qui ne soit en parfaite dissolution, l'on met, par livre d'eau forte, une livre d'eau ordinaire, et l'opération est finie.

J'ai connu des ouvriers au-dessus de la médiocrité dans l'Art de la Teinture, qui, au lieu d'eau forte du prix d'un franc dix centimes la livre, en prenaient à un franc soixante centimes, mettaient deux livres d'eau par livre d'eau forte, et réussissaient assez bien.

Dissolution du bismuth.

Pour dissoudre le bismuth, il faut prendre une eau forte ou acide nitrique de quelques degrés supérieurs à celui dont on se sert pour la dissolution d'étain. Je me suis toujours servi, pour cette opération, d'eau forte dans le prix d'un franc soixante centimes.

Pour faire cette opération, l'on prend à raison de deux onces de bismuth par livre d'eau forte ou acide nitreux. D'abord il faut piler dans un mortier de fonte le bismuth, ayant la plus grande attention de ne laisser prendre au bismuth aucune matière ferrugineuse. A mesure qu'on réduit le bismuth en poudre, il faut le mêler à l'eau forte, autant que l'effervescence peut le permettre, et on laisse ensuite reposer la dissolution jusqu'au lendemain. Il ne faut, pour cette dissolution, ni sel ammoniac, ni eau ordinaire; il faut se servir de lessive brute telle qu'elle est. Pour avoir le beau produit de cette dissolution, il faut s'en servir au plus tard le surlendemain, car elle se résout en oxide métallique plus promptement encore que la dissolution d'étain.

Cette dissolution a la propriété de faire, avec la cochenille, des violets de toute beauté, particulièrement les clairs, et elle s'emploie sans aucune préparation antérieure de tartre ni d'alun ; on met seulement deux onces de dissolution par livre de laine et une demi-once de cochenille pour les clairs.

Dissolution d'acier.

Pour faire cette dissolution, on prend de l'eau forte ordinaire que l'on coupe avec son même poids d'eau ordinaire : l'eau forte coupée ainsi peut recevoir à-la-fois deux onces de limaille d'acier par livre d'eau forte, et on laisse ainsi fermenter la dissolution pendant deux jours avant que de s'en servir; l'on peut néanmoins l'employer cinq à six heures après qu'elle ne fermente plus. Cette dissolution s'opère ainsi que toutes les autres, mais avec plus de lenteur : la liqueur est toujours bonne à employer en teinture; son marc, mis dans un creuset et rougi dans un feu de charbon, fait d'excellent rouge d'Angleterre ou safran de Mars.

Cette dissolution fait tous les gris bon teint; elle s'emploie avec la noix de Galle, le bois jaune, la garance et la cochenille. Tout ce qu'on fait avec cette dissolution est inaltérable à l'air; mais l'on ne peut s'en servir que pour les couleurs délicates dans lesquelles il faut que le gris domine.

La dissolution d'argent se fait avec celle de bismuth et s'emploie de même : son produit avec la cochenille est de faire des canelles d'un très-grand mérite.

Suite du produit de la cochenille.

Pour employer la cochenille en teinture, il faut d'abord la piler et la tamiser : les parties que l'on néglige de soustraire au tamis deviennent inutiles et sont en pure perte; car on a beau les faire bouillir, on les retrouve toujours déposées au fond de la chaudière remplies de toute leur matière colorante.

Le produit simple de la cochenille avec le

bouillon de crème de tartre et d'alun, est de faire les cramoisis fins. L'on remplit une chaudière de cinquante seaux d'eau pour cent livres de laine : pendant que l'eau chauffe, on lave bien à la rivière les laines, afin de les débarrasser des parties grossières de l'alun qui peut s'être cristallisé à sa surface ; ensuite on les prépare sur des bâtons ou dans des filets.

Lorsque la chaudière est sur le bouillon, l'on y met dedans la cochenille préparée comme ci-dessus, à raison d'une once par livre de laine. Lorsque l'échantillon demandé exige un cramoisi bien nourri, on met par livre dix à douze gros de cochenille. Il convient de faire bouillir la cochenille quatre minutes pour la faire cuire avant que d'y mettre les laines.

Quand la chaudière est ainsi préparée, l'on met dessus les laines : si elles sont sur des bâtons, il faut avoir soin de les faire plonger rapidement et de les retourner de même, sans les perdre de vue, pendant une heure ; si elles sont dans des filets, on les retourne avec une barre, et la manœuvre n'est point si dure : on les fait ainsi bouillir une heure et demie, c'est-à-dire un quart-d'heure après que l'on a jugé qu'il n'y a plus de cochenille dans le bain, ce que l'on reconnaît à l'eau qui devient claire ; ensuite on lève, on laisse refroidir, on va laver les laines à la rivière, et on les fait sécher.

Il se fait des roses depuis le plus fort jusqu'au faible ; les plus forts sont de demi-once de cochenille par livre de laine : ils se travaillent de la même manière que les cramoisis fins ; c'est-à-dire, même bouillon de tartre et d'alun; mais lorsque l'on est pour les teindre, il faut ajouter, avec la cochenille, une once de dissolution d'étain par livre de laine. Il se fait de la même manière des roses à deux gros de cochenille par livre de laine, et même les plus faibles sont encore au-dessous.

Il y a des teinturiers qui font des roses en mettant dans leur chaudière deux onces d'alun, une once de crême de tartre, une once de dissolution d'étain, deux gros de cochenille par livre de laine, et font ainsi bouillir la laine et les drogues pendant deux heures.

Suivant les demandes ou les échantillons que l'on a à suivre, on fait aussi des roses avec le procédé et la manœuvre de l'écarlate; en observant toutefois qu'il ne faut que deux à trois gros de cochenille par livre de laine.

Il se fait des écarlates de différens prix et de différentes manières. On distingue parfaitement, à l'aide d'une loupe de verre blanc, les principes colorans qui ont servi à faire une écarlate quelconque. La cochenille, la garance, la *terra merita*, que l'on croit au premier coup-d'œil être unies ensemble et incorporées l'une à l'autre, suivant les lois des affinités chimiques, ces couleurs sont à la loupe séparées et distinctes les unes des autres, et chaque principe colorant joue son rôle particulier.

Pour faire une écarlate franche en pure cochenille, il faut au moins une once et demie de cochenille par livre de laine : il est vrai que ces écarlates sont d'un mérite bien plus grand que celles qu'on fabrique avec la garance et la *terra merita*.

Les écarlates généralement reçues dans le commerce se font avec une once de cochenille et se travaillent par le procédé suivant.

L'on charge une chaudière de cinquante seaux d'eau pour cent livres de laine ; on y met par livre de laine deux onces de crême de tartre, deux onces de crême d'étain, connue sous le nom de *composition d'écarlate*, deux gros de garance et un gros de *terra merita* ; enfin deux gros de cochenille.

L'on fait bouillir le tout quatre minutes avant que d'y mettre les laines, que l'on a préalablement bien mouillées et préparées sur des bâtons ou dans des filets.

Il faut d'abord manœuvrer bien promptement et retourner les laines ou draperies, car les matières colorantes prennent avec beaucoup de rapidité et tachent les laines ou les étoffes qui les reçoivent inégalement ; il est vrai que ces taches momentanées s'affaiblissent et souvent même disparaissent à la longue dans le bouillon qui doit être de deux heures et demie : l'on appelle cette opération *bouillon d'écarlate*.

On lève les laines de la chaudière, on les met refroidir, on jette le bain, on la recharge de nouvelle eau, et pendant qu'elle chauffe, on lave les laines de leur bouillon à la rivière, et on les prépare, comme la première fois sur des bâtons ou dans des filets.

Lorsque l'eau est sur le point de bouillir, il faut mettre dans la chaudière les six gros restant de cochenille par livre de laine et deux onces de composition d'écarlate : l'on fait bouillir la chaudière quatre minutes. Il y a des teinturiers

riers qui ne font point bouillir leur cochenille pour le *rougi*, mais qui abattent sur la chaudière au moment où elle monte en écume de cochenille et que le bouillon est prêt à partir : la chaudière se trouve rafraîchie par les laines ou draperies mouillées qui reviennent de la rivière, et donnent, par ce moyen, le temps nécessaire pour exécuter la manœuvre avec la plus grande promptitude. Cette manœuvre n'est point à rejeter.

On abat le bouillon avec un peu d'eau froide et on met dans la chaudière les laines qu'il faut manœuvrer sans relâche. On fait bouillir la chaudière dix minutes au plus, et on lève les laines qui sont à leur degré de perfection. Si on les laissait davantage, elles deviendraient plus foncées, se terniraient et perdraient tout leur mérite de belle écarlate. On appelle cette deuxième opération le *rougi* de l'écarlate. J'ai vu, dans bien des villes de fabrique, retirer de ce bain des couleurs dites jujube, espèce de mauvaise écarlate, en y mettant de la *terra merita* et de la composition d'écarlate, ou, pour mieux dire, de la dissolution de *terra merita*, comme il est dit au chapitre de la *terra merita*. L'on peut retirer de ce bain de belles couleurs d'orange.

Mais, dans les ateliers de teinture réglée, on opère d'une autre manière. Sur le bain de *rougi* l'on ajoute deux onces de crème de tartre, deux de composition d'écarlate et deux gros de cochenille par livre de laine que l'on fait bouillir dessus, ainsi que deux gros de garance et un de *terra merita*. L'on bout sur ce bain de nouvelles laines pour écarlate, et l'on attend, pour leur donner le *rougi*, qu'il en vienne d'autres à bouillir sur le bain de leur *rougi*. L'on peut les garder jusqu'à trois semaines bien couvertes sur des chevalets propres, les laines ne se gâtent point.

Ce bouillon d'écarlate est plus beau et mieux nourri que le premier, puisqu'étant rougi de la même manière, les écarlates doivent être d'un plus grand mérite ; et voilà la raison de la différence du pri des écarlates entre tel et tel marchand.

Ainsi un teinturier qui voudrait se faire une réputation dans son état, devrait, lorsqu'il n'a qu'un cent d'écarlates à faire, teindre ce cent en quatre fois, et donner aux premières vingt-cinq livres deux gros de cochenille de plus, qu'il peut ménager sur les trois autres parties. Les écarlates finies et refroidies, il faut les laver à la rivière et les faire sécher.

Du produit de l'indigo.

L'indigo est la fécule d'une plante que les Arabes et les Espagnols nomment *nil* ou *anil*, et qui, à Malte, porte le nom d'*ennir*.

Les différens auteurs qui ont parlé de l'indigo, ont donné des descriptions assez différentes de la hauteur, du port, de la figure, du nombre de feuilles, de la forme, de la couleur des fleurs et des graines de la plante qui produit cette fécule.

Cette diversité d'opinions a fait croire à d'Apligny que plusieurs plantes de différentes espèces, de différens genres et même de différentes familles, pourraient produire une fécule dont on ferait de l'indigo.

Il y a à la côte de Coromandel, à Pondichéry, etc., deux sortes d'indigo, l'une beaucoup plus belle que l'autre ; la belle sorte ne sert qu'à lustrer et l'inférieure à teindre. Le plus bel indigo se prépare du côté d'Agra ; on en fait aussi d'assez beau à Mazulipatan, à Kyanaon, où la compagnie des Indes a un comptoir. L'indigo de Java, ou indigo javan, est le meilleur de tous ; c'est aussi le plus cher, et parconséquent il y a peu de teinturiers qui l'emploient. Le bon indigo doit être si léger, qu'il flotte sur l'eau ; plus il enfonce, plus il est suspect d'un mélange de terre, de cendres ou d'ardoise pilée. Sa couleur doit être d'un bleu foncé tirant sur le violet, brillant, vif, et pour ainsi dire éclatant ; il doit être plus beau dedans que dehors, et paraître luisant et comme argenté : il en faut dissoudre un morceau dans un verre d'eau pour l'éprouver ; s'il est pur et bien préparé, il se dissoudra entièrement ; s'il est falsifié, la matière étrangère se précipitera au fond du vaisseau. Le second moyen de s'assurer de sa bonté, est de le brûler ; le bon indigo brûle entièrement, et, s'il est falsifié, ce qu'il y a d'étranger reste après que l'indigo est consumé.

Labat, dans son Histoire des Antilles, nous donne la manière dont on fait la fécule d'indigo : l'on a trois cuves l'une au-dessus de l'autre, en manière de cascade.

Dans la première, qu'on appelle *trempoir*

ou *pourriture*, et qu'on remplit d'eau, on met la plante chargée de ses feuilles, de son écorce et de ses fleurs (1). Au bout de quelque temps le tout fermente, l'eau s'échauffe et bouillonne, s'épaissit et devient d'une couleur de bleu tirant sur le violet : pour lors on ouvre les robinets de la *trempoire*, et l'on en fait sortir l'eau chargée de toute la substance colorante dans la seconde cuve, appelée la *batterie*, parcequ'on y bat cette eau avec un moulin à palettes pour condenser la substance de l'indigo et la précipiter au fond, ensorte que l'eau redevient limpide et sans couleur comme de l'eau commune. On ouvre les robinets de cette cuve pour en faire écouler l'eau jusqu'à la superficie de la fécule bleue, après quoi on ouvre d'autres robinets qui sont au plus bas, afin que la fécule tombe au fond de la troisième cuve, appelée *reposoir*, parceque c'est là ou l'indigo se repose et se dessèche. On l'en tire pour former des pains, des tablettes, etc.

L'indigo pilé est bien plus sujet à être falsifié que celui qui est en tablettes, parcequ'il est difficile que du sable, de l'ardoise pilée, matières étrangères avec lesquelles on falsifie l'indigo, se lient si bien ensemble, qu'elles ne fassent en bien des endroits des lits de matières différentes, et pour lors, en rompant le

---

(1) Au village de Sarguesse, proche de la ville d'Amadabat, les Indiens ne se servent que des feuilles de l'*aquil* et ils jettent la tige et les branches : c'est aussi de cet endroit que vient l'indigo le plus parfait, après celui de Java.

morceau d'indigo, on les y remarque facilement.

Les Portugais, qui conquirent le Brésil dans le même temps à-peu-près qu'ils formerent des établissemens dans les Indes orientales, trouvèrent au Brésil une plante qui avait du rapport à celle dont on tirait l'indigo dans les Indes. Les naturels du pays ne connaissaient d'autre usage de cette plante que celui de noircir leurs cheveux et de s'en frotter le visage pour faire peur à leurs ennemis, comme nos anciens Bretons et les anciens Germains se servaient de l'*isatis* (1) pour le même effet.

Les Portugais commencèrent à traiter cette plante presque de la même manière qu'ils l'avaient vu traiter aux Indes, et le procédé qu'ils adoptèrent est aujourd'hui suivi en Amérique par toutes les colonies européennes.

La plante nommée *anil*, et *ennir* à Malte, est assez semblable, par les feuilles, aux pois chiches, mais les branches sont plus courtes et plus larges, ligneuses comme celles du genêt; elles s'élèvent rarement à la hauteur de deux pieds, et à peine la tige a-t-elle acquis, à la troisième année, la grosseur du pouce. Sa fleur ressemble a celle de la jacée, sa graine approche beaucoup de celle du fenu-grec. On la recueille au mois de brumaire et on la sème en floréal. Cette plante dure ordinairement

---

(1) *Fœmina canitiem Germanis inficit herbis*
Et melior vero quæritur arte color.
Ovid.

trois ans : on la coupe à la fin de vendémiaire ou au commencement de brumaire pour en tirer la couleur.

On dissout l'indigo avec l'acide sulfurique. L'on peut se servir de cette dissolution pour les laines et les soies petit teint.

Pour faire cette dissolution, l'on met en poudre l'indigo dissout dans l'acide, à raison de deux onces par livre d'acide sulfurique au plus, sans quoi la saturation serait imparfaite; il faut mêler le tout avec un bâton à deux ou trois reprises. S'il arrivait que l'acide eût été altéré, ce à quoi il faut bien prendre garde, on aurait besoin de moins d'indigo. L'indigo *guatimala* fait la plus belle dissolution, mais la moins tenace : on la fait quelquefois aussi belle avec de l'indigo de Saint-Domingue bien cuivré; il ne faut se servir de cette dissolution que le surlendemain.

Avec cette dissolution, on fait le verd de Saxe et les bleus clairs petit teint : les bleus foncés avec cette dissolution sont noirs et de très-mauvaise teinte;

Chacun monte la cuve d'Inde chaude à sa manière ; mais j'invite les teinturiers à se servir de la méthode que je donne ici, comme étant la plus sûre et celle qui réussit toujours le mieux.

Pour monter une cuve sur une chaudière de trente-deux à trente-six seaux d'eau, il faut quatre livres d'indigo cuivré, deux livres de garance, huit livres de cendres gravelées ou de potasse, un demi-boisseau de son de bonne qualité : l'on peut même, pour quatre livres d'indigo, se servir d'une chaudière de cinquante seaux.

On charge la chaudière aux trois quarts d'eau de rivière, on met dedans quatre livres de cendres gravelées, une livre et demie de garance et un quart de boisseau de son : l'on fait bouillir le tout pendant quatre heures au moins ; ce temps est absolument nécessaire, autrement le bain serait gras et l'opération ne vaudrait rien. Quand le bain est cuit, on le laisse reposer un quart-d'heure, et on le transvase dans des baquets pour en retirer le marc.

Pendant que le bain cuit, on prépare l'indigo de la manière suivante. On le met dans un mortier avec très-peu-d'eau, et on le bat en pâte fort dure à-peu-près comme on pétrirait du pain nouvellement cuit ; par ce moyen, les coups de pilon sont appliqués avec force et l'opération va plus vîte. On bat ainsi l'indigo pendant deux heures au moins, en y ajoutant de temps en temps quelques gouttes d'eau quand l'on s'apperçoit que la matière devient trop sèche. Après l'avoir ainsi battue pendant deux ou trois heures, on la met dans un tamis qui est aux trois quarts plongé dans une chaudière très-propre ; on fait passer avec la main l'indigo à travers le tamis, qui doit être de crin croisé. Par cette première opération les trois quarts au moins de l'indigo doivent passer à travers le tamis : on laisse bien égoutter le tamis avant de mettre le résidu de l'indigo dans le mortier ; il faut absolument faire passer tout l'indigo à travers le tamis pour qu'il soit bien préparé.

Avec l'indigo ainsi préparé et le bain cuit,

des baquets, on remplit la chaudière. Il faut avoir attention que les deux bains ensemble ne remplissent la chaudière qu'aux deux tiers seulement ; ce qui est très-facile, parceque l'ébullition de quatre heures doit avoir assez diminué le bain de cendres gravelées, pour que son infusion avec le bain froid d'indigo ne fasse pas plus des deux tiers de la chaudière : il faut aussi avoir attention, lorsque l'on fait la réunion des deux bains, que la chaudière n'excède pas quarante-cinq degrés au thermomètre de Réaumur ; c'est pourquoi il convient de laisser tomber un peu la chaleur du bain dans les baquets ou dans une chaudière à côté.

Lorsque les deux bains sont réunis dans la chaudière, on la balaye avec une rape, et on a soin d'entretenir la chaleur de quarante-cinq degrés, en entretenant sur le côté de la chaudière et seulement aux parois du fourneau un feu de braise et de charbon : au-dessous de quarante-cinq degrés et même à quarante-quatre, la cuve demeure et ne travaille point à quarante-six, et au-dessus elle brûle.

Quand le bain est verd, ce qui arrive ordinairement au bout de douze à quinze heures, on lui donne le pied, qui est de mettre dedans une livre de cendres gravelées. La cendre gravelée qu'on destine à cet usage doit être de la plus grande beauté, et la plus belle qualité est celle qui est bien cuite tirant sur la couleur verte. On pallie la cuve après avoir mis le pied, et on la laisse encore reposer douze heures en l'entretenant toujours à quarante-cinq degrés de chaleur; au bout de ce temps, il faut l'accomplir ou faire le brevet.

Pour l'accomplir, on charge une chaudière de quantité suffisante d'eau pour remplir la cuve : on y met les trois livres restant de cendres gravelées, ainsi que la garance et le son, et l'on fait bouillir la chaudière cinq minutes seulement, sans quoi le bain deviendrait gras, et, pour comprimer cette graisse, il faudrait le faire bouillir quatre heures, manœuvre qui est absolument inutile. On laisse reposer le bain tout le temps nécessaire pour qu'il ne soit point trop chaud à mettre dans la cuve après le premier palliement. Quand elle est remplie, on la pallié bien et on la laisse reposer quatre heures avant que de passer dessus. La cuve doit être alors d'un verd superbe, et doit avoir une odeur fort agréable.

Pour passer les laines en cuve, il est nécessaire que la chaleur soit au-dessous de quarante-cinq degrés, qui est insupportable à la main, et par-là même empêche de manœuvrer lors même que la cuve est en bon état; il n'est plus nécessaire de l'entretenir à ce degré de chaleur, mais seulement à une chaleur propre à la manœuvrer, à moins que la cuve, trop fatiguée par son travail, ne devienne noire ou grasse : si elle est noire, c'est l'indigo qui s'est rapproché; si elle est grasse, elle pique, c'est-à-dire qu'elle laisse des taches toutes blanches sur les matières que l'on aura teintes en bleu; si elle est grasse, il faut mettre un demi-boisseau de son dans deux ou trois petits sacs de toile, et mettre les sacs pleins de son dans la cuve; ces sacs vont d'abord au fond, et montent à mesure que le son s'empare de la graisse : lorsqu'ils sont au bord, on les retire, et on donne à la cuve un petit brevet dans lequel l'on met la cendre gravelée, la garance et le son que l'on juge nécessaire pour la quantité d'indigo restant dans la cuve. On verse ce brevet dans la cuve, que l'on pallie, on la laisse reposer quatre heures à la chaleur de quarante-cinq degrés; on la repallie avant de passer dessus, et on la laisse encore reposer quatre heures. Quand elle est noire, il faut lui donner un petit pied de cendres gravelées, la remettre à son degré de chaleur, et l'entretenir ainsi douze ou quinze heures jusqu'à ce qu'elle recommence à reparaître un peu, et on lui donne un brevet, comme je l'ai déjà prescrit. Si on la juge noire et grasse à-la-fois; il faut, avant le brevet, lui donner un sac ou deux de son.

Les laines que l'on passe en cuve doivent être passées livre à livre dans des ficelles; on les mouille sur de l'eau chaude quand elles sont torses; il convient de les mouiller à deux ou trois reprises. Il faut bien se donner de garde de faire bouillir l'eau sur laquelle on mouille les laines, car le bouillon attaquerait la partie grasse de la laine, qui s'unirait à l'alcali de la cuve, et la rendrait grasse et noire.

Quand les laines sont bien mouillées, on les tord à la cheville et on les met par paquets de dix livres; c'est assez de dix livres à-la-fois pour passer sur une chaudière de trente-deux seaux. On met dans la chaudière une champagne, espèce de filet tendu sur un cerceau, auquel on attache un poids pour l'obliger de descendre et de se tenir enfoncé aux deux tiers de la chaudière, pour empêcher que les laines ne remuent et ne communiquent avec le marc de la cuve déposé au fond de la chaudière, ce qui ferait un très-mauvais effet par la perte de l'indigo en matière, perte qui affaiblirait la cuve et la mettrait hors d'état de rendre tout ce qu'elle devrait produire.

On prend un paquet de dix livres de laine, l'on passe dans les ficelles un bâton qui traverse la chaudière sur les deux bords ; l'on plonge les laines de manière qu'elles ne prennent point du tout l'air, ce qui les ferait tacher : on les retourne botte par botte avec les mains pour les détacher de leurs ficelles, sans leur faire prendre l'air, pendant un quart-d'heure ; on les lève, on les tord bien sur la cuve pour ne point perdre du bain, et on les laisse déverdir ou éventer ; l'on passe ensuite un deuxième paquet de dix livres comme le premier, ensuite l'on reprend le premier paquet qui est déverdi et on lui donne une deuxième immersion sur la cuve jusqu'à hauteur de bleu de roi. Si la cuve est forte, cette deuxième immersion ne doit être que de quelques minutes pour bleu de roi. Quand on veut bien assurer les bleus, il convient de leur donner toujours une deuxième immersion que l'on appelle, en terme de teinture, un rejet.

Les bleus à la nuance se passent en cuve les

bottes l'une après l'autre, que l'on laisse dans la cuve cinq minutes avant d'en remettre une autre, en observant que la dernière ne doit rester qu'une minute, l'avant-dernière deux minutes, la troisième trois minutes, et la quatrième quatre minutes.

Quand on a passé vingt livres de laine sur la cuve, il faut la pallier, si l'on a du brevet de reste ; on en met dedans, comme nous l'avons déjà dit, et il faut la laisser reposer quatre heures avant que de passer d'autres laines dessus ; mais si l'on n'a point de brevet de reste, il ne faut point en mettre, à moins que la cuve ne paraisse fatiguée, ce qu'il est facile de reconnaître, en ce que la couleur verte de la cuve noircit un peu, et la fleur est aussi altérée : si l'on mettait du brevet de trop dans la cuve, l'on s'exposerait à la faire graisser.

Une cuve montée de cette manière produit ordinairement trente livres de bleu de roi par livre d'indigo et trente autres livres de bleu au-dessous, et l'on peut encore donner à bien des laines un fond de déblanchi pour tout ce qui est de couleur verte ou brune. Il convient de tirer tout-à-fait cette cuve jusqu'à l'eau, tant pour ne point avoir à la réchauffer que pour se servir de la chaudière pour autre chose ; il convient aussi, lorsqu'un teinturier monte une cuve de cette manière, de voir ce qu'il a à faire de bleu et de verd, pour ne point employer plus d'indigo et de matière qu'il ne faut.

Il est très-essentiel d'observer que lorsque

l'on passe dans cette cuve des couleurs pour verd qui ont reçu leur gaude, il faut les bien laver et les battre à la rivière avant que de les passer en cuve, parceque ces laines, qui ont bouilli en alun uni aux matières hétérogènes de la gaude, feraient beaucoup de tort à la cuve. Les laines qui sont dégraissées au bouillon de l'eau de son et autres, doivent être bien lavées et battues à la rivière avant que de les passer en cuve.

Le produit de cette cuve est sans contredit, par sa beauté et sa fraîcheur, au-dessus de celui de la cuve de pastel et même d'un bleu plus plein et plus diaphane que le bleu produit par la dissolution de l'indigo à l'acide vitriolique. La facilité de monter et d'entretenir cette cuve peut mettre tous les fabricans des campagnes à portée de se procurer eux-mêmes de beau et bon bleu et du verd ; l'on peut même l'employer dans l'économie rurale; elle a en outre l'avantage de faire connaître à ses maîtres à combien leur reviennent ses bleus et ses verds, ce qu'il est absolument impossible de connaître avec la cuve de pastel. Aussi je connais plusieurs bons ouvriers en cuve de pastel qui ont entièrement renoncé à leurs anciens principes pour suivre absolument celui-ci, et voici comment ils s'y prennent pour teindre leurs draperies.

Sur une cuve de cent seaux d'eau, ils ne mettent que quatre livres d'indigo, qu'ils font revenir comme il est dit ci-dessus, et dans une autre petite chaudière de dix à douze seaux d'eau, ils entretiennent une autre cuve, forte de dix à douze livres d'indigo en parfaite dissolution, et avec cette petite cuve, ils entretiennent la grande au degré de force qu'ils jugent nécessaire, en transvasant un seau ou deux de la petite cuve dans la grande. Avant que de la pailler, ils passent leurs draperies sur la champagne et au moulinet; il en résulte que les draps sont d'un plus beau bleu et mieux tranché qu'à la cuve de pastel, vu le degré de chaleur que l'on donne à la grande cuve, que l'on entretient toujours un peu faible, parceque les draps s'unissent bien.

Les teinturiers en soie et autres ont des chaudières en pointe, précisément comme un pain de sucre renversé sur sa pointe, c'est-à-dire en cône, dont la base est en haut et le sommet en bas : elle sont montées de manière que le sommet est enterré d'un pied dans la maçonnerie, tandis que la porte du fourneau est au ventre de la chaudière, disposée de manière que le feu ne peut attaquer l'indigo qui se précipite toujours au fond de la cuve.

Ils montent ces cuves à raison de demi-livre de cendres gravelées par livre d'indigo, qu'ils ne font bouillir que quatre à cinq minutes, et quand leur cuve est revenue, ils font le brevet ou l'accomplissage de la même manière, ce qui équivaut à une livre de cendres gravelées, quatre onces de garance, et un quart de boisseau de son par livre d'indigo; mais aussi arrive-t-il souvent que leur patience est bien exercée, même quand leur cuve est bien revenue, ce qui veut dire bien verte et en état de travail. La dissolution de l'indigo, qui n'est pour ainsi dire point soutenu, manque tout-à-coup sous leur main en travaillant dessus, de manière qu'au lieu de retirer des bleus de leur cuve, ils ne retirent que des laines tachées propres à mettre en noir.

Je conviens que cette manière de monter une cuve peut être employée dans la teinture de soie, parceque l'on s'imagine que la surabondance alkaline pourrait nuire à la soie, mais c'est un problême à résoudre : en outre les teinturiers en soie ne passent à-la-fois qu'une botte dans leur cuve, et lorsqu'une cuve leur manque sous la main, ce n'est jamais qu'une botte de soie manquée, ce qui est un très petit accident; en outre les cuves des teinturiers en soie ne sont ordinairement que de douze à quinze seaux, et il y a des teinturiers qui mettent dans leur cuve jusqu'à dix livres d'indigo; et malgré cette surabondance d'indigo dans si peu de bain, si les soies qu'on teint pour bleu, verd ou violet, ne sont séchées en dix minutes, la couleur disparaît ou se tache de manière que ces soies sont hors d'état de servir.

Les teinturiers en toile, fil et coton, montent chacun la cuve d'Inde à froid à leur manière; mais ce qu'il y a de singulier, c'est que les trois quarts emploient à grands frais, sans savoir pourquoi, des matières hétérogènes qui mettent cette cuve hors d'état d'être employée à tous les objets qui doivent servir. Car pour teindre les toiles en réserve il convient que cette cuve ne soit mixtionnée d'aucune matière dans le cas d'attaquer le mastic vitriolique que l'on emploie pour cet objet ; l'indigo, la couperose, la chaux et très-peu de soude doivent faire toute sa composition ; la potasse est l'ennemie destructible du vitriol de Chypre, qui fait la base de la réserve ; cependant beaucoup de teinturiers emploient de la potasse pour monter cette cuve, ou au moins une forte partie de lessive de savonnier, avec laquelle ils font bouillir leur indigo; il y en a même qui après l'avoir broyé le font digérer pendant huit jours sur la cendre chaude ; mais ce procédé doit altérer le produit de l'indigo, d'autant plus, qu'une cuve qui est trois ou quatre jours à revenir ne produit plus autant qu'une autre sur laquelle l'on aura travaillé au bout de douze heures, ce qui prouve combien il est dangereux de laisser consommer l'indigo sur son propre travail.

Dans les fabriques d'indienne où l'on teint les toiles en réserve, et dont les cuves en bois, quelquefois doublées de plomb, tiennent jusqu'à deux cents seaux, l'on met ordinairement trente livres d'indigo, et ces cuves une fois bien montées, ne sont pas plus difficiles à entretenir qu'une cuve montée dans une pipe d'eau-de-vie, où l'on ne met ordinairement que quatre à cinq livres d'indigo.

Il existe, dans bien des fabriques, une manière de broyer l'indigo qui n'est pas à rejeter. On a une bassine de cuivre à deux anses de fer, dont le fond est rond comme une boule ; en-dehors, au milieu et au-dessous du fond, est une bosse de cuivre massive qui oblige la bassine de rester toujours sur le côté : l'on met dans cette bassine l'indigo, qui ayant a
été

été trempé et concassé dans un mortier; l'on met dans la bassine, avec l'indigo, trois ou quatre boulets de canon de douze, suivant la force du poignet de celui qui doit la faire mouvoir; l'on fait rouler dans la bassine les boulets, jusqu'à ce que l'indigo soit tout-à-fait réduit en liqueur épaisse; l'on s'apperçoit que l'indigo est bien broyé en le détachant de la bassine avec une spatule de bois; il ne laisse au cuivre aucune tache de bleu. Cette manière de broyer l'indigo n'est pas désavantageuse : j'ai vu des enfans de dix à douze ans en broyer dix livres dans leur journée. Néanmoins j'observe qu'il ne faut jamais s'en rapporter au dire de l'ouvrier qui a broyé l'indigo, qu'il convient de faire passer au tamis avant de l'employer dans la cuve, où la plus petite partie d'indigo qui n'est pas bien divisée est toujours en pure perte.

Quand l'on monte en cuve, il faut bien s'assurer avant, que le vaisseau soit bien étanché, car quand une cuve fuit, c'est toujours ce qu'il y a de meilleur qui s'échappe. Pour monter une cuve sur une tonne à l'eau de-vie d'environ cinq cents pintes, il faut cinq livres d'indigo, une livre de soude, cinq livres et demie de chaux et cinq livres de couperose. Il faut bien s'abstenir de se servir de potasse, qui toujours fixe les parties colorantes qui s'en vont en pure perte à la rivière, sans compter que la potasse attaque et même détruit la réserve : mais tous les teinturiers ne teignent point en réserve.

L'on fait une lessive avec la livre de soude

et une demi-livre de chaux; cette lessive sert à broyer l'indigo, soit au mortier, soit à la bassine. Quand l'indigo est broyé, on le met dans la cuve qui est remplie d'eau, jusqu'à un pied du bord; ensuite l'on fait fondre dans une chaudière ou un chaudron sur le feu cinq livres de couperose verte : celle d'Angleterre est la meilleure. La couperose fondue dans l'eau, qui doit être très-chaude, se transvase dans la cuve; ensuite on met une planche à travers la cuve, sur laquelle l'on met cinq livres de chaux vive, que l'on éteint en jetant quelques gouttes d'eau dessus : à mesure qu'elle tombe en poussière, on la fait glisser toute chaude dans la cuve avec un bâton; quand toute la chaux est dedans, l'on y met le marc de la lessive; ensuite on la pallie, et le bain doit être gros-verd, et la fleur doit paraître, si l'indigo est bon.

Le lendemain, à cinq heures du matin, l'on pallie la cuve pour travailler dessus à neuf heures. S'il arrivait que la cuve ne fût point en état à l'heure que j'indique, la cause ne pourrait en être imputée qu'à la couperose. Pour lors quand on pallie la cuve le lendemain à cinq heures du matin pour travailler dessus à neuf heures, l'on peut, si toutefois la cuve n'était point en état, faire fondre une demi-livre de couperose dans trois ou quatre pintes d'eau bouillante et la mettre dans la cuve; mais si l'on n'en a pas besoin pour neuf heures, il faut la pallier une deuxième fois à dix heures. Pour lors il ne faudra point mettre la demi-livre de couperose dite ci-dessus; il ne faut faire que peu de chose au premier palliement, qui s'appelle *avoyer* la cuve, et mettre la dissolution de l'indigo en grande activité.

Cette cuve est très-facile à entretenir. La facilité du travail consiste à la maintenir dans un verd un peu jaune, produit qu'on obtient aisément en forçant un peu la cuve en couperose. Si elle devient trop jaune par la couperose, on la fait revenir au degré de couleur desirée avec de la chaux.

Une fois que la cuve est montée, il convient de ne lui donner tout au plus que trois quarts de chaux par livre de couperose chaque fois que l'on y fait ce qu'on appelle un brevet; mais une fois qu'il y a dans une cuve de cinq livres d'indigo dix livres de chaux, il n'en faut plus mettre ou du moins en être très-avare. Il arrive aussi qu'à force de mettre de la couperose la cuve noircit; pour lors on lâche peu à peu de la chaux, jusqu'à ce qu'elle ait repris sa couleur de beau verd; elle reviendra verd jaune en travaillant dessus. Il est un principe ordinaire et généralement adopté par les ouvriers en teinture à l'égard de cette espèce de cuve, c'est que quand la cuve est noire, c'est de la couperose qu'il lui faut; quand la cuve est jaune, c'est de la chaux dont elle a besoin. Ce principe est bon en lui-même, mais néanmoins avec la modification ci-dessus.

Dissolution de l'indigo.

Pour une livre d'indigo, il faut une livre de potasse, deux livres de chaux et une livre d'orpin rouge.

Cette manière de dissoudre l'indigo est toute brute; l'on peut même, dans un temps pressé, mettre à-la-fois la potasse, la chaux, l'orpin et l'indigo bien broyé dans une chaudière sur le feu, avec quinze ou dix-huit pintes d'eau de rivière. Il faut mêler le tout avec un bâton, pour que l'indigo ne s'attache point au fond de la chaudière; l'opération est finie avant que le chaudron soit sur le bouillon : néanmoins quand on le fait de cette manière, il est convenable de le faire bouillir un peu à petit bouillon. Les fabricans en indiennes mettent, dans cette dissolution, une demi-livre de gomme par pinte, et s'en servent pour imprimer et peindre au pinceau. Lorsqu'on n'est point pressé, il convient de faire avec la potasse et la chaux une lessive avec laquelle on broye l'indigo, et l'on met sur le feu, dans une chaudière, la lessive et l'indigo, broyés ensemble avec l'orpin. De cette manière il résulte qu'il n'y a point de marc : par ce procédé, il est inutile de faire bouillir la mixtion.

L'opération est bien faite quand le bain est d'un beau verd et que sa surface est couverte d'une pellicule cuivrée d'un éclat extraordinaire, et qui renaît très-promptement malgré les efforts qu'on fait pour l'écarter afin de reconnaître la beauté du bain.

Cette dissolution fait de très-beaux bleus sur la toile, le fil et le coton; elle teint très-bien la soie et même la laine en cas de besoin. L'on charge une chaudière, et l'on prépare l'eau avec un peu de lessive et d'orpin ; l'on met dans la chaudière la quantité de dissolution que l'on juge à propos ; l'on fait chauffer le tout, et l'on travaille dessus toutes les matières, hors la laine.

Si l'on faisait bouillir la laine dans cette teinte, elle s'y altérerait tout-à-fait. Quant aux autres matières il faut, après l'ébullition, les laisser reposer et ne les lever que quand le bain est fini, à cause des pellicules dont il se couvrirait, ce qui les tacherait : il convient même, si le bain est toujours ardent, de les abattre dans de l'eau claire et de les y laisser déverdir. J'ai cuit et teint en bleu à-la-fois des soies écrues sur cette teinte, et pour cette opération il ne faut point, comme de l'autre manière, quatre heures de bouillon.

De la cuve de pastel.

Le pastel est une plante qui se cultive dans les départemens de l'Aude et de l'Hérault.

On en distingue de deux espèces : la première pousse des tiges hautes de trois pieds, de la grosseur du doigt, qui se divisent en quantité de rameaux chargés de beaucoup de feuilles, la seconde espèce est le pastel de Portugal. Lorsque le pastel est à son degré de maturité, le cultivateur fait sa dépouille ; on pile et on broye cette plante pour la mettre en pelottes Le cultivateur fait ce travail avec tout l'art qu'il possède, pour empêcher que la fermentation ne se mette dans ce pastel, ce qui lui ôterait toute sa qualité pour le travail de la teinture. Dans l'ancien gouvernement, il a été un temps où il y avait même des commis qui visitaient ce travail, et qui mettaient à l'amende ceux qu'ils prenaient en contravention, sous prétexte que c'était faire tort au consommateur ; tandis qu'au contraire cette espèce d'inquisition n'était qu'un moyen astucieux pour ôter au cultivateur la faculté de connaître qu'il pouvait, avec son pastel, faire du bel et bon indigo, ce qui aurait nui au commerce de l'Inde.

Hellot est dans l'erreur lorsqu'il dit que l'on fait pourrir le pastel pour l'envoyer dans le commerce. Je pense que tout ce qui est pourri ne fermente plus, et c'est la fermentation dans la cuve de pastel qui opère la dissolution de l'indigo,

Pour monter cette cuve, il faut avoir de l'eau corrompue ou un vieux bain de garance pour accélérer la fermentation du pastel : l'on pile douze à quinze livres de pastel ; mais, à défaut de l'un et de l'autre, l'on peut employer le moyen suivant comme le plus sûr.

La veille du jour que l'on monte une cuve de pastel, l'on pile douze à quinze livres de cette plante, on les met dans un baquet, et l'on verse par-dessus de l'eau chaude pour détremper le pastel. On le laisse ainsi reposer jusqu'à ce qu'il soit revenu à la chaleur du levain : pour lors on prend quatre onces de levure de bière que l'on délaie dans un peu d'eau au même degré de chaleur, que l'on met dans le baquet avec le pastel, et l'on pallie bien le baquet ; on le couvre, pour qu'il puisse bien conserver sa chaleur. La fermentation a lieu peu de temps après, et le pastel devient d'un verd superbe, ce qui doit servir de germe à la fermentation de la cuve de pastel : pour lors l'on peut se servir d'eau ordinaire, la faire bouillir un peu et la couler dans la cuve, après quoi l'on rompt les pelottes de trois ou quatre balles de pastel que l'on met dans la cuve. Il ne faut point mettre le pastel dans l'eau bouillante, parcequ'il cuirait, et l'opération serait altérée. Quand la cuve ainsi montée a souffert un peu d'altération par l'excès de chaleur et que l'on juge qu'elle ne brûlera point le levain, l'on y met le pastel du baquet préparé de la veille, qui doit être d'un verd superbe et dans un parfait travail de fermentation : alors on pallie la cuve et on la recouvre bien ; mais il faut la surveiller et approcher de temps en temps l'oreille de la cuve, jusqu'à ce qu'on entende un bruit doux dans l'intérieur. Ce bruit léger et sourd annonce que la fermentation a lieu ; c'est alors qu'il faut avoir la plus grande attention de ne point la laisser monter à un trop haut degré : à l'aide de la chaux éteinte qui a cette propriété, on en jette dans la cuve un demi-verre chaque fois qu'on la pallie, jusqu'au moment qu'elle marque en bleu. Alors la fermentation étant un peu vive, on met dans la cuve dix livres d'indigo bien broyé, on la pallie; et après l'avoir laissé reposer quatre heures, on y fait des essais de temps en temps jusqu'à ce que les échantillons que l'on met dedans sortent d'une belle couleur verte et deviennent bleus à l'air. Il faut avoir attention, pendant que l'on fait les échantillons, que la fermentation n'éclate avant que l'indigo ne soit en parfaite dissolution ; pour prévenir cet accident, on l'arrête avec de la chaux. La fermentation ne doit exister que dans le pied : si le bain est louche, c'est une preuve que la fermentation est trop forte et qu'elle fait monter à la surface des parties grossières. On modère alors cet excès de fermentation avec de la chaux, dont néanmoins il faut être très-avare. En effet, si l'on attaque le germe vivifiant de la cuve, il n'y a plus de couleur. Quand cet accident arrive, il convient de lui rendre son germe avec du pastel préparé à la levure de bière, comme nous l'avons déjà dit ; ou avec du tartre et du son, ou enfin avec de la garance ; mais le plus court moyen c'est de donner à la cuve une trentaine de livres de pastel bien préparé et bien verd, de la bien réchauffer et de prendre garde qu'un pareil accident n'arrive plus. Ainsi, dans tous les ateliers il y a un ouvrier qu'on appelle *guèderon*, qui ne fait autre chose que d'entretenir les cuves ; il les visite, les pallie partout de six en six heures, et y met la quantité de chaux nécessaire pour empêcher la fermentation de se porter à un trop haut degré.

Il y a peu de *guèderons* qui sachent pourquoi l'on met de la chaux dans la cuve : presque tous disent, lorsqu'on leur en demande la raison, que la chaux fait travailler la cuve; parceque quand une cuve fermente trop, elle graisse, pique et tache les laines ou draperies que l'on teint dedans, ce qui est occasionné, disent-ils, par les matières hétérogènes, que la fermentation fait monter dans le bain. Quand une cuve ne fermente plus et qu'elle ne teint plus, ils disent qu'elle est *soûle*, parcequ'ils lui ont donné trop de chaux : le terme serait plus propre s'ils disaient qu'ils l'ont *tuée*.

Quand les essais que l'on a laissés une heure dans la cuve rendent le bleu que l'on desire, on fait bouillir de l'eau de rivière et on remplit la cuve. Il ne faut point craindre d'alonger le bain ; ceci ne l'affaiblit point, au contraire l'eau bouillante lui redonne de la chaleur et parconséquent de l'activité à la fermentation, ce qui augmente encore la force du bleu. Quand la cuve est remplie, on la pallie pour travailler dessus quatre heures après ; mais avant de la pallier, l'on y met de la chaux, parceque, dans l'espace de quatre heures et le temps du travail, il pourrait arriver que la fermentation devînt trop forte. On la laisse reposer quatre heures, parcequ'il faut ce temps pour que le bain s'éclaircisse, que les parties grossières aillent se déposer au fond de la cuve, et que l'espèce de bain dans lequel l'on travaille soit dans une parfaite dissolution.

L'ouïe et la vue ne sont pas les seuls sens qui peuvent guider un ouvrier dans l'art de connaître si la cuve est en état ; l'odorat peut encore le diriger ; mais l'odeur est presque toujours la même pour la dissolution de l'indigo. Pour apprendre à reconnaître cette odeur, il faut dissoudre une once d'indigo par le procédé du foie de soufre : cependant l'odeur de la cuve de pastel ne doit pas être tout-à-fait si forte, quoiqu'elle soit la même ; de plus, la cuve de pastel exhale une odeur fermentative, laquelle, réunie à l'odeur de la chaux, produit un mélange d'odeur qui tient à-la-fois de l'alkali volatil et de l'indigo en parfaite dissolution, odeur qui annonce que la cuve est en état de travail ; et c'est d'après cette odeur qu'un *guèderon* doit régler la quantité de chaux qu'il convient de mettre dans la cuve. Si la cuve noircit, il faut retrancher la chaux ; si en palliant la cuve on voit à sa surface de belles veines bleues se promener avec vivacité dans des napes de bain jaune, on peut travailler hardiment. Les renseignemens que je donne, joints à la pratique de l'art, suffiront pour faire un bon ouvrier.

Pour teindre en bleu dans cette cuve, on met une champagne qui descend au milieu de la cuve, et qui sépare le marc d'avec le bain, à une distance nécessaire pour que le bain ne soit point troublé dans le travail. On manœuvre les draps avec des crochets de fer bien au large d'un bout à l'autre, avec la plus grande attention de ne point leur faire prendre l'air, mais de les faire nager entre deux eaux : on leur donne aussi trois ou quatre bouts, ensuite on les lève sur des crochets de fer qui s'adaptent au besoin à la cuve ; un des deux crochets est attaché à un moulinet que l'on tourne pour tordre les draps, ensuite on les évente pour les faire déverdir. S'ils ne sont point assez foncés à ce premier palliement, on leur en donne un second ; l'on travaille ainsi deux à trois jours sur la cuve; l'on y fait deux palliemens par jour, et plus la cuve se refroidit, moins les bleus ont de force. Si l'on n'a qu'une cuve, on les garde jusqu'à ce qu'elle soit réchauffée; mais, dans le moindre atelier de teinture, il y a toujours trois cuves en différens états, pour qu'on puisse finir sur l'une ce que l'on a commencé sur l'autre.

Pour réchauffer une cuve, on transvase le clair dans une chaudière, on le fait réchauffer jusqu'au bouillon, et l'on est vingt-quatre heures sans travailler dessus. Au bout de six heures on la pallie et l'on y met de la chaux si on le juge à propos, ainsi qu'on a fait la troisième fois qu'on l'a palliée, c'est-à-dire au bout de dix-huit heures que la cuve a été réchauffée, pour travailler dessus au bout de vingt-quatre heures.

Ce bleu est très-solide, mais il n'est ni si beau ni si diaphane que les bleus à la cuve d'Inde; ce qui est occasionné par les différentes productions du pastel, dont le bleu n'a pas été, comme celui de l'indigo, rectifié par trois fermentations particulières.

Nous terminerons cet article par dire un mot de la culture et de la préparation du pastel.

Le pastel demande une bonne terre noire, légère et bien amendée : on le sème en pluviôse, ventôse ou germinal, après deux labours donnés en automne. L'on en fait trois ou quatre récoltes par an : la première, lorsque les tiges commencent à jaunir et que les fleurs sont prêtes à paraître; les autres, à cinquante jours ou plus d'intervalle entr'elles, selon le climat et la chaleur de la saison.

On fauche la plante, on la lave ensuite à la rivière et on la fait sécher au soleil. Il faut avoir attention que la dessication soit prompte, car si la saison n'est pas favorable ou s'il pleut, la plante court risque de s'altérer ; une seule nuit suffit quelquefois pour la faire noircir.

On porte ensuite la plante au moulinet pour la broyer et la réduire en pâte ; on en forme des tas qu'on couvre pour les garantir de la pluie. Après quinze jours, on ouvre le monceau de pastel, on le broye, et on mêle ensemble l'intérieur et la croûte qui s'est formée à la surface ; on en fait ensuite des pelottes rondes, que l'on porte dans un endroit exposé au vent et au soleil, afin de chasser de plus en plus l'humidité qui pourrait les faire putréfier. Ces pelottes, entassées les unes sur les autres, s'échauffent insensiblement et exhalent une odeur d'alkali volatil d'autant plus forte, qu'elles sont en plus grande quantité et que la saison est plus chaude. On augmente la chaleur qui s'est établie, en arrosant légérement jusqu'à ce que le pastel soit réduit en poudre grossière ; il est alors dans l'état dans lequel on le trouve dans le commerce.

Astruc, célèbre médecin, dit, dans ses Mémoires pour l'Histoire naturelle de la ci-devant province de Languedoc, qu'ayant traité en petit le pastel comme on traite l'*anil* pour en obtenir l'indigo, il en a obtenu une poudre qui a produit les mêmes effets que l'indigo.

DE LA TEINTURE. 173

On a exécuté en Allemagne le projet de tirer l'indigo du pastel. Gren décrit ainsi le procédé que l'on suit (1).

On prend des feuilles fraîches de pastel qu'on lave dans une cuve de forme oblongue, remplie à-peu-près aux trois quarts. Pour éviter que les feuilles ne surnagent, on assujétit des pièces de bois en travers ; on verse sur ces feuilles assez d'eau pure pour les recouvrir entièrement, et on place le vase à une chaleur tempérée. Il se forme, suivant la température de l'atmosphère, en plus ou moins de temps, une écume copieuse à la surface de l'eau qui indique le commencement de la fermentation ; la surface se couvre peu à peu en entier d'une peau bleue qui présente à l'œil des nuances de couleur de cuivre. Lorsqu'il y a une certaine quantité de cette écume, on soutire la liqueur, qui se trouve teinte en verd foncé, dans une autre cuve oblongue, par un robinet placé immédiatement au-dessus de son fond, ou bien l'on puise l'eau pour la mettre dans l'autre cuve. Dans l'un et dans l'autre cas, il est nécessaire de faire couler l'eau par une toile dans l'autre vase, pour séparer les ordures ou les petites portions de feuille qui pourraient passer. On lave les feuilles avec un peu d'eau froide pour en détacher les portions de peau colorée qui pourraient s'y être attachées, et l'on mêle cette eau de lavage avec celle qu'on a soutirée : cela fait, on verse dans la liqueur de pastel fermentée de l'eau de chaux à raison

---

(1) *Crell neueste entdeckungen.*

de deux ou trois livres sur dix livres de feuilles, et l'on agite fortement pendant quelque temps cette liqueur, pour faciliter la séparation de l'indigo, qui se dépose par le repos.

Pour savoir si on a continué pendant assez de temps l'agitation, on prend une portion de la liqueur jaunâtre claire dans une bouteille ordinaire, et on essaie si, en l'agitant fortement il se sépare encore du bleu, et dans ce cas on agite encore la liqueur. Lorsqu'enfin tout l'indigo s'est séparé et s'est déposé, on soutire l'eau claire par un robinet placé à quelque distance au-dessus du fond de la cuve ou au moyen du siphon, ce qu'on doit faire sans perdre de temps.

Pour faciliter la séparation de l'eau, on peut incliner la cuve du côté du robinet dès qu'on a cessé de remuer l'eau. On verse la couleur bleue qui reste dans des filtres coniques de toile de lin ou dans des chausses d'Hippocrate. Mais comme, dans le commencement, il passe toujours un peu de couleur, on doit la recevoir dans un vase qu'on place dessous et le reverser dans le filtre, jusqu'à ce que l'eau en soit claire. On édulcore l'indigo contenu dans les filtres avec une suffisante quantité d'eau, et on le fait sécher à l'ombre ou à une légère chaleur artificielle, ayant soin de le couvrir.

On obtient de l'indigo sans l'addition de l'eau de chaux, mais beaucoup moins. Si on ajoute une plus grande quantité d'eau de chaux, on augmente, il est vrai, la quantité de l'indigo, mais il en devient d'une qualité inférieure, parceque le superflu de la terre calcaire s'unit à l'indigo. Les sels alkalis facilitent aussi la séparation de la couleur bleue ; mais il n'est pas avantageux de les employer, parcequ'ensuite ils en dissolvent une partie. Par l'addition d'un acide, il ne se fait point de précipité.

Il faut qu'il s'écoule un certain temps avant de pouvoir soutirer l'eau qui a fermenté avec les feuilles de pastel : si on la soutire trop tôt, on n'obtient que peu d'indigo ; si, au contraire, on laisse les feuilles trop long-temps en infusion avec l'eau, elles entrent facilement en putréfaction en répandant une odeur putride et volatile qui leur est propre, et dès-lors on n'en peut plus séparer de précipité et l'eau reste constamment verte. Il en est de même de l'eau soutirée, si on l'abandonne, et même lorsque l'indigo s'est déjà séparé de la liqueur; on doit éviter que cette dernière entre en putréfaction, si l'on ne veut pas perdre l'indigo entièrement ou au moins en partie.

On ne doit cependant pas trop se hâter de faire passer l'eau dans la cuve où l'on doit l'agiter à la première apparence de peau bleue, puisque c'est dans ce moment que l'eau se charge le plus d'indigo.

Quand le degré de la chaleur de l'atmosphère est considérable, la fermentation s'établit très promptement, et souvent quinze à dix-huit heures suffisent. C'est alors surtout qu'il faut être bien attentif pour ne pas la laisser passer à une putréfaction totale : si la chaleur de l'atmosphère est trop faible, on n'apperçoit ni beaucoup d'écume ni pellicule bleue, mais la liqueur penche insensiblement à la putréfaction, sans présenter des phénomènes bien marqués avant qu'elle commence.

Les plantes pilées ou leur suc entrent plus vite en fermentation, mais elles ne fournissent qu'un bleu sale.

Il faut sécher à l'ombre l'indigo tiré du pastel, parceque le soleil détruit sa couleur. D'Ambourney, qui paraît n'avoir pas eu connaissance des expériences précédentes, s'est aussi occupé des moyens de former de l'indigo avec le pastel (1). Il a réussi en laissant fermenter les feuilles fraîches de pastel dans une certaine quantité d'eau; il a retiré les feuilles et a versé de la dissolution d'alkali caustique dans la liqueur, après quoi il l'a filtrée; il est resté sur le filtre une fécule qu'il compare à l'indigo de la Caroline. Trente-cinq livres de feuilles fraîches et mûres de pastel lui ont donné huit onces de fécule.

De la cuve à l'urine.

La cuve à l'urine se monte de différentes manières : les uns la montent dans une tonne après avoir préparé l'urine dans une chaudière; les autres la laissent tout uniment sur la chaudière, qui, pour cet effet, est très-large et peu profonde. L'on remplit la chaudière d'urine clarifiée, c'est à dire, qu'on la laisse reposer plusieurs jours dans des tonneaux : on la chauffe

---

(1) Supplément au Recueil des procédés d'expériences, etc.

sans la faire bouillir et on l'écume bien ; on y met ensuite quatre onces d'indigo bien broyé avec de l'urine par tonne d'urine ; on pallie la chaudière dont on a, avant tout, retiré le feu, et ensuite on y met de l'alun fondu dans de l'urine, partie égale de ce que l'on a mis d'indigo. On pallie la cuve, on la couvre bien, on clot bien la porte du fourneau, et on la laisse ainsi jusqu'au lendemain matin, qu'elle doit être revenue et bien verte. Si elle n'était point revenue, on mettrait dedans un demi-poisson d'eau-de-vie et un demi-poisson de vinaigre mêlés ensemble, ce qui donne de l'activité à la cuve et la fait venir en état en sept ou huit heures. Quand la cuve est revenue, on la laisse reposer pour s'en servir au besoin. La cuve à l'urine une fois en état sert toujours ; plus elle vieillit, meilleure elle est. L'opération la plus difficile est de la monter et de la faire revenir la première fois. Les fabricans de la campagne considèrent beaucoup leur cuve à raison de son ancienneté.

Lorsqu'on veut travailler sur la cuve à l'urine, on la réchauffe bien, on y met de l'indigo et de l'alun à raison d'une livre par trente livres de laine. On ne travaille dessus que vingt-quatre heures après qu'elle est bien revenue ; l'on plonge bien les laines, que l'on fait tremper une heure dans la cuve bien couverte, et que l'on évente à différentes reprises pour les commencer au bleu foncé : on retire encore bien des petits bleus ; mais l'on a soin de ne point altérer la cuve, qu'il faut toujours laisser reposer et refroidir dans son état primitif.

J'ai vu, dans les ci-devant provinces du Berry et de la Manche, des bergères qui gardaient leurs troupeaux ayant leur quenouille garnie de laine bleue. Une d'elles me dit qu'elle ramassait les flocons de laine que ces moutons laissaient après les buissons, et que lorsqu'elle avait reçu ses gages, qui étaient de neuf francs par an, elle teignait sa petite provision de laine par le procédé suivant.

Elle mettait dans une grande marmite de terre, qu'elle avait remplie d'urine bien écumée, une once d'indigo et un once d'alun, qu'elle avait soin de faire bien digérer sur la cendre chaude et qu'elle réchauffait un peu avant de s'en servir : c'est dans ce bain que la bergère mettait sa laine après l'avoir désuintée et dégraissée avec une légère lessive de cendres de bois neuf. Bel exemple de l'économie rurale !

RÉSUMÉ GÉNÉRAL

DE

LA TEINTURE DES LAINES.

Rouge de Brésil, ou écarlate et cramoisi.

Bouillon d'alun, a raison de vingt-deux livres d'alun par cent livres de laine et onze livres de tartre gris.

Il faut bouillir deux heures et demie et déposer le bouillon un mois à la cave.

Pour teindre, l'on rince à la rivière légérement les laines bouillies en alun : l'on charge une chaudière de trente seaux, qu'on fait chauffer sans la faire bouillir ; l'on y met deux seaux de bain de Brésil qui a un mois de cuite; l'on passe dessus trente livres de laine, et cette première teinte est bonne pour cramoisi.

La seconde passe de trente livres sur le même bain sera écarlate, et la troisième sera encore plus belle, ainsi de suite. Notez qu'il faut ajouter à chaque passe deux seaux de bain de Brésil.

On rose les écarlates sur une eau chaude dans laquelle on aura mis un tiers ou un quart d'urine, ainsi que les roses auxquels on n'aura donné que le quart de Brésil d'écarlate.

Du jaune.

Bouillon d'alun, à raison de deux onces d'alun par livre. Rincez à la rivière ; teignez dans un bain de gaude, dans lequel on aura fait cuire une livre de gaude par livre de laine.

Pour avoir des jaunes frais, il faut teindre avant que la gaude ne bouille, et que l'on fait bouillir la gaude pour les jaunes que l'on doit passer en cuve pour faire des verds. Les couleurs que l'on gaude pour jaune doré, carmélite, ramona, verd-bouteille, sans bleu d'indigo, doivent avoir à leur bouillon quatre onces d'alun et demi-once de tartre. L'on fait aussi des jaunes au bois jaune sur le bouillon d'alun, et en même temps que le bouillon d'alun, on met dans la chaudière l'alun et le bois jaune, qu'on fait bouillir deux heures. Les verds qui doivent passer au foulon se font aux bois jaunes.

Du verd de Saxe.

L'on met dans une chaudière deux onces d'alun par livre de laine ; l'on fait bouillir une heure, on lève, et on remet dans la chaudière une once de composition de verd de Saxe et quatre onces de bois jaune par livre de laine : on fait bouillir le tout pendant une heure et demie. Si, pour faire l'échantillon, il n'y a pas assez de bois jaune ou de bleu, on lève les laines et on en remet. Il se fait aussi des verds de Saxe à la *terra merita*, qu'il faut faire sécher à l'ombre.

Du verd-bouteille.

L'on donne du bois d'Inde et de la couperose au verd de Saxe, que l'on a, avant, lavé à la rivière. Quoique le bain de couperose et de bois d'Inde soit tourné au clair, il ne laisse pas que de monter au degré de bruniture que l'on desire. Les verds-bouteille sont plus beaux quand ils sont montés au santal, et mieux encore à la garance : on fait encore des verds-bouteille en donnant sur le bouillon d'alun aux laines ou draperies, du bois d'inde au-dessus de ce qu'il leur en faut pour bleu-de-roi, et ensuite de la gaude autant qu'il en faut pour les verdir; l'on met à la fin, dans le bain de gaude, un peu de potasse.

Du carmélite.

Bouillon d'alun, gaude, suie de cheminée, qu'on fait cuire dans le bain de gaude, garance dans le même bain, et noir pour bruniture, qu'il faut ménager.

Du ramona.

Bouillon d'alun, gaude, beaucoup de suie et de garance non-robée ou mauvaise garance, et noir pour lui donner son degré de bruniture.

Du brun violent.

Santal et sumac, de chacun dix livres pour cent livres de laine; bouillir deux heures et demie et même trois heures; lever, éventer; remettre dans la chaudière trois livres de couperose pour brunir; bien manœuvrer, éventer à plusieurs reprises, reprendre et remettre de la couperose s'il n'y en a pas assez ; bien laver et battre à la rivière.

Du brun-puce.

Par cent livres de laine, huit livres de santal, huit livres de sumac ou d'orédon, quatre livres de bois jaune, même quantité de couperose, même manœuvre qu'au puce violent.

Du prune de Monsieur.

Bouillon d'alun, beaucoup de bois d'Inde, et aviver sur une eau claire dans laquelle on aura mis de la dissolution de bismuth; d'autres les avivent à l'huile de vitriol.

Du boue de Paris.

Fond léger de suie et noir.

Du gris ordinaire.

Le gris ordinaire n'est autre chose que le noir en petit, étendu dans l'eau.

Du gris de perle.

De l'orseille et du noir en très-petite quantité.

Du gris de souris.

De la suie, du bois d'Inde, de l'alun et de la couperose.

Du gris-rouget.

Bain de bois d'Inde, couperose, alun.

Du gris d'ardoise.

Bois d'Inde, couperose et vitriol de Cypre.

Du gris cendré.

De la suie, du bois d'Inde, de l'alun et de la couperose.

Du gris verdâtre.

Noir et suie, ou noir et bain de bois jaune.

Il faut absolument qu'un teinturier se mette en tête que toutes les couleurs d'imagination quelconques ne sont qu'un mélange des trois couleurs primitives, savoir, le bleu, le rouge et le jaune; que le noir et le bois d'Inde s'emploient en bien des cas au bleu d'indigo; que, pour tous les gris, il faut de la couperose ou de la dissolution d'acier; que l'on ne peut faire griser une couleur sans le secours du fer; que la couperose se tire de la mine de fer; que l'on parvient toujours à faire du beau gris en donnant préalablement un léger pied de suie; qu'une couleur est toujours belle quand elle est bien empiétée ou racinée : tel qu'un maçon qui ne peut construire un édifice solide s'il ne l'a élevé sur des bons fondemens, le teinturier ne fera aucune couleur solide si elle n'est bien empiétée, c'est-à-dire, si elle est maigre et affamée.

Du grand brun bon teint.

Rrou de noix et bleu de cuve : si c'est sur une cuve d'Inde, il faut donner le bleu avant et le brou de noix après.

Autre beau brun.

Brou de noix, bouillon d'alun et de garance;

à l'aide de ce procédé, qui est toujours bon teint, on fait des bruns de tout grade.

Du mordoré.

Gaude et garance sur le bouillon d'alun : si la couleur est trop vive, on peut l'abattre avec un peu de brou de noix.

Du carmélite bon teint.

Bouillon d'alun, brou de noix, gaude et garance.

Du ramona bon teint.

Fond de bleu de cuve, suie et brou de noix : si on le veut plus vif, fond de brou de noix, bouillon d'alun, suie et garance ; si l'on a un bain de gaude inutile, on peut finir dessus.

Du verd ordinaire.

Bouillon d'alun, gaude et bleu de cuve : il faut bien laver de dessus la gaude avant de passer en cuve.

Du verd à l'échantillon.

Bleu de cuve, bouillon d'alun, et gaude : ce verd a l'agrément de ne point déteindre en bleu.

Du verd brun.

Bleu, bouillon d'alun, gaude et brou de noix: on peut à son gré les aviver avec un peu de garance ; par ce procédé on fait les verds paysage et les verds terrasse de toute espèce.

Du verd mouche cantharide ou verd doré.

Bouillon d'alun de quatre onces par livre de laine ; gaude, trois livres au moins par livre : un bon pied de belle suie ; garance, une once par livre, et bleu de cuve faible, mais vif.

De la couleur de bois.

Bouillon d'alun, demi-fond de brou de noix et garance.

De la couleur noisette.

Petit fond de brou de noix, bouillon d'alun, très-peu de garance : si l'on veut, de la cochenille avec de la composition d'écarlate, sur une eau claire.

Violet fin ordinaire.

Bouillon d'alun comme pour couleur fine ; quatre gros de cochenille par livre sur un bain exprès, et bleu de cuve.

Autre violet fin.

Petit fond de bleu, quatre gros de cochenille et deux onces de dissolution de bismuth non-coupé sur un bain à part ; faire bouillir une heure.

Du violet clair.

Quatre gros de cochenille, deux onces de dissolution de bismuth non-coupé, bouilli sur blanc une heure.

Du rose.

Bouillon d'alun, deux, trois ou quatre gros de cochenille par livre, suivant leur prix, et une once de composition d'écarlate.

Du cramoisi fin.

Bouillon d'alun, une once de cochenille par livre de laine (1).

Du bouillon d'écarlate.

Bien éclaircir la chaudière, même à l'huile de vitriol et des cendres ; la rincer, eût-elle été même éclaircie la veille ; mouiller les laines quand la chaudière est très-chaude, mais avant qu'elle ne bouille ; mettre dedans deux onces de crême de tartre, deux onces de composition, deux gros de garance, un gros de *terra merita*, deux gros de cochenille par livre de laine, et faire bouillir deux heures et demie ; ensuite lever et laisser refroidir, rincer à la rivière.

On voudra bien se souvenir qu'il faut toujours laver à la rivière les bouillons d'alun avant de mettre en teinture, et que l'on ne teint jamais en couleur fine sur un bain qui a servi à bouillir en alun.

Du rougi d'écarlate.

Un bain frais, deux onces de composition, six gros de cochenille ; faire bouillir la chaudière quatre minutes ; rafraichir avec un peu d'eau pour faire tomber le bouillon ; passer les laines dessus, et faire bouillir dix minutes sans plus.

Du jujube.

La couleur jujube se compose avec un bain dans lequel on fait des écarlates sans rien mettre de plus.

De l'orange.

Bain dans lequel on a fait des écarlates, en y ajoutant de la composition d'écarlate et de la *terra merita*, ou de la dissolution de *terra merita*.

Du gris ordinaire bon teint

Dissolution d'acier et noix de Galle, ou bain de noix de Galle étendu dans l'eau tiède.

Du gris-rouge.

Dissolution d'acier et cochenille : si on le veut plus foncé, on donne avant un petit bain de brou de noix. Les gris de toute espèce seront toujours bon teint lorsqu'on se servira de la dissolution d'acier au lieu de couperose pour faire tourner au noir ou au gris les matières colorantes qu'on emploiera pour faire les gris de quelque nuance que ce soit.

DU PRODUIT DE LA BOURRE.

PREMIÈRE OPÉRATION.

On lave bien la bourre dans un panier à la rivière, ensuite on la fait bouillir en alun pendant cinq heures. La dose d'alun est d'une livre par livre de bourre. On lève la bourre, et on la dépose à la cave un mois pour la laisser reposer sur son alun.

DEUXIÈME OPÉRATION.

On lave la bourre à la rivière très-scrupuleusement et avec beaucoup d'attention. Cette manœuvre prend beaucoup de temps pour la bien écharpir et la bien purifier dans des paniers d'osier très-serrés. On donne ensuite deux livres de belle garance par livre de bourre; on la met sur la chaudière dont l'eau est tiède; on pousse lentement le feu, et on la fait bouillir trois heures sur son bain de garance; on la lève, on la laisse refroidir, et on la lave à la rivière avec les mêmes précautions déjà prises pour la lever sur l'alun : on l'étend sur le plancher dans un grenier pour la faire sécher. Cette matière, ainsi préparée, s'emploie dans le commerce.

TROISIÈME OPÉRATION.

La fonte de la bourre est une troisième opération qu'il faut commencer à quatre heures du matin pour la terminer à huit heures du soir. On charge une chaudière à moitié, on y met deux livres de cendres gravelées par livre de bourre qu'on veut y fondre. Il ne faut tout au plus qu'un seau d'eau par livre de bourre. L'on passe par l'arrière-bord de la chaudière un baril contenant au moins autant de seaux d'urine que l'on a de livres de bourre à fondre : quand la cendre gravelée est bien fondue et le bain très-chaud, l'on y met la bourre, qu'on remue bien avec une barre. Lorsque la chaudière bout, la bourre doit être fondue ; le bain doit s'enfler comme une soupe au lait et sortir de la chaudière : pour lors on l'arrête avec de l'urine, que l'on fait couler du baril seulement à travers d'un gros tuyau de paille, sans plus. Il faut observer que cette opération, qui demande seize heures de temps, exige que l'urine coule dans la chaudière dix heures, et qu'on la fasse cuire encore cinq heures au moins après l'écoulement. Quand l'opération est terminée, il ne doit rester tout au plus que deux pintes de liqueur par livre de bourre, sauf le marc, qui n'est point compris dans la liqueur. Il y a vingt-cinq ans qu'on vendait cette liqueur, aux plumassiers, un louis la bouteille.

Avec la fonte de bourre, on fait sur la laine des roses au moins aussi beaux et aussi vifs que le safranum les fait sur la soie, en étendant la liqueur dans de l'eau tiède; mais ils ne sont pas solides. Avec le marc, qui souvent fait moitié du produit de l'opération, l'on fait de la même manière les belles couleurs d'orange fines.

DE LA TEINTURE
DES SOIES.

La soie est une matière mixte, c'est-à-dire, qu'elle tient par sa nature aux substances animales et végétales. La soie s'unit à l'alun avec beaucoup de promptitude; mais elle n'a aucune affinité avec l'acide nitreux, qui au contraire la décompose et l'empêche de retenir la matière colorante. La soie s'unit très-peu à l'acide vitriolique; mais pour peu qu'elle soit forcée en teinture avec cette matière, elle perd à l'air toute sa qualité en très-peu de temps.

Les matières colorantes pour la teinture des laines sont les mêmes que l'on emploie dans la teinture des soies; mais la manœuvre et l'application sont différentes, car en bien des couleurs la soie ne se teint qu'au trentième degré de chaleur et toujours sur des baquets. La subtilité qu'il faut avoir pour la manœuvre exige plusieurs années d'apprentissage. Il n'en est pas de même de la teinture; elle s'apprend aisément quand on possède celle des laines. Je n'ai jamais connu de bon teinturier en soie qui n'eût été teinturier en laine : la réunion des deux talens constitue un bon ouvrier.

De la cuite de la soie sur son écru.

Pour cuire la soie, on la prépare par mateaux d'environ une livre sur un épart; l'on passe dix de ces mateaux dans une corde. Quand les mateaux sont à demi-tords, on les range dans une poche de toile épaisse, ouverte par le ventre; on met trois de ces cordes les unes sur les autres, de manière que les soies ne soient point dans le cas de se brouiller dans la cuite, et l'on recoud la poche légérement avec la ficelle.

Pour cent livres de soie, on prépare une chaudière de trente-deux à trente-six seaux d'eau de rivière, celle qui s'accommode le mieux avec le savon : l'on met fondre dans l'eau bouillante à raison de quatre onces de bon savon blanc de Marseille par livre de soie. Quand le savon est fondu, on rafraîchit la chaudière et on y met les poches de soie qu'il faut faire bouillir à grand bouillon, c'est-à-dire, que le bain de la chaudière doit toujours être en l'air comme du lait bouillant prêt à s'enlever. Il ne faut point que le bouillon se fasse entendre, car outre que la soie ne cuirait point comme il faut, elle se brouillerait. On la fait bouillir ainsi quatre heures et jamais moins; en la retournant continuellement avec une barre, sur laquelle on fait reposer la cuite de soie chaque fois qu'on la retourne, pour que la soie ne touche point à la chaudière, car si elle y touchait, elle ne tarderait point à s'y attacher et à se brûler; ce qui est pour la cuite un accident désagréable, parcequ'il faut sur-le-champ lever et réparer les poches percées et brûlées. Si l'on s'obstinait à vouloir continuer la cuite dans ce désordre, l'on risquerait de tout perdre : aussi quand le feu prend dans une cuite, il faut avoir attention de calculer le temps que l'on a employé à réparer les poches et à remettre la cuite sur le bouillon, ce qui ne compte point pour les quatre heures qu'il faut employer à la cuite.

Au bout de quatre heures on lève les poches de soie avec deux barres ; on les abat et on ouvre les poches, on accroche les soies à la faveur des cordes pour les laisser un peu égoutter et refroidir, on les tord ensuite à la cheville et au chevillon pour les rendre maniables, ensuite on les lave à la rivière pour dissoudre entièrement le savon et les en débarrasser.

Quand on lave la soie, il faut qu'elle soit bien étendue dans l'eau, par un tour de poignet qui se donne chaque fois qu'on la retourne et qu'on la change de main. Il faut la battre sur une pierre de taille à deux ou trois reprises et la tordre de la main avant que de la replonger dans la rivière. Il faut absolument que tous les ouvriers en soie connaissent les différens tours de poignet qui conviennent à la manœuvre de la soie, autrement ils brouilleraient tout et ne feraient rien qui vaille. Pour attraper cette manœuvre, il convient que tous les élèves en teinture pour la soie s'exercent, aux heures de repos, avec une botte de soie de Grenade sur un baquet d'eau ordinaire : cet exercice est du plus grand intérêt pour l'ouvrier en teinture de soie, parcequ'un ouvrier qui sait bien manier

la

la soie trouvera plutôt de l'emploie et gagnera beaucoup plus que celui qui sait la teindre et qui ne sait point la manier. Le point le plus essentiel de cette manœuvre est de savoir bien laver, bien tordre et bien lisser. Une soie qui n'est pas bien lavée est sujette à bien des inconvéniens. Si on la passe en cuve, le savon qui reste dans la soie se lâche dans la cuve et la culbute de manière qu'il est très-difficile de la faire revenir; car le savon est l'ennemi le plus cruel de la cuve d'Inde chaude.

Une soie qui est alunée pour être mise en couleur et qui n'est pas bien lavée, prend inégalement la teinture suivant les endroits qui sont plus ou moins forts d'alun, ce qui lui imprime des taches qui la dégradent.

Une botte de soie qui n'est pas bien torse et bien égalisée avant qu'on la mette sécher, sèche inégalement, et les endroits où il y a le plus d'humidité étant plus lents à sécher, il résulte nécessairement des taches de cette couleur. Si c'est un bleu de cuve d'Inde, la couleur disparaît dans les endroits où il a resté de l'humidité, et c'est un objet à redébrouiller et à recommencer. Enfin le lissage est la partie de l'art la plus difficile : lorsque l'on prend une botte de soie de la main gauche pour la retourner sur son bâton à lisser, elle se macère en l'empoignant; et si, d'un coup de poignet elle n'est pas bien étendue sur son bâton à lisser, elle se tache dans les endroits qui sont restés macérés, et ne se teint point également; d'où il résulte évidemment que la manœuvre de la teinture de soie en bottes est de la plus grande difficulté dans l'exécution.

Après que la soie a été bien lavée et bien battue à la rivière, il arrive quelquefois qu'il y a des bottes tachées de leur matière écrue, ce qui s'appelle en terme de teinturier du biscuit, parceque les endroits qui sont ainsi tachés n'ont point été cuits ; ce qui provient de ce que les bottes étaient trop gênées dans les poches, ou de ce qu'elles n'ont point été bien manœuvrées dans la cuite, ou que la chaudière n'a point été entretenue dans la force du bouillon, ou enfin par défaut du savon.

Il faut retirer les bottes ainsi tachées et les faire recuire, soit en leur fesant faire quelque bouillon dans leur même bain, ou dans un bain de savon préparé exprès, ou enfin dans un bain où l'on a fait cuire des blancs.

Des blancs de soie.

L'on prépare des soies écrues sur des bâtons à lisser à raison de deux mateaux par bâton : on dispose une chaudière ovale qui peut contenir tous les bâtons avec leurs soies ; on fait fondre dans la chaudière à raison de quatre onces de savon par livre de soie. Quand le savon est fondu, on abat le bouillon avec de l'eau froide et on ne laisse que très-peu de feu sous la chaudière ; on met ensuite les soies, soutenues de leurs bâtons, sur la chaudière ; on les retourne pour les bien mouiller, et on les laisse tremper d'un seul bout dans la chaudière, jusqu'à ce que la gomme soit tout-à-fait disparue dans la partie qui était dans la chaudière. Pour cet effet, l'on remue les bâtons en les levant et descendant, et en les fesant aller et venir comme si on lavait les soies dans la chaudière ; il faut, de plus, entretenir le bain très-chaud prêt à bouillir. Après une demi-heure, la partie des mateaux qui trempe dans la chaudière doit être dégommée et blanchie ; pour lors on retourne la soie de dessus les bâtons et l'on met dans le bain la partie des mateaux qui est jaune et non dégommée. L'on emploie, pour cette deuxième partie, la même manœuvre qu'on a employée pour la première, et quand la soie est tout-à-fait dégommée, on la lève, on la tord bien, et on la dispose dans des poches pour la faire cuire en blanc. On vide la chaudière, on la rince bien, pour qu'il n'y reste aucune matière gommeuse ; on la recharge de nouvelle eau, et l'on y fait fondre à raison de quatre onces de savon par livre de soie que l'on a à cuire en blanc. Comme les blancs sont de différens tons, qu'il y a blanc d'argent, blanc de fil, blanc de bonnetier, blanc azuré, pour faire ces différens blancs l'on prépare de l'indigo bien broyé et l'on met dans la cuite la quantité nécessaire pour remplir l'échantillon du blanc que l'on a à faire. Le bain ainsi préparé et le savon bien fondu, on met cuire les soies sur les blancs pendant quatre heures, avec la même attention que quand on les fait cuire sur leur écrue.

Quand les parties de soie sont trop conséquentes, et qu'il serait trop long de les dégommer au bâton, ou que l'on n'a point de chaudière ovale pour remplir l'objet qu'on se propose, on peut empaqueter les soies écrues et les faire bouillir très-au large une demi-heure dans leur premier savon ; mais cette opération n'est jamais aussi assurée que quand on les dégomme au bâton. Si, dans une cuite qui reste quatre heures dans le bouillon, l'on est exposé à avoir du biscuit, on doit encore l'être bien plus dans un bouillon d'une demi-heure ; c'est pourquoi il convient, autant que faire se pourra, de dégommer au bâton. Quand les soies sont cuites, on les lève, on les dépoche, on les tord bien à la cheville et au chevillon, et on les met au soufre douze heures, après quoi on les retire et on les fait sécher. Les soies blanches ne se lavent point, à moins qu'elles ne soient pour mettre en teinture.

Quand les soies reviennent du soufre, il arrive qu'elles ne sont pas toujours conformes à l'échantillon, et qu'elles manquent par le bleu dont elles n'ont pas assez ; pour lors il faut leur donner un peu de bleu de composition à l'huile de vitriol sur de l'eau de puits avant que de les faire sécher. S'il arrive qu'elles ont trop de bleu, ce qui se voit très-bien en donnant à un mateau de soie un tour de cheville à sec avant que de le mettre au soufre, pour lors on prépare une eau de savon sans bleu, à-peu-près à raison de deux onces par livre de soie, et on lisse les soies dessus jusqu'à ce qu'elles aient dégorgé dans le savon blanc le bleu que l'on croit qu'elles ont de trop, ensuite on les met au soufre.

Les blancs de bonnetier ne se mettent point

au soufre ; le soufre rouillerait leurs aiguilles. Pour suppléer à la beauté que donne le soufre à la soie, on leur donne, au sortir de la cuite en blanc, un troisième bain de savon sur une barque dans laquelle on les lisse, en entretenant sur ce troisième bain un peu de bleu ; ensuite on les tord bien à sec, et on les fait sécher rapidement.

Les gris de bonnetier se font sur le blanc ; ils se font par numéros depuis un jusqu'à trois, qui est le plus foncé. Pour faire ces gris, l'on se sert d'une eau qui a servi à dégorger les noirs au sortir de la chaudière, ce qui fait que cette eau est très-chargée de bain de noir ; il faut même la couper avec de l'eau claire pour faire les gris numéro un et numéro deux. Il convient de les laver, parceque le savon et l'acide ferrugineux qui produit le noir feraient un très-mauvais effet sur la soie. Cependant, comme les bonnetiers ne paient pas plus leurs gris que leurs blancs, il y a des teinturiers assez adroits pour teindre ces gris sur blanc sans les laver. Il en résulte que le savon et le noir faisant corps ensemble, donnent du poids à la soie, et c'est du surplus de leur poids qu'ils retirent leurs façons pour la teinture en gris.

Si les bains de savon qui ont servi à cuire les soies en blanc ne sont point tout-à-fait altérés, on se sert de ces bains, ainsi que de ceux des baquets qui ont fourni le troisième bain à blanchir la soie, pour en cuire d'autres sur leur écrue, en y ajoutant seulement deux onces de savon par livre de soie. Il est censé que la soie cuite ne rend que soixante-quinze livres par cent; l'on n'en rend pas davantage au marchand : le reste est l'affaire du teinturier.

Du coloris des soies.

Il convient d'avoir un baquet d'une façon solide, contenant au moins un muid, dans lequel on entretient de l'alun fondu. Le baquet ou tonneau doit être rempli aux trois quarts d'eau, que l'on appelle, en termes de teinturier, *la tonne aux aluns*. Il faut que la force du bain de la tonne aux aluns soit telle que, quand on le goûte avec la langue, il se fasse sentir et mordre un peu. A mesure que ce bain s'affaiblit et diminue, l'on fait fondre de l'alun de Rome dans l'eau bouillante, et l'on en rafraîchit la tonne aux aluns, qui ordinairement est placée à la cave.

Du roucou.

Le roucou est une espèce de pâte sèche, colorante; qui nous vient de Cayenne, et dont le produit est à-peu-près le même que celui du fer, si ce n'est que la couleur produite par le fer est beaucoup plus pleine, plus riche, plus solide, et moins vive que le roucou. Avec cette matière colorante, on fait par son produit simple la belle couleur d'orange vive, qui est très-solide à toute espèce de débouilli, mais qui ne résiste point à l'action de l'air et encore moins à l'ardeur du soleil. Avec le fer on fait des oranges moins vifs, ainsi que toutes les couleurs de nankins et chamois qu'il n'est pas possible de bien faire avec le roucou ; cependant en bien des endroits où le produit du fer n'est pas connu, les teinturiers se servent du roucou pour faire des nankins et des chamois qui soient bien.

Pour employer le roucou, il faut le faire fondre avec partie égale de potasse ou de cendres gravelées : pour cet effet l'on charge d'eau une chaudière d'une grandeur proportionnée à pouvoir tenir les bâtons à lisser chargés de leur soie, que l'on doit passer dessus pour faire une belle couleur d'orange. Il faut quatre onces de roucou par livre de soie : la livre de soie, en teinture, n'est que de douze onces de soie cuite sur son écrue ; la botte de soie ou la livre est de quinze onces. L'on met d'abord fondre la cendre gravelée dans une chaudière ; on a une passoire de cuivre de la grandeur d'un seau, percée de petits trous, ayant deux anses par le haut, dans lesquelles on passe un bâton qui portant sur les deux bords de la chaudière, soutient la passoire de cuivre en l'air dans l'eau de la chaudière. On met le roucou dans la passoire qui trempe dans l'eau, et avec un morceau de bois on le délaye et on le fait passer à travers les petits trous de la passoire dans la chaudière. Quand le roucou est entièrement passé dans le bain, on fait bouillir un peu la chaudière, qui monte comme le lait ; mais on la rafraîchit avec de l'eau. Quand on voit que le roucou est fondu, ce qui arrive ordinairement après un quart-d'heure de bouillon, on rafraîchit et on passe les soies dessus, jusqu'à ce qu'elles soient montées à la hauteur de l'échantillon que l'on desire ; ce que l'on voit en donnant un coup de cheville avec force à un mateau de soie. Il faut au roucou que l'endroit du mateau séché par le coup de cheville soit plus foncé que l'échantillon, parceque la matière terreuse qui s'en va à la rivière au lavage, couvre beaucoup la partie colorante.

Quand les couleurs sont montées à leur degré de perfection, on les lève et on les tord pour ne point perdre le bain, qui est bien bon pour donner le fond à toutes les couleurs foncées en brunes.

J'observe que pour donner du roucou à la soie, il n'est pas nécessaire de la laver de dessus son savon, parceque la lessive qui a servi à dissoudre le roucou s'unit toujours très-bien avec le savon ; il ne faut que les tordre, mais toujours bien laver et bien battre à la rivière les soies que l'on a teintes en roucou. Lorsqu'on n'a plus besoin du bain qui a servi à donner le roucou, on le range dans un tonneau pour s'en servir dans toutes les occasions où l'on a à donner du roucou suivant les couleurs et les échantillons que l'on suit ; et lorsqu'on fait cuire de nouveau roucou, il faut toujours se servir du vieux bain, lequel se trouve avivé à son état primitif par la cendre gravelée qu'il faut toujours mettre avec le roucou pour le faire fondre, mais dont il ne faut plus alors que huit onces par livre de roucou.

Du coquelicot faux.

Cette couleur est aussi belle en faux qu'en fin quand elle est bien faite. Pour parvenir à ce but, il faut donner à la soie cuite un très-beau fond de roucou bien frais, puis la bien laver et bien battre à la rivière, ensuite la mettre bien à son aise dans la tonne aux aluns. Quand l'on met des soies dans la tonne aux aluns, il faut qu'aucune partie ne prenne jamais l'air, qu'elles soient toujours bien couvertes par le bain; autrement l'alun pénétrerait plus dans certaines parties que dans d'autres, et les tacherait.

Après que les soies ont resté douze heures dans la tonne aux aluns, on les lève et on les lave bien à la rivière. On peut observer que quand on retire les soies teintes en roucou hors de la tonne aux aluns, la soie a pris une couleur de roucou d'un rouge vif extraordinaire, ce qui est produit par l'effet de l'alun sur le roucou, et qui prouve que lorsqu'on veut aviver des couleurs de roucou, l'on peut leur donner un peu d'eau d'alun sur de l'eau froide au retour de la rivière, et ensuite les faire sécher. Quand les couleurs de roucou pour coquelicot ont été bien alunées et bien lavées de dessus leur alun, on leur donne du bain de Brésil sur de l'eau très-claire, ayant tout au plus trente degrés de chaleur: on les monte jusqu'à la hauteur de l'échantillon, que l'on observe toujours au coup de cheville. Il convient, pour bien faire cette couleur, que le bain de Brésil dont on se sert ait au moins deux ou trois mois de cuite, terme auquel le bain a acquis le plus haut degré de beauté et de vivacité ; ensuite on les lave à la rivière, on les tord, on les égalise bien pour qu'il n'y ait point dans le mateau d'endroit plus mouillé l'un que l'autre, dépôt d'eau qui les ferait tacher : ensuite on les étend sur des perches pour les faire sécher rapidement et à l'abri du soleil.

Du beau puce.

Il y a en soie bien des sortes de puce, mais le puce beau et le plus riche est celui-ci. Au coquelicot décrit dans l'article précédent, donnez du bois d'Inde autant qu'il en peut prendre et vous remplirez votre objet, c'est-à-dire que pour faire du beau puce, il faut d'abord donner un fond de roucou, et ce fond se donne sur un bain de roucou à-peu-près frais, pourvu qu'il donne beaucoup de pied à la soie ; ensuite la bien laver à la rivière, l'aluner douze heures, la bien laver de dessus l'alun, ensuite lui donner du Brésil vieux ou neuf, c'est la même chose, mais à la manière dont on l'a donné pour le coquelicot et sans la laver sur le Brésil, lui donner un bon bain de bois d'Inde nouvellement cuit ; ensuite la laver et faire sécher. Il faut toujours bien laver de dessus les aluns ; si on ne l'avoit point, il en résulterait que quand la soie serait teinte et séchée, elle serait toute couverte de poudre d'alun qui serait cristallisée à sa surface, qu'il serait impossible d'en retirer sans altérer la couleur.

On fait des puces bruns en donnant d'abord du roucou, lavant, alunant, et donnant ensuite du bois d'Inde seulement, mais en grande quantité. Il faut toujours bien laver les soies de dessus le roucou avant que de les mettre à l'alun autrement on colorerait la tonne aux aluns, et l'alkali du roucou neutraliserait les aluns, qui deviendraient inutiles pour la soie, qui prendrait inégalement la couleur de roucou, ce qui ferait un très-mauvais effet.

On emploie dans la teinture de soie le bois de fustet; on le fait cuire comme le bois d'Inde. Son produit en couleur est positivement le même que le brou de noix, si ce n'est que le brou de noix colore sans mordant, au lieu que pour le fustet il faut aluner avant de l'employer.

On se sert du fustet pour faire toutes les couleurs d'idée à l'échantillon : il s'unit au bois d'Inde, au Brésil et à la gaude, matières colorantes avec lesquelles on remplit presque tous les échantillons lorsque l'on travaille partiellement. On fait aussi, avec le fustet, des puces et des bruns, mais ils ne sont jamais si bien nourris que lorsque l'on emploie le roucou. Un teinturier un peu adroit n'a pas même besoin de fustet pour remplir ses échantillons; il sait profiter de la commodité qu'il y a d'aluner sur le roucou.

Du carmélite.

Pour faire toutes les couleurs carmélites, il faut un vieux bain de roucou, aluner, laver, un peu de bain de Brésil, un peu de bain de bois d'Inde sur de l'eau chaude : il faut toujours donner le Brésil avant le bois d'Inde, et observer, une fois pour toutes, de ne jamais teindre une soie alunée sur un bain trop chaud, parceque l'alun se lâcherait de la soie dans l'eau chaude, et la matière colorante ne pénétrerait qu'avec beaucoup de peine ; et si l'on était obligé de donner d'autres drogues pour finir sa couleur, il pourrait arriver qu'il faudrait réaluner.

Du prune.

Pour les couleurs prune, car il y en a de toute espèce, il faut aluner, laver et donner un bon fond de Brésil, avec du bois d'Inde par-dessus. Quand la couleur est faite il faut, tant pour l'assurer que pour affaiblir sa trop grande vivacité, jeter dans son même bain quelques casines ou poilonnées de vieux roucou ; à moins que l'échantillon n'exige un prune très-violent, pour lors il ne faut point de roucou.

Il se fait en soie de Grenade beaucoup de violets pour le commerce, par le produit simple du bois d'Inde sur la soie alunée ; il se fait aussi beaucoup de soies fine Grenade, grenadine et autres en cramoisi faux, par le produit simple du Brésil sur la soie alunée. Il faut, pour ces deux objets, que le bois d'Inde soit nouvellement cuit, et que le produit ait néanmoins deux mois de cuite.

Du violet.

Pour faire des violets en soie un peu nourris, il faut au moins une livre d'orseille de terre par livre de soie. On prépare les soies, comme à l'ordinaire, sur des bâtons à lisser. Après avoir fait bouillir l'orseille cinq à six minutes, on rafraîchit la chaudière pour faire tomber le bouillon, ensuite on passe dessus les soies qu'on lisse promptement. Quand on les a lissées douze à quinze minutes, on lève et on tord légèrement pour ne point perdre le bain. Si elles ne sont point assez foncées, on fait rebouillir la chaudière comme la première fois sans remettre d'orseille, et l'on repasse la soie dessus. On peut faire rebouillir le même bain d'orseille jusqu'à trois et quatre fois de la même manière. Quand les violets sont montés à leur degré, on les lave à la rivière, et quand ils sont de retour, s'ils étaient trop rouges, pas assez violens, on leur donne sur de l'eau un peu de cendres gravelées.

Je préviens que la potasse et la soude ne s'accommodent pas fort bien avec la soie.

Il faut bien tordre et bien égaliser toutes les couleurs d'orseille, car j'observe qu'il arrive souvent beaucoup d'accidens au sécher. Pour y remédier, il faut les repasser sur leur bain que l'on fait chauffer, les laver et leur donner de la cendre gravelée, sur laquelle on les fait sécher.

Le bain qui a servi à faire les violets foncés est encore très-bon à faire les couleurs au-dessous, les couleurs lilas jusqu'au gris-perle, et quand le bain n'est point assez fort, on peut le rafraîchir avec un peu d'orseille.

Du verd-bouteille.

Il y a en soie des verds-bouteille de plusieurs espèces, et tous se font par le même procédé. Il faut d'abord que la soie soit bien alunée et sur des aluns très-forts. On fait cuire la gaude, et après qu'elle a bouilli cinq à six minutes, on la transvase dans une des barques et on la laisse refroidir jusqu'à trente degrés au plus, pour que la chaleur n'attaque point les aluns. Quand c'est une soie commune, on ne fait que la rincer de dessus ses aluns sans la battre à la rivière ; ensuite on donne à la soie deux forts bains de gaude, en lissant, comme à l'ordinaire, sur la barque où le bain de gaude est préparé.

Quand la soie est bien gaudée, c'est-à-dire, d'un jaune très-doré, on lui donne du bois d'Inde sur le même bain de gaude, jusqu'à ce que le verd-bouteille soit monté au degré de bruniture que l'on desire. Il arrive quelquefois que le bois d'Inde ayant trop rougi sur la gaude, la couleur du verd ne sort point assez, ce qui est occasionné, parceque la soie n'ayant pas été assez alunée, l'on est quelquefois obligé de mettre de l'alun dans du bain de gaude pour faire prendre le bois d'Inde. Pour lors il faut passer les verds-bouteille sur un bain de savon blanc ou sur une vieille cuve : on peut, si on le veut, éviter d'aluner les verds-bouteille sur la gaude. Quand il arrive qu'ils se sont désalunés en gaudant, on peut leur faire prendre le bois d'Inde sur de l'eau chaude avec du verd-de-gris.

Il faut observer que l'on fait toujours bouillir la gaude deux fois; la première fois pendant cinq à six minutes, la seconde fois une bonne demi-heure. Quand on a besoin d'un fort bain de gaude, après le deuxième bouillon on retire la vieille gaude, et sur le même bain on en remet cuire de la nouvelle.

Du verd américain.

Les gris verds-américain ne sont qu'un diminutif des verds-bouteille. Il faut beaucoup moins de gaude et beaucoup moins de bois d'Inde, avec très-peu de couperose.

Du bleu faux.

On fait sur la soie, ainsi que sur le fil et le coton, des bleus faux par le produit simple du bois d'Inde. On les fait de deux manières ; l'une avec le verd-de-gris et l'autre avec le vitriol de Chypre : cette dernière manière produit une couleur plus assurée et plus vive ; en outre on peut avec le vitriol de Chypre, mêler de l'alun si le cas l'exige. l'alun a la propriété de faire rougir les bleus faits au bois d'Inde ; mais il arrive parfois qu'il faut que ces sortes de bleus soient faits les uns au verd-de-gris, les autres au vitriol de Chypre, parceque les uns demandent un degré de vivacité de plus que les autres.

Il faut que ces bleus soient faits à l'eau froide : on met en poudre du vitriol de Chypre à raison de quatre gros par livre de soie, on prépare un baquet d'eau froide, on y met le vitriol en poudre, qui fond presque tout de suite, on mêle le bain pour que le vitriol s'étende dans l'eau ; et d'abord on passe la soie dans cette eau de vitriol, on la lisse l'espace d'un quart-d'heure, ensuite on la lève sans la tordre, et l'on met dans l'eau de vitriol environ le quart d'un seau de bain de bois d'Inde par livre de soie. On lisse les soies sur le bois d'Inde, qui d'abord vient bleu ; mais il faut que ces bleus soient faits à la longue pour qu'ils soient bien. Il faut au moins six heures pour faire un bleu foncé : on lui donne le bois d'Inde peu à peu, et durant cette opération, il faut lever sans tordre et bien mêler le bois d'Inde avec le bain avant que d'abattre la soie dessus.

Du bleu ordinaire ou beau bleu.

Un teinturier en soie doit monter trois cuves de différens degrés de dix à quinze seaux au plus. Celle de dix aura une livre d'indigo, celle de douze seaux trois livres d'indigo, et celle de quinze seaux six livres d'indigo. Il faut que la première de ces trois cuves soit entretenue très-faible, et au besoin, on la fortifie avec du bain de la cuve forte. On monte ces cuves en deux brevets, comme je l'ai déjà dit au traité du produit de l'indigo, à raison d'une demi-livre de cendres gravelées par livre d'indigo ; mais comme la cendre gravelée n'est pas

pas toujours belle et bien verte, je conseille, pour plus de sûreté, d'en mettre trois quarts au premier brevet.

Quand la cuve est en bon état, c'est-à-dire, que le bain est bien verd avec une belle fleur, on passe les soies dessus ; mais avant il faut qu'elles soient bien lavées et bien battues par deux fois à la rivière, car le moindre savon qui se lâcherait des soies dans la cuve la culbuterait sur-le-champ. Il faut les tordre un peu pour ôter la surabondance d'eau dont elles sont pénétrées.

Pour passer les soies en cuve, on a une petite cheville de bois qui, d'ordinaire, baigne dans la cuve. On se sert de cette cheville pour teindre en bleu les mateaux de soie l'un après l'autre. Il faut, lorsqu'on passe en cuve, lisser les mateaux dans la cuve sans lui faire prendre l'air : c'est un tour de poignet qu'il faut qu'un ouvrier sache donner et qui doit être différent des autres. A chaque trois ou quatre tours on lève les mateaux pour leur faire prendre l'air l'espace de cinq à six secondes, et on les replonge en les lissant. On continue cette manœuvre jusqu'à ce que les soies soient parvenues au degré de bleu que l'on desire. Comme c'est le premier mateau sur lequel les autres doivent être réglés pour la teinture de toute la partie de soie que l'on a à mettre dans le même bleu, il faut que l'ouvrier qui passe en cuve calcule le nombre d'évens à sa première botte, ainsi que le nombre de lisses qu'il donne à chaque évent, sans quoi il s'exposerait à faire sa partie de soie en différens bleus.

Quand une botte de soie est teinte en bleu, il faut, au sortir de la cuve, la bien tordre à la main et sans lui donner le temps de déverdir, la laver sur-le-champ et ne la faire déverdir qu'en la lavant. Pour cet effet on a toujours auprès de soi deux baquets remplis d'eau claire; on commence à laver sur l'un et on finit de laver sur l'autre. Il faut sur-le-champ bien tordre à sec et bien égaliser les soies, qu'on étend à l'air s'il fait un petit vent sec; autrement il faut les étendre dans une chambre échauffée par un poële, dans laquelle il y a un métier exprès suspendu que l'on fait mouvoir avec une corde; cette mécanique porte le nom de *branloire*, machine sur laquelle on établit les perches chargées de leur soie bleue.

Il faut que toute soie teinte en bleu soit séchée en dix minutes et qu'on l'agite sans cesse en séchant; autrement le bleu disparaît inégalement, et les bottes de soie finissent par être vergetées.

C'est aussi pour cette même raison que l'on est obligé, en les retirant de la cuve, de les plonger et de les déverdir dans l'eau pour les empêcher de se vergeter.

Pour le beau bleu violent ou violet, il faut donner à la soie cuite de l'orseille, ainsi que je l'ai déjà dit.

Lorsqu'on donne à la soie de l'orseille pour faire des bleus violens, il faut de temps en temps tâter la cuve pour connaître le degré d'orseille qui convient à la hauteur du bleu violent que l'on a dessein de faire. Avant que de passer les soies en cuve, il faut bien les laver, les bien battre à la rivière.

Lorsque l'on passe des bleus violens en cuve, il faut observer scrupuleusement toutes les manœuvres déjà décrites pour les soies passées en cuve. La moindre omission expose à de bien grands désagrémens.

Pour passer les soies en cuve, on a besoin du ministère de quatre ouvriers; l'un passe en cuve et lave, l'autre tord et égalise, le troisième étend, et le quatrième fait mouvoir la branloire.

Il se fait aussi des bleus violens au Brésil : on donne le Brésil sur l'alun. En donnant le Brésil, on observe en petit sur la cuve la hauteur du rouge qu'il faut pour faire les violets qu'on desire : pour lors on observe toujours, pour passer en cuve, les mêmes manœuvres. On fait des violets fins de la même manière, en passant en cuve des soies qui auparavant ont été teintes en cramoisi fin à la cochenille.

Il se fait, pour le commerce, des bleus foncés dits bon teint, par le produit du bois d'Inde et du vitriol de Chypre ou du verd-de-gris. Au sortir de la cuve, sur laquelle on les monte d'abord en bleu, on les finit sur le bois d'Inde en observant le procédé décrit ci-dessus au bleu faux teint.

Il se fait aussi en soie beaucoup de petits bleus tendres; mais la plupart des teinturiers n'ont point l'art d'entretenir une cuve faible dans toute sa fraîcheur, tandis qu'ils font ces bleus avec de la dissolution d'indigo à l'huile de vitriol sur de l'eau froide. Mais comme l'acide sulfurique donne beaucoup de maniement à la soie, la fraude est reconnue sur-le-champ au toucher de la soie. Pour éviter ce maniement et assurer un peu la couleur, on met dans le bain une poignée d'alun en poudre : mais cette teinte est toujours d'un mauvais procédé; l'eau chaude seule la fait disparaître.

Il se fait aussi des violets de la même manière en employant l'orseille avant le bleu, et en mettant le bleu de verd de Saxe dans le bain clair de l'orseille après que le violet est fait ; ces teinturiers poussent leur bleu jusqu'au noir, et versent ensuite le tout sur une eau de cendres gravelées ; il en résulte à la fin que la couleur est faite, mais que la soie est tout-à-fait altérée.

Il n'y a rien de si facile à faire que la dissolution de l'indigo au foie de soufre, que l'on peut étendre dans une petite lessive de cendres gravelées un peu plus que tiède, ce qui fait sur-le-champ une cuve dans le premier vaisseau ou chaudron qui tombe sous la main. Si le bain devient noir, pour peu qu'il soit un peu chaud, on le fait revenir sur-le-champ avec un peu d'eau de chaux et d'orpin rouge. Quand on se sert de cet objet pour teindre, il faut avoir grand soin de retirer la fleur, qui tacherait les bleus tendres. Lorsqu'on a fini, il faut réserver ce bain dans un tonneau exprès qu'on range dans un coin de l'atelier, et pour s'en servir au besoin ; on en fait réchauffer une partie dans nn chaudron, mais avant qu'il soit chaud, on y verse un peu d'orpin rouge et d'eau de chaux. J'observe néanmoins que je ne dis ceci qu'en faveur des ouvriers qui n'ont pas l'adresse d'entretenir une cuve faible dans toute sa fraîcheur.

Du verd.

Il se fait des verds depuis le plus bleu jusqu'au plus jaune, et depuis le plus fort jusqu'au plus faible. Si toutes ces sortes de verds sont francs, c'est-à-dire, composés seulement de bleu et de jaune, on les fait tous de la même manière, en observant de ne mettre à chaque verd que la quantité nécessaire de bleu et de jaune, suivant chaque espèce de verd qu'on veut rendre.

Pour les verds terrasse et paysage, il faut une troisième mixtion qui les roussisse plus ou moins : cette mixtion consiste dans le mélange du Brésil avec la gaude ; mais par l'emploi simple des trois couleurs primitives, l'on a encore la couleur d'après nature.

Il y a sur toutes les couleurs d'après nature un reflet gris et délicat qui jusqu'à ce jour n'a été donné sur la soie qu'avec le noir ou la couperose et le bois d'Inde.

Pour faire les verds, on fait bouillir de la gaude, et on la laisse refroidir pour que l'alun ne se lâche point de la soie dans le bain; on fait monter les soies au jaune que l'on croit nécessaire pour remplir l'objet de son échantillon. Pour y parvenir avec plus de sûreté, on tâte de temps en temps la cuve en détachant d'un mateau, sans la briser ni brouiller, un peu de soie que l'on trempe dans la cuve autant de temps que l'on juge nécessaire; on le fait sécher sur-le-champ, en emportant son fluide avec le doigt et l'ongle du pouce de la main droite.

Lorsque l'on est bien assuré de la hauteur du jaune ainsi que de la force de la cuve, on lave bien à la rivière les soies gaudées, car comme je l'ai dit, la gaude est un poison pour la cuve d'Inde ; ensuite on passe en cuve avec la même précision et les mêmes précautions nécessaires pour les bleus et les violets : la moindre omission dans ce procédé ferait des verds vergetés.

Les verds composés qui exigent du Brésil ou du fustet, doivent recevoir ces deux matières colorantes sur la gaude ou avant la gaude, parceque la soie, une fois passée en cuve, est tout-à-fait désalunée, et il est de toute impossibilité de lui faire prendre d'autre matière colorante que le noir, qui prend sans mordant, ou du bois d'Inde avec la couperose. Ces deux objets se donnent toujours par-dessus le bleu après que les soies sont retirées.

On voit, par tout ce que je viens d'exposer, qu'en teinture de soie ainsi qu'en teinture de laine, toutes les couleurs quelconques ne sont que des composés des trois couleurs primitives modifiées suivant les objets qu'on veut exécuter d'après les modèles ou échantillons, et l'attention au travail et l'habileté de l'ouvrier suffisent pour l'exécution des nuances qu'on veut rendre.

Je préviens que dans un cas pressant on peut aluner la soie en faisant fondre dans l'eau chaude à raison de quatre onces d'alun par livre de soie. On passe sur cette eau alunée, et chaude à trente-cinq degrés, les soies qu'on a à teindre pendant un quart-d'heure : si on les fesait bouillir dans l'alun, elles seraient perdues.

Du produit du safranum.

Le safranum est une plante qui se cultive dans les départemens de l'Aude et de l'Hérault. Sa propriété en teinture est de faire deux couleurs primitives très-franches, dont l'une est le jaune et l'autre le rouge. On se sert, mais très-peu, du produit de sa couleur jaune qui fait cependant un très-bon effet sur les rubans par la douceur de son coloris ; mais le *terra merita*, dissout à l'esprit de vin, produit le même effet et ne coûte pas si cher.

Pour teindre en jaune avec le safranum, il faut le faire bouillir dans de l'eau pure, et quand le bain est refroidi, l'on y met quelque peu de vinaigre ; ensuite on passe dessus les soies ou les rubans, qui viennent d'un très-beau jaune, et qu'on fait sécher sans les laver. Cette teinture n'a aucune solidité ; elle produit sur le coton et sur le fil le même effet que sur la soie.

Pour faire les roses et les coquelicots fins avec le safranum, il faut absolument en extraire toute la partie jaune. Pour cet effet, on met dans un sac de bonne toile le safranum et on le passe à la rivière au plus grand courant d'eau, en le foulant de temps en temps sous les pieds pendant deux heures, jusqu'à ce qu'il ne rende plus de jaune, ce qui demande une journée entière. Deux sacs de safranum de huit livres chacun, occupent ordinairement toute la journée un homme habitué à cette manœuvre. La beauté des roses et des coquelicots dépend de la perfection du lavage. Dans les campagnes, on peut se servir avantageusement de la chute d'un moulin à eau, en y attachant le sac avec les cordes dont on se sert pour le laver : en laissant ainsi les sacs une journée entière attachés à la chute d'eau du moulin, le safranum sera très-bien lavé.

Après cette opération, on met le safran dans un tamis ou sur une toile bien encadrée : on met dans le safran environ deux onces de bonne potasse par livre, et pour peu que la potasse soit douteuse, il faut mettre deux onces et demie en poudre que l'on mêle bien avec le safran. Si l'on n'est pas pressé de s'en servir tout de suite, il convient de le remuer de temps en temps avec la potasse pendant une couple d'heures avant que de jeter de l'eau dessus.

Je n'ai pas besoin d'observer que tandis qu'on agite le safran pour le mêler avec la potasse, il y a dessous la toile ou tamis un vaisseau pour recevoir ce qui en découle ; on peut aussi se servir du carbonnate de soude, en place de potasse, il force la couleur rouge de se détacher.

Quand on lave le safran, il faut bien prendre

garde de se mettre au-dessous d'un courant d'eau où il y a des blanchisseuses, parceque l'alkali de leur lessive ferait partir la couleur rouge avec le jaune, et il ne resterait plus dans le safran aucune matière colorante.

Quand le safran est bien uni à la potasse, ce qu'on appelle, en termes de teinturier, *safran admestré*, on fait couler dessus de l'eau de la même manière que si l'on coulait une lessive : on continue de faire ainsi couler de l'eau sur le safran jusqu'à ce que l'on juge que la quantité du bain est suffisante pour teindre la partie de soie que l'on a à faire. Alors on reprend le bain qui a coulé du safran pour continuer sa lessive, jusqu'à ce que le safran soit tout-à-fait éteint, et que de beau rouge vif qu'il était après avoir été lavé, il soit devenu à-peu-près de la couleur du son que l'on a imbibé d'eau.

Quand le safran est tout-à-fait coulé, le bain qu'il a rendu n'est pas encore d'une belle couleur rouge ; ce serait envain qu'on voudrait teindre avec cette substance ; la couleur coulerait de dessus la soie comme elle a coulé de dessus le safran, en outre, son teint ne serait qu'imparfait. Pour donner à cette teinte toute sa vivacité, il faut détruire ou au moins neutraliser son alkali en mettant dans le bain un acide quelconque. On peut, à défaut de bon jus de citron ou de bon vinaigre, se servir de quelques gouttes d'acide nitrique très-faible ou d'acide sulfurique étendu d'eau. On met ces deux derniers objets avec beaucoup de prudence. Pour ne point exciter une trop vive fermentation, on met ces acides goutte à goutte, jusqu'à ce qu'il ne s'élève plus d'effervescence ; alors le bain a pris une belle couleur et une teinte d'un rose vif.

Il faut que les soies qu'on teint en rose soient cuites en blanc ; autrement la vivacité du rose serait altérée par le fond jaune que conserve toujours la soie cuite sur son écrue.

On lisse les soies sur le bain, qui se tire jusqu'à l'eau claire, en laissant dormir les soies dedans quand il est tiré jusqu'à un certain point.

La teinte des roses est ordinairement depuis le numéro un jusqu'au numéro dix, dont le prix varie suivant la valeur du safran. Le numéro dix est ordinairement le beau coquelicot fin (1), auquel souvent il faut donner un pied du roucou quand l'échantillon l'exige, avant de lui donner du bain de safran.

Pour connaître précisément la hauteur du fond du roucou qu'il faut donner au coquelicot, on fait lâcher le rose d'une petite partie de l'échantillon dans un peu d'eau de cendres gravelées : le rose tombe dans la lessive, et la couleur du roucou paraît dans tout son entier. S'il arrivait que l'on eût manqué quelque couleur rose, cerise ou coquelicot, on peut leur faire lâcher tout leur rose dans une lessive faible et leur rendre leur même couleur en détruisant l'alkali du bain avec un

---

(1) Cette couleur demande au moins quatre livres de safran par livre de soie.

acide, comme nous l'avons déjà dit. Dans ce cas, on perd la façon et non les frais du coloris.

Il est bon aussi d'aviver quelquefois les roses après qu'ils sont teints ; cet avivage se fait avec du vinaigre ou du jus de citron sur de l'eau, quelquefois même sur de l'eau chaude, pour lors il faut forcer en vinaigre ou en jus de citron.

Lorsqu'on peut avoir du jus de citron frais, c'est de tous les acides le meilleur qu'on puisse employer pour les roses ; mais il est des saisons où il est très-difficile de s'en procurer.

Lorsqu'on est obligé d'employer des citrons pour en extraire l'acide, les frais excèdent le produit de la teinture.

Si je donne ici plusieurs moyens d'aciduler le bain de safran, c'est qu'il n'est pas possible d'employer en teinture d'autres jus de citron que ceux que l'on retire de la Provence, et qui coûtent fort cher.

Les marchands de rouge végétal, un peu jaloux de se distinguer dans leur état, se servent toujours de jus de citron pour faire déposer le safran. J'en connais cependant qui font leur rouge avec du vinaigre, mais il n'est ni si beau ni si bon.

Voici le procédé qu'ils emploient.

Ils coulent leur safran à très-court bain et le mettent en presse pour en retirer tout le fluide colorant ; ils mettent dans le bain un bon tiers de jus de citron, c'est-à-dire, une pinte au moins de jus de citron sur trois pintes de bain de safran. On laisse reposer ainsi le bain dans des vases de faïence bien propres, jusqu'à ce qu'il se soit formé une décomposition de la matière colorante et du safran, décomposition qui se précipite au fond du vase et qui laisse à sa surface une eau très-limpide que l'on retire avec une pompe on un syphon de verre.

Quand on a retiré du bain le plus d'eau claire possible, on transvase dans des vases de faïence la matière colorante qui a acquis une certaine consistance. On couvre la couleur avec un morceau d'étamine, en observant que l'étoffe ne déborde point le vase, parcequ'elle pomperait la liqueur qui coulerait au-dehors. On met par-dessus l'étamine une feuille de papier à filtrer, et au-dessus de la feuille de papier une éponge que l'on a soin de presser de temps en temps pour en retirer l'eau qui est venue s'y amasser.

Quand la liqueur est parvenue au degré de consistance d'une bouillie, on l'étend dans des tasses de faïence : on fait sécher ces tasses, que l'on envoie dans le commerce. On peut encore faire sécher cette substance sur des paillassons faits exprès, ou lui donner la forme de grains.

Pour le rouge des femmes, on rape sur de la perelle très-finement du beau talque de Venise, que l'on tient au degré de force que l'on desire avec la liqueur plus ou moins épaisse, et que l'on met sécher ensuite sur des petits pots de faïence massifs pour les envoyer dans le commerce.

Du cramoisi fin.

L'on fait les cramoisis fins avec la soie cuite sur son écrue; il arrive même parfois, suivant les échantillons, qu'il faut faire cuire exprès la soie pour cramoisi fin, parcequ'il convient de mettre dans la cuite une cassinée ou deux de bain de roucou, afin de donner aux soies un fond de racinage au cramoisi fin.

On fait aussi des cramoisis fins sur la soie cuite en blanc; il leur faut toujours la même quantité de cochenille; mais comme ils ont été cuits en blanc, ils font couleur auprès des cramoisis qui ont été cuits et racinés sur leur écrue; ce qui convient aux étoffes damassées de deux cramoisis fins.

On alune, comme à l'ordinaire, les soies sur des aluns un peu forts, on les lave et on les bat à la rivière à deux différentes reprises. On a chargé aux deux tiers une chaudière sur laquelle on peut lisser sur des bâtons toute la partie de soie en bouillant. On pile et on tamise de la cochenille à raison de deux onces par livre de soie, ainsi qu'une once de noix de galles blanches aussi par livre de soie. On fait faire à la cochenille et à la noix de galle un bouillon de quatre minutes sans plus. On remplit la chaudière et on lisse les soies dessus. Une demi-heure après on pousse le feu pour faire bouillir la chaudière pendant une heure au moins.

Cette teinte demande en tout deux heures sur la chaudière : au bout de ce temps, la couleur doit avoir acquis son degré de perfection.

Quand les cramoisis fins sont lavés et séchés, ils doivent avoir le même maniement que les roses et les coquelicots fins, c'est-à-dire qu'ils doivent résonner en les maniant.

Il est bon d'observer que les échantillons ne demandent pas toujours un cramoisi violent, mais quelquefois tirant un peu sur le jaune. Pour lors on met dans la chaudière, avec la cochenille et la noix de galle, deux gros par livre de soie de composition d'écarlate, et quelquefois trois gros.

Les violets fins ne sont autre chose que des cramoisis fins passés en cuve.

Il faut que le cramoisi soit le plus violent possible; et quand l'on passe en cuve, il faut suivre avec le plus grand soin les règles que nous avons établies à ce sujet, sans quoi l'on s'exposerait à une perte réelle de la teinture bleue et du cramoisi fin.

Les puces fins se commencent et se font comme les cramoisis fins que l'on fait cuire avec du roucou : au lieu de galle blanche, on met par livre de soie deux onces de noix de galles noires.

Quand les cramoisis sont fait, on les monte au puce avec de la couperose sur de l'eau froide.

Il faut avoir bien soin de lisser les soies, sans quoi elles vergetteraient en prenant l'air inégalement.

On doit mettre aussi la couperose toute fondue peu à peu, et lever toutes les soies du bain chaque fois qu'on y met de la couperose.

Quand elles sont bien montées au puce, on les lave et on les fait sécher.

Il se fait des nuances du brun au clair en cramoisi fin, mais les clairs ne répondent jamais à la beauté des bruns ; ce qui prouve que pour les soies teintes à la cochenille il faut toute leur plénitude dans le même rapport pour avoir la beauté de la couleur, et que toute soie qui n'a pas deux onces de cochenille par livre, n'a qu'une teinte imparfaite.

De l'écarlate en soie.

Pour teindre l'écarlate en soie, il faut prendre autant de livres de laine que l'on veut teindre de livres de soie. On teint cette laine filée en écarlate de la manière suivante:

Pour le bouillon d'écarlate, il faut par livre de laine une once de cochenille, deux gros de garance, trois gros de *terra merita*, deux onces de crème de tartre et trois onces de composition d'écarlate.

On fait bouillir la laine deux heures et demie, ensuite on la lave et on la bat bien à la rivière : on lui donne son *rougi* tout de suite.

Il faut, pour le *rougi*, une once de cochenille, trois onces de composition, un gros de *terra merita* et deux gros de garance.

On peut faire bouillir au-delà de dix minutes sans craindre des les ternir, pour leur faire prendre le plus de cochenille qu'il sera possible ; ensuite on les lève, on les lave, on les bat bien à la rivière et on les fait sécher.

Il faut charger une chaudière qui ne soit pas plus grande qu'il ne faut pour les faire débouillir : on y met quatre onces d'alun de Rome par livre de laine, et on fait bouillir la chaudière jusqu'à ce qu'il ne reste presque plus rien sur les laines. On les lève, on laisse refroidir un peu le bain, et on passe sur ce même bain les soies cuites en blanc, qui prennent toute la couleur que l'écarlate a lâchée dans le bain. Si elles n'étaient pas assez jaunes, on pourrait les aviver avec du bain de safranum et du jus de citron. Le jus de citron a la propriété d'aviver la cochenille : on peut aussi lui donner du *terra merita* dissout à l'esprit de vin avec du jus de citron. Si le bain manque par le rouge, c'est que l'on aura cuit plus de soie que la matière colorante n'en peut teindre.

Il ne faut jamais oublier que la livre de soie en teinture n'est que de douze onces.

Du noir.

Tous les teinturiers en soie ont une chaudière exprès pour faire le noir, qu'ils appellent *pied de noir*.

Ils montent une chaudière de trente six seaux qu'ils remplissent de bain noir de chapelier ; ils y ajoutent vingt livres de limaille de fer, vingt livres d'agaric commun, douze livres de couperose, et six livres de gomme arabique.

Ce *pied de noir* une fois monté existe toujours ; ils le rafraîchissent chaque fois qu'ils s'en servent, particulièrement avec la gomme, et parfois avec la couperose, l'agaric et la limaille de fer.

Pour

Pour teindre la soie en noir, on fait cuire à raison de quatre onces de gallon par livre de soie. On fait bouillir le tout deux heures, on prend le clair du bain, et on lisse un peu les soies dessus avant que de les y plonger. On les laisse dans le bain six à huit heures, ensuite on les relève, on les tord et on fait rebouillir le bain et la galle une deuxième fois.

Quand le bain est bien cuit, on en retire le clair et on engalle les soies une deuxième fois.

Quand les soies ont été engallées deux fois, on fait chauffer jusqu'au bouillon le bain de *pied de noir*, en le remuant avec une pelle de fer pour que le marc ne s'attache point au fond de la chaudière, ce qui la brûlerait ; ensuite l'on passe sur le *pied de noir* les soies engallées que l'on évente de temps en temps jusqu'à ce qu'elles soient montées au beau noir.

Ce noir se rend au marchand à raison de cent pour cent : on l'appelle *noir de poids*; mais le teinturier y trouve toujours son compte, parceque la galle et le gallon seuls ont la propriété de donner à la soie vingt-cinq pour cent de poids, sans compter la gomme et les autres mises du *pied de noir* qui chargent encore la soie, surtout quand c'est de la soie fine.

Les noirs écrus ne s'engallent point : on les passe tout uniment sur le *pied de noir* bien chaud.

Avant de rendre les soies au marchand, il faut donner à chaque mateau quelque coup de cheville pour les adoucir de leur teinture et leur donner bonne mine ; ensuite on les pèse et on a l'attention de ne pas s'exposer à en rendre plus qu'il ne faut, parcequ'il y a des marchands et des fabricans qui font payer aux teinturiers le surplus de ce qu'il doit leur en coûter pour le devidage, attribuant à la mal-adresse du teinturier la surcharge de leur soie pour la teinture.

Au sortir de chez le teinturier, les soies vont chez le ployeur, pour qu'il leur donne le lustre et les apprêts nécessaires. Pour cet effet l'on tord, à force de bras, les mateaux de soie l'un après l'autre sur un épard, et à plusieurs reprises, en queue de cochon, de manière que les nœuds se frottent et résonnent l'un contre l'autre.

Quand les soies cuites ont été bien exercées de cette manière, on sépare les petits éche-vaux ; on les ploie et on les met en paquets de quinze onces, tels qu'on les fait valoir dans le commerce.

DE LA TEINTURE
D'INDIENNES.

Il faut qu'une fabrique d'indiennes soit établie sur les bords d'une rivière dont l'eau soit toujours claire et le courant bien rapide.

Il existe des lavoirs de bien des manières, mais le meilleur est celui que nous allons décrire.

Un pont de planches large de huit pieds traverse la rivière ; les planches du pont doivent être percées de distance en distance pour donner aux eaux la facilité de s'écouler. On met au bas du lavoir une planche qui traverse aussi la rivière et qui est d'un pouce plus basse que la surface de l'eau. Trois à quatre pieux plantés dans la rivière, sur les côtés du pont, le soutiennent, et au-dessus on construit un hangar couvert de planches. Deux moulinets de la forme de ceux dont se servent les teinturiers pour mener les draperies en teinture, sont suspendus à la charpente de devant le lavoir, de manière qu'on puisse manœuvrer avec facilité : il faut en outre six fléaux comme ceux dont on se sert à battre le blé, et deux écopes de la forme de celles dont les bateliers se servent pour retirer l'eau de leurs bateaux.

La fabrique d'indiennes doit être environnée de prés secs.

La garance doit être montée de trois chaudières de cuivre et d'une chaudière de plomb, d'un cylindre de bois, d'un cylindre de cuivre et d'une boutique de menuisier.

Du décreusage des toiles.

Il ne faut jamais s'exposer à établir une toile en bon teint que l'on ne soit bien assuré qu'elle est décreusée et passée au bleu ; autrement l'on s'exposerait à de bien grands désagrémens, car la garance ne prend jamais sur une toile ou sur une pièce de coton qui n'est pas bien décreusée : il n'en est pas de même de la gaude.

Il y a des fabriques où, pour décreuser les toiles, on les amoncèle dans une grande tonne avec de l'eau et du son. On met des pierres par-dessus pour les laisser tremper à leur aise, dit-on, pendant sept à huit jours ; ensuite on les lave et on les bat à la rivière pour les décreuser. Mais comme je connais un peu les inconvéniens de la fermentation, je n'ai jamais employé cette méthode, parceque c'est dans le décreusage que les toiles éprouvent souvent le plus de fatigue, sans les exposer encore d'avance au dissolvant d'une fermentation.

On charge une chaudière pour faire bouillir de l'eau dans la quantité de toiles qu'elle peut tenir. On met dans la chaudière, pour le premier bouillon, à raison de quatre onces de bonne potasse d'Amérique, et une livre de chaux par livre de toile, et l'on met les toiles toutes déployées dans la chaudière. On les fait bouillir deux heures, en les retournant avec des barres de la même manière dont on retourne une cuite de soie.

Quand elles ont bouilli deux heures, on les retire de la chaudière et on les ploie en manière d'écheveaux de la longueur de cinq pieds, en les fixant dans le milieu avec un bout de la pièce de toile. On les range les uns à côté des autres sur le pont du lavoir.

Si l'on a six hommes employés à laver, on peut en couvrir tout le pont; mais si l'on n'en a que deux, six pièces suffisent.

Les toiles ainsi disposées, on les bat avec des fléaux dans le même ordre et avec la même harmonie observés par les batteurs de blé. Un homme, placé sur une planche fixée au bord de la rivière, une écope à la main, jette continuellement de l'eau sous les coups de fléaux : on lave et on bat ainsi les pièces de toile pendant un bon quart-d'heure au moins, en les retournant de temps en temps, c'est-à-dire, en mettant le côté qui est sur les planches sous les coups de fléaux.

Quand les toiles sont bien lavées et bien battues, on les porte à la chaudière de plomb, qui est continuellement chargée d'eau tiède au 40e degré dans laquelle il y a environ une partie d'acide contre cent d'eau. On attache les pièces de toile au bout l'une de l'autre, par le moyen de deux nœuds faits avec les coins de chaque lisière. On les passe ensuite sur la chaudière de plomb l'espace d'un bon quart-d'heure au moins, en les manœuvrant avec le moulinet qui est fixé à cette chaudière.

Il faut avoir la plus grande attention de bien plonger les toiles dans le bain, et de ne laisser exposé à l'air que ce qui est dans le moulinet, qu'il faut faire tourner avec vîtesse.

Quand les toiles sont ainsi passées à l'huile de vitriol, on les retire de la chaudière et on les dénoue l'une après l'autre, en prenant la plus grande attention de ne point faire rendre l'air aux toiles que l'on tient plongées dans la chaudière.

Quand une pièce est détachée, on la tord promptement à la main; et sans en attendre une autre, on va la rincer à la rivière en la tournant et en la fesant aller et venir avec rapidité pendant un demi-quart-d'heure sur les moulinets qui sont suspendus au lavoir; ensuite on la fait sécher et on la passe au cylindre pour l'imprimer.

Les fabricans qui n'ont point de chaudière de plomb, ont un cuvier de la façon d'un encausier, sur lequel est un moulinet rempli d'eau et d'huile de vitriol. Comme ils ne peuvent point faire chauffer leur chaudière, il faut que l'huile de vitriol y soit un peu plus forcée. Tant que les toiles ne restent point exposées à l'air au sortir de l'huile de vitriol, il n'y a nul danger; mais cinq minutes d'exposition à l'air suffisent pour les réduire en poussière.

Il y a des fabriques dans lesquelles, après avoir fait tremper les toiles sept à huit jours, on les fait fouler aux pieds garnis de sabots, par des manœuvres dans des cuviers, avec la lessive caustique; ensuite on jette les toiles sans les tordre ni les laisser égoutter dans une chaudière d'eau bouillante, et après les avoir fait bouillir une heure, on les passe à l'huile de vitriol.

De la tonne et du bain de noir.

Dans un cas pressé, on prend de la vieille ferraille bien rouillée, bien lavée et séchée, on en remplit à moitié un chaudron avec un peu de couperose, on met du vinaigre jusqu'aux trois quarts du chaudron, et on fait bouillir le tout jusqu'à ce que le vinaigre ait pris tout à-fait la couleur de rouille; on la laisse refroidir sur la ferraille pour s'en servir au besoin.

On remplit aux trois quarts ou aux deux tiers au moins une tonne ou des tonneaux de vieille ferraille bien rouillée, bien lavée et séchée; l'on verse par-dessus le vinaigre jusqu'à un pied par-dessus la ferraille, et l'on met à-peu-près une livre de couperose par cent livres ferraille; l'on soutire le vinaigre par le bas de la tonne, et on le verse par le haut comme pour lessiver la ferraille, deux fois par jour, pendant vingt jours.

Quand le vinaigre commence à se colorer de rouille, ce qui est très-sensible au bout de ce temps, on met dans les tonnes ou tonneaux un levain fait avec de la pâte de farine de seigle; on prépare le levain deux jours avant en pétrissant la farine de seigle avec de l'eau, du sel et du vinaigre, ou avec de l'eau seulement, en y ajoutant un peu de levure de bière ; on délaie son levain avec du bain de la tonne et on le verse par-dessus ; on soutire encore la tonne deux ou trois fois, on la couvre bien, et on la laisse ainsi fermenter trois mois avant que de s'en servir. Au bout de ce temps on le retire de dessus la ferraille, on le met dans des vaisseaux ou tonneaux très-propres et bien fermés, où il se renforcit encore. On peut néanmoins alors s'en servir au besoin

On retire la ferraille de la tonne, on la lave bien, on la fait sécher et rouiller à l'air.

La ferraille se rouille d'autant plus promptement, qu'on l'arrose de temps à autre avec un peu d'eau dans laquelle on a fait dessaler les harengs.

Il y a des fabricans qui ne prennent pas tant de précautions. Les uns mettent tout uniment leur ferraille dans du vinaigre, et l'y laissent, sans y toucher, jusqu'à ce que le vinaigre ait pris la rouille ; d'autres le coulent deux fois par jour pendant un mois, et s'en servent tel qu'il est ; d'autres font bouillir leur vinaigre avant de le jeter la première fois sur leur ferraille, ce qui avance de beaucoup l'opération, mais très-peu le font fermenter. Aussi sont-ils obligés de faire imprimer deux fois leur fond noir, ce qui n'arrive point avec un fond noir préparé comme je le dis.

Du beau rouge fin.

Les rouges que je mets par cent pintes d'eau peuvent se faire en petit comme en grand ;

il ne s'agit que de savoir calculer ce que l'on veut faire en petit dans la proportion de l'opération en grand.

Sur cent pintes d'eau, on met soixante-quinze livres d'alun, deux livres de mine de plomb détrempée dans du vinaigre, quatre livres d'arsenic blanc détrempé dans du vinaigre, trois livres de sel marin fondu dans l'eau, quinze livres de sel de Saturne fondu dans l'eau, une livre de vitriol de Chypre fondu dans l'eau, une livre de verd-de-gris fondu dans l'eau, deux livres de soude en poudre dans quatre pintes d'eau.

Ce rouge est le meilleur que l'on puisse employer pour la gaude.

Quand le clair de ce rouge est épuisé, on peut remettre sur le marc cinquante pintes d'eau et le mouvoir quatre à cinq jours; on a encore un très-beau rouge ou au moins un très-fort deuxième rouge.

Pour imprimer, il faut que les mordans soient colorés, afin que les ouvriers puissent s'y reconnaître. Pour cet effet on fait cuire dans cent pintes d'eau une livre de bois de Fernanbouc rapé; on tire cette teinture à clair : on a un tonneau où il y a soixante-quinze livres d'alun en poudre; on fait fondre cet alun en versant dessus la teinture. Un tireur que l'on a avec soi remue, à l'aide d'une barre, l'alun et la teinture, jusqu'à ce que le tout soit fondu. On fait fondre à part vingt livres de sel de Saturne dans dix pintes d'eau, quatre livres d'arsenic blanc dans deux pintes de vinaigre, une livre de verd-de-gris dans une chopine de vinaigre, deux livres de vitriol de Chypre fondu dans une pinte de vinaigre, quatre livres de soude en poudre, quatre livres de blanc de Meudon, ou, pour mieux dire, de la craie blanche ordinaire, telle que celle dont se servent les teinturiers.

Quand l'alun est fondu, opération qui exige deux ou trois heures, on verse par-dessus le sel de Saturne fondu. Le tireur remue, mêle toujours la composition jusqu'à la fin; ensuite on y verse l'arsenic que l'on a fait dissoudre sans bouillir, en se précautionnant contre l'effervescence; on met enfin le vitriol et le verd-de-gris.

Lorsqu'on s'apperçoit que toutes les drogues sont bien fondues, on met la soude à plusieurs reprises, ensuite le blanc de craie, qu'il est à propos de n'y faire entrer que peu à peu pour entretenir assez long-temps la fermentation; principal objet de la décomposition de l'alun.

Il est très-important que l'alun et les autres drogues soient tout-à-fait décomposées, à l'exception de la soude, qui se dépose au-dessous du marc.

La plus petite particule d'alun qui ne serait ni fondue ni décomposée, subirait une cristallisation, laquelle affaiblirait le mordant et ferait couler au garançage les couleurs les unes sur les autres.

Tous les rouges se font de la même manière, et tous ont un produit plus ou moins beau et plus ou moins solide. Les rouges dont je donne ici le procédé l'ont toujours emporté en beauté et en solidité sur les autres. Comme il est à propos de ne s'en servir que trois ou quatre jours après qu'ils sont faits, afin qu'ils aient déposé parfaitement et que la fermentation n'ait pas lieu, alors le clair doit être comme de la gelée de veau.

Je conviens que ces rouges sont chers, et que, dans bien des fabriques on tend à l'économie plutôt qu'à la perfection, et qu'il faut faire ensorte de contenter tout le monde.

D'un autre beau rouge fin.

Sur cent pintes d'eau ou de teinture de Brésil, à cause du coloris, mettez

Soixante-dix livres d'alun travaillé et manœuvré, ainsi que nous l'avons prescrit ci-dessus;

Quinze livres de sel de Saturne;

Deux livres d'arsenic blanc dissout dans le vinaigre;

Deux livres de vitriol de Chypre dissout dans le vinaigre;

Une livre de verd-de-gris dissout dans de l'eau chaude;

Trois livres de sel marin dissout dans l'eau,

Six livres de soude en poudre;

Deux livres de craie.

Il faut faire et composer ce rouge avec les mêmes précautions déjà indiquées ci-dessus.

Autre beau rouge.

Sur cent pintes d'eau ou teinture de Brésil, prenez et mêlez :

Cinquante livres d'alun;

Vingt livres de sel de Saturne;

Deux livres d'arsenic blanc ;
Deux livres de sel ammoniac ;
Deux livres de vitriol de Chypre ;
Quatre livres de craie.
Mêmes précautions, même manœuvre.

Autre beau rouge.

Sur cent pintes d'eau, prenez et mêlez
Cinquante livres d'alun ;
Vingt livres de sel de Saturne ;
Deux livres d'arsenic blanc ;
Quatre livres de craie.
Une livre de composition d'écarlate ;
Si l'alun paraissait vouloir se cristalliser, il faudrait mettre dans la composition plus de blanc et d'arsenic.

Dans bien des fabriques on fait les rouges dans les proportions suivantes :

Cent pintes d'eau ;
Cinquante livres d'alun ;
Vingt-cinq livres de sel de Saturne ;
Deux livres de vitriol de Chypre ;
Six livres de blanc de Meudon, ou blanc d'Espagne.

On peut essayer tous ces rouges en petit, et prendre celui qui convient le mieux.

Il ne faut pas toujours se borner à colorer les mordans rouges avec du Brésil ; on peut les colorer de même avec du bois d'Inde et encore mieux avec du bois jaune. La matière colorante, dans les mordans, disparaît toujours dans le garançage ou dans le gaudage sans influer en rien.

Lorsqu'un rouge se rapproche, ou que l'alun

semble vouloir se cristalliser en tout ou en partie, il faut se garder de l'employer. S'il arrive même que des rouges tout préparés et amidonnés viennent à déposer en alun sur les châssis de l'imprimeur, il faut faire cesser l'ouvrage; car, comme je l'ai déjà dit, cet accident seul fait couler les couleurs les unes après les autres au garançage.

Lorsqu'avant d'amidonner on s'apperçoit que l'alun se cristallise, il faut le faire chauffer, mais jamais jusqu'à l'ébullition, et le remuer jusqu'à ce qu'il soit fondu ; ensuite y ajouter la moitié de ce qu'on a déjà mis d'arsenic, après l'avoir fait dissoudre dans le vinaigre.

Alors il s'excite une fermentation qui provient de ce que les matières n'étaient pas bien neutralisées et que la décomposition ne pouvait avoir lieu ; ensuite on ajoute environ le quart de la craie qu'on a déjà employée, et on la réduit en poudre peu à peu pour prolonger la fermentation ; ensuite on laisse reposer le tout.

Comme l'art de faire des mordans pour les rouges demande une longue pratique, il ne faut pas faire son apprentissage sur une cuve de cent pintes d'eau et soixante-quinze livres d'alun ; on peut établir un calcul de toutes les drogues nécessaires, et faire des essais sur deux pintes d'eau, une livre et demie d'alun, et en établissant la même proportion pour les autres drogues ; et quand on est assuré de ne pas se tromper, on entreprend l'opération en grand et on fait son apprentissage à bon marché.

Deuxième rouge.

On fait le deuxième rouge de plusieurs manières, et l'on se règle, pour le faire, sur la manière dont il a été épaissi.

Un exemple rendra ceci sensible. Si l'on épaissit à l'amidon, il faut que le rouge soit plus faible; si l'on épaissit à la gomme, il faut qu'il soit plus fort.

Un deuxième rouge fait exprès est toujours meilleur que celui qui est fait avec du rouge fin coupé avec de l'eau, parceque l'union de l'eau s'est faite avec une plus parfaite saturation : pour lors on ne met que le tiers des drogues du premier rouge sur cent pintes d'eau.

Cependant ce deuxième rouge sera encore trop fort, s'il n'y a au dessin qu'un premier et deuxième rouge.

Ce deuxième rouge, le tiers du premier, demande, pour bien sortir, un troisième rouge; pour lors ce troisième se fait à la gomme avec le bain du deuxième rouge, qui s'épaissit à l'amidon.

Le premier rouge, épaissi à l'amidon, se concentre et se renforcit au feu en bouillant avec l'amidon.

Le deuxième rouge, qui a le tiers du premier, se concentre, ainsi que le premier, à deux tiers moins de force.

Le troisième, qui ne va point au feu, se trouve au contraire coupé avec la gomme, qui le met aux deux tiers de faiblesse au-dessous du deuxième rougi.

Quelques ouvriers diront peut-être que mon deuxième et mon troisième rouges se trouveront trop forts. Mais si l'on veut faire aux toiles des verds bon teint, il faut gauder les jaunes après le premier blanchissage et les faire encore blanchir sur la gaude, ce qui demande au moins six semaines de pré : pendant cet intervalle, les deuxième et troisième rouges auront le temps de s'adoucir au degré qui leur convient.

Il est fort désagréable pour un fabricant qui destine des toiles pour faire tout bon teint, quand ses toiles reviennent la première fois du pré, de trouver les petits rouges hors d'état d'y retourner, parcequ'ils ont trop perdu au premier blanchissage.

Cependant si les rouges sont absolument trop forts, on peut épaissir le deuxième rouge à la gomme en poudre et le troisième rouge à l'eau de gomme : pour lors on ne peut finir ces toiles qu'avec le jaune d'application, désagrément dont on se console parfois aisément, parceque l'ouvrage est plutôt fait.

Ainsi, pour un deuxième rouge sur celui de soixante-quinze livres d'alun, il faut :

Cent pintes d'eau ;
Vingt-cinq livres d'alun ;
Cinq livres de sel de Saturne ;
Douze onces d'arsenic ;
Douze onces de vitriol de Chypre ;
Six onces de verd-de-gris,
Une livre de sel marin :

Deux livres de soude;

Et une livre de craie en poudre.

Il ne faut pas croire que quoiqu'il n'y ait que vingt-cinq livres d'alun sur cent pintes d'eau, la décomposition doive se faire toute seule; point du tout: l'eau n'influe en rien sur cette opération; il faut autant d'attention pour opérer ce deuxième rouge que pour un rouge fin.

Il y a des fabriques où on fait le deuxième rouge en mettant deux pintes d'eau sur une pinte de rouge fin; mais ce deuxième rouge est sujet à couler ou à faire couler sur lui le premier rouge.

Les imprimeurs ont chacun leur marque et leur numéro particuliers, afin de pouvoir reconnaître en tout temps les hommes et les mauvaises qualités de chaque imprimeur lorsque les pièces sont finies.

Dans bien des fabriques, l'objet dont on se sert pour cette marque est un composé d'huile d'olive et de suie de cheminée: au garançage il en résulte un petit rouge d'un très-grand mérite.

Cet article donne lieu à beaucoup de réflexions au sujet de l'huile que l'on emploie dans la teinture de coton pour le rouge des Indes.

Des violets.

Il se fait des violets de bien des manières: chaque fabrique a sa méthode particulière; ceci dépend de la vivacité du ton des bleus ou

des

des brunitures que le dessinateur donne à ses violets.

La base de tous ces violets est toujours la même ; il ne s'agit que de mettre à l'un plus de bleu, à l'autre plus de rouge, à un autre plus de bruniture.

La base de tous les violets est :
Le bain de noir ;
Le vitriol de Chypre ;
Le salpêtre ;
Le sel gemme ;
Et l'alun, quelquefois même du verd-de-gris.

Voici, par exemple, un premier et deuxième violets d'une bonne qualité, épaissis à la gomme.
Seize pintes de noir ;
Six pintes d'eau ;
Huit onces de vitriol de Chypre ;
Six onces de salpêtre ;
Deux onces d'alun.
La mixtion de toutes ces drogues ne souffre aucune difficulté pour la décomposition.

Deuxième violet épaissi à la gomme.

Six pintes de noir ;
Seize pintes d'eau ;
Quatre onces de vitriol de Chypre.
Trois onces de salpêtre ;
Une once d'alun.

Autre violet.

Une pinte de bain de noir ;
Quatre pintes d'eau ;
Une once de salpêtre ;
Une demi-once de sel gemme.

On peut, en doublant le noir, faire un brun sur ce violet, épaissir le brun à l'amidon et le clair à la gomme.

On doit pour les violets, faire fondre les sels dans l'eau avant d'y mettre le noir.

Autre violet.

Une pinte de bain de noir, pour le brun ;
Une pinte d'eau ;
Une once de sel de Saturne.
Pour clair, une pinte de bain noir ;
Trois pintes d'eau ;
Une demi-once de sel de Saturne.

Ces deux violets s'épaississent à l'amidon.

Dans beaucoup de fabriques, lorsqu'un imprimeur vient demander du violet, si c'est du violet brun, on met dans la même terrine :

Une chopine de noir ;
Une chopine d'eau ;
Un petit verre à liqueur du bain du deuxième rouge :
Une demi-livre d'amidon, et l'on épaissit le tout sur le feu.

Il est à remarquer qu'on met une once de vitriol par pinte dans les noirs qui sont destinés pour les violets.

Autre violet.

Une pinte de noir ;
Trois pintes d'eau ;
Deux onces de vitriol de Chypre ;
Deux onces de salpêtre ;
Une once de sel gemme.

On peut, en calculant ces drogues, faire le violet ci-dessus plus foncé ou plus clair : pour le faire plus foncé, il ne faut qu'augmenter le noir.

Si c'est un deuxième violet, on ne met qu'un demi-septier de bain de noir, trois demi-septiers d'eau et un demi-verre du deuxième rouge : l'on épaissit à la gomme.

Rouge brun.

Une pincée de rouge fin ;
Un poisson de bain noir.

Le produit du rouge-brun avec la gaude est de faire un verd jaune.

Autre rouge plus brun.

Une pinte de rouge fin.
Un demi-septier de bain de noir.

Son produit, avec la gaude, est de faire un verd-brun.

Beau puce.

Trois demi-septiers de rouge ;
Un demi-septier de bain de noir.

Son produit, avec la gaude, est de faire une couleur merde-d'oie.

Quand on fait ces sortes de couleurs, il faut, avant de les employer, faire un échantillon pour être assuré de la force du noir, et en mettre avec le rouge plus ou moins, selon sa force.

Ces trois couleurs conviennent beaucoup pour nuancer dans les verds-feuillages.

Couleur de bois.

La couleur de bois est le produit de la gaude sur un violet garancé : bien entendu qu'il faut, sur ce violet garancé, imprimer un mordant pour y faire prendre la gaude.

Des bleus.

Le bleu pour rentrer ou pinceauter, se fait par la dissolution de l'indigo au foie de soufre à raison de seize pintes par livre d'indigo, et pour l'épaissir on y met, en le faisant, quatre livres de gomme en poudre bien tamisée : si la gomme est inférieure, il en faut mettre davantage.

Voyez le produit de l'indigo.

Du verd.

Le verd est le produit de la gaude sur le bleu. On imprime le bleu avant, on lave et on fait sécher : on imprime sur le bleu du rouge fort pour faire prendre la gaude.

Ce procédé donne un verd solide et bon teint.

Dans bien des fabriques, on gaude et on imprime le bleu après, parceque les gravures sont faites pour imprimer la couleur bleue et la couleur verte à-la-fois; mais il en résulte que leur verd n'a point toute la solidité qu'il doit avoir, parceque la violente causticité attaque le mordant de la gaude, qui, pour lors, n'a pas beaucoup plus de solidité qu'un jaune d'application.

L'on dira que l'air attaque le bleu au blanchissage de la gaude? cela est vrai; mais quand cet inconvénient a lieu, le bleu n'est qu'attaqué; on peut le rafraîchir par un pinceautage ou rentrage léger qui n'attaquera pas les mordans de la gaude.

De l'épaississage des couleurs.

Les couleurs s'épaississent avec de l'amidon et avec de la gomme.

Il n'est guères possible de fixer la quantité d'amidon qu'il faut par pinte de bain, à raison de la variété dans les qualités de l'amidon. Quelquefois il ne faut que quatre onces par pinte, d'autres fois jusqu'à une demi-livre et plus.

Il y a aussi des couleurs qui doivent être plus épaisses les unes que les autres. Il faut que les rouges n'aient que le degré d'épaississement nécessaire pour ne point couler. Les violets doivent être un peu plus épais, à cause du bain de noir qui est dedans, et qui, sans couler, peut s'étendre. Il faut que le noir soit plus épais que tous les autres, parceque cette couleur est très-dangereuse, surtout quand on imprime des indiennes à fond noir.

Dans les fabriques bien ordonnées, on fait la veille toutes les couleurs qui doivent s'employer le lendemain. Pour cet effet, on a de petites chaudières dans chacune desquelles on fait les couleurs à part.

Il y a des fabriques dans lesquelles on tire plus à l'économie qu'à la perfection du travail. Ces fabricans ne se servent ni d'amidon ni de gomme pour épaissir leurs couleurs ; ils emploient tout uniment de la folle farine, qu'ils ont à bon compte chez les meuniers. Ils mettent dans la chaudière ou dans la terrine la quantité nécessaire de farine ou d'amidon ; on verse dessus du bain peu à peu pour délayer l'amidon, et on le tourne sur le feu jusqu'à ce qu'il bouille.

Pour que l'amidon soit bien cuit, il faut observer que les couleurs soient plutôt plus épaisses que fluides, parceque, quand elles sont trop épaisses, les imprimeurs les éclaircissent eux mêmes au degré qui leur convient avec du bain de la même couleur, et quand elles sont trop claires, il faut les faire rebouillir une deuxième fois ; ce qui fait un deuxième rapprochement qui souvent ne convient plus pour la même couleur. De plus, une couleur claire coule à l'impression et produit un très-mauvais effet sur les toiles quand elles sont garancées.

Si l'on épaissit à la gomme, on prend de la

gomme en poudre à raison de quatre onces par pinte au moins, et l'on remue en battant le bain et la gomme ensemble, en mettant d'abord à-peu-près la moitié du bain que l'on veut épaissir.

Quand la gomme est unie au bain, on y met le reste et on le laisse reposer en le battant de temps en temps au moins vingt-quatre heures avant de s'en servir. On passe au tamis de crin les couleurs gommées, à cause des ordures qui se trouvent ordinairement dans la gomme ; mais il ne faut jamais habituer les imprimeurs à passer leurs couleurs amidonnées, parceque ces couleurs étant de prix, ce qui reste dans la passoire est en pure perte. La gomme, au contraire, qui se trouve souvent falsifiée ne dissout point, et fait sur les toiles un mauvais effet à l'impression.

De la fausse couleur.

On nomme fausse couleur une matière glutineuse dont on se sert pour soutenir les châssis dans les baquets.

Il faut, pour garnir un baquet, un litron de graine de lin ou deux litrons de farine de graine de lin ; on fait une bouillie que l'on épaissit à la consistance du noir, et que l'on verse toute chaude dans le baquet pour la laisser refroidir. Les imprimeurs arrangent pour lors cette fausse couleur à leur idée.

Il est de toute nécessité d'employer cette fausse couleur pour les baquets, parceque la graine de lin ne fait que très-difficilement corps avec les acides ou mordans, dans le cas où il se trouverait quelque ouverture invisible au châssis.

Dans bien des fabriques on se sert, pour faire de la fausse couleur, des raclures des terrines des imprimeurs. On met indistinctement, dans un baquet, toutes sortes de raclures et fonds de terrines, et quand un imprimeur demande de la fausse couleur, on lui en donne. Aussi parfois arrive-t-il de très-fâcheux accidens, qui ne sont connus qu'après que les toiles sont garancées, accidens que l'ineptie des maîtres fait souvent rejaillir sur les imprimeurs.

On met dans le baquet de fausse couleur un châssis de peau ou de toile cirée, et dans le châssis de toile cirée un châssis de drap, sur lequel on étend avec une brosse la couleur épaissie, que l'imprimeur ramasse avec la gravure et l'applique sur la toile.

Les tables doivent être solides et bien nivelées, les tapis entretenus dans la plus grande propreté possible, les gravures très-nettes et bien coupées.

La beauté d'une impression dépend de la belle qualité de la vive-arrête de la gravure.

Il faut que les maillets soient percés de deux trous remplis de plomb de la grosseur du doigt au moins.

Il doit y avoir un poêle dans l'imprimerie qui entretienne une bonne chaleur l'hiver comme l'été, particulièrement les jours humides.

Le feu doit être allumé au moindre besoin des imprimeurs, parcequ'ils sont responsables, dans bien des fabriques, des couleurs qu'ils composent, lorsqu'il y a de leur part défaut de soin.

Outre la chaleur de l'imprimerie, il existe dans toutes les fabriques une chambre chaude dans laquelle on va porter les toiles sécher quand elles sont imprimées.

On ne peut mettre une deuxième couleur sur une toile imprimée que la première ne soit parfaitement sèche, ainsi que des autres couleurs que l'on imprime successivement. Il faut toujours faire sécher à la chambre chaude chaque fois que l'on a fini l'impression : les fonds noirs particulièrement demandent plus d'attention qu'aucune autre couleur, parceque la rouille s'étend très-facilement.

On met aussi dans la fausse couleur des châssis à la graisse au lieu de châssis de peau ou de toile cirée. Un châssis à la graisse n'est autre chose que du suif, dont on garnit le châssis qui trempe dans la fausse couleur.

Cette espèce de châssis est très-estimée des imprimeurs, surtout quand ils impriment en planches mates ou en couleur de fond.

La sécheresse fait souvent tomber les gravures ou les rentrures, ce qui les met hors d'état de pouvoir s'en servir : pour lors on les pose à plat dans un endroit et on les couvre aussi d'un linge humide, ou bien on les fait chauffer sur des cendres chaudes, et on les fait fumer en jetant de l'eau dessus, pourvu toutefois que les gravures ou planches soient d'une seule pièce; mais si elles sont collées, il faut en venir au premier expédient: quand au contraire c'est l'humidité qui les a fait bomber, on les suspend en l'air avec des ficelles.

Pour éviter cet inconvénient, qui est toujours fort désagréable, il faut que le menuisier de la fabrique, toutes les fois qu'il reçoit des planches de poirier pour en faire des gravures, il faut, dis-je, qu'il les expose à l'ardeur du soleil au bord de la rivière, et que pendant deux mois il ait le soin de faire jeter dessus de l'eau chaque fois qu'elles sèchent.

Lorsqu'un imprimeur quitte une gravure pour en prendre une autre, il doit avoir le plus grand soin de la laver, afin que la couleur ne sèche point dessus.

Quand il arrive qu'une planche ou gravure est encrassée, on la nétoie avec une eau légère d'huile de vitriol; il faut ensuite la laver à l'eau claire.

Du garançage.

Les indiennes de couleur, dont le fond est noir, exigent deux garançages. Le deuxième porte le nom de *repiquage*, mais il faut toujours autant de garance qu'au premier.

Les fonds noirs sont presque toujours imprimés deux fois l'un sur l'autre; ensuite on imprime le premier rouge.

Quand il y a trois rouges, on imprime à la suite du premier le second rouge; mais quand il n'y a que deux rouges en tout, on n'imprime ce deuxième rouge qu'après le premier garançage.

Pour le fond noir, il faut trois livres de garance par pièce, c'est-à-dire, une livre et demie au *repiquage*.

La pièce d'indienne au garançage est de dix aunes au plus.

Si on a une indienne fond noir, deux rouges et deux violets, on imprime le plus foncé des violets avec le premier rouge pour le premier garançage, et l'on garde à imprimer le petit violet et le petit rouge pour le *repiquage*. Pour lors la planche ou la gravure qui doit imprimer les petits violets à leur place sur les blancs, doit aussi mater ou rentrer sur tout ce qui est noir ; par là, le petit violet maté sur le noir, rafraîchit le mordant du noir pour le *repiquage*. Mais si l'on n'a point de petit violet, il faut mater ou rentrer les noirs avec le petit violet-rouge, à moins que la dernière façon de l'indienne ne soit un jaune d'application par le produit simple du violet sans être garancé. Pour lors, si le fond de noir a besoin de nourriture, on peut mater avec le violet : alors l'objet qu'on se propose sera rempli sans garancer.

Dans une fabrique d'indiennes, on doit avoir trois chaudières de cuivre, une pour garancer, une pour passer en bouze, et la troisième pour bouillir en son. Il faut aussi que ces chaudières soient montées avec une grille au fourneau, de manière que la flamme vienne se diviser en deux au-dessus de la porte du fourneau et s'échapper par deux conduits autour de la chaudière pour entrer dans la cheminée. Les conduits sont fermés par la maçonnerie de la chaudière, d'où il résulte que la cheminée ne reçoit que la fumée et non la flamme.

Cette manière de monter les chaudières épargne la moitié du bois, et économise la moitié du temps des ouvriers en contribuant beaucoup à la perfection du travail.

Un garançage doit être fait en deux heures au plus tard, et une chaudière montée, autrement que nous ne l'indiquons, a besoin de deux heures pour bouillir.

Une chaudière doit avoir un robinet au bs pour la vider commodément et un moulinet.

Pour préparer les toiles imprimées au garançage, il faut d'abord les passer en bouze. On délaye à cet effet de la bouze de vache dans de l'eau chaude. Il faut que l'eau en soit un peu chargée et bien verte. On passe sur la chaudière à la bouze les pièces de toile avec le moulinet une demi-heure au plus.

Il ne faut point mouiller les toiles avant de les passer en bouze, et avoir soin que le bain de bouze ne soit pas trop chaud, ce qui cuirait l'amidon.

De la chaudière à la bouze on porte les toiles à la rivière, on les attache par un bout en faisant un nœud avec les deux coins en-dessous et en-dessus de la planche du lavoir dont l'eau passe d'un pouce ou deux par dessus, et on les laisse dans l'eau courante déployées dans toute leur longueur.

S'il y a des impressions à la gomme, il faut

les laisser tremper au moins une heure ; ensuite on les retire en paquet et on les range sur le pont du lavoir. Il faut les battre à grands coups de fléaux en jetant de l'eau dessus avec une ou deux écopes, jusqu'à ce que l'on soit assuré qu'il ne reste plus ni gomme ni amidon.

Quand les toiles sont bien rincées soit au moulinet ou à la main, on les dispose pour la chaudière à garancer.

Un moulin à foulon conviendrait mieux pour cette opération.

La chaudière à garancer doit être propre et chargée d'eau froide quand les toiles reviennent du lavoir, la garance toute écrasée doit être prête à mettre dedans. On allume le feu sous la chaudière, on y met la garance, on attache les pièces de toile au bout l'une de l'autre, en les nouant par les deux coins de chaque bout ; on met tous les *endroits* du même côté, et on les roule en les mettant au large sur le moulinet.

L'eau de la chaudière doit être alors un peu plus que tiède. On rable la chaudière, afin que la garance n'y soit pas amoncelée, et l'on abat les toiles dessus. Un manœuvre fait tourner le moulinet, et deux hommes, chacun une barre à la main, font plonger les toiles dans le bain ; on les tourne et retourne ainsi jusqu'à la fin du garançage.

On fait chauffer la chaudière ni plus ni moins qu'il ne faut pour qu'elle bouille au bout d'une heure et demie ou sept quarts-d'heure au plus, et toujours en faisant tourner les toiles.

Lorsque la chaudière bout, l'ouvrage est censé terminé; néanmoins on donne encore deux tours de moulinet aux toiles, ce qui demande un quart-d'heure.

On lève toutes les toiles sur le tour, et de là on les porte à la rivière : on les arrête aux pieux qui sont plantés à cet effet le long de la rivière; ensuite il faut laver, battre et rincer.

Si ce garançage est pour repiquer, on le fait sécher, cylindrer et imprimer.

Il ne faut jamais oublier, quand l'on garance des indiennes colorées à fond noir, de mettre avec la garance, dans la chaudière, au moins une once de noix de galle en poudre par pièce, de même que, pour les indiennes de deuil, blanc et noir, il faut au moins deux onces de noix de galle par pièce, et après le garançage, un bon bain de bois d'Inde : on peut même, avec le bois d'Inde, épargner la garance; ceci est l'affaire du maître.

C'est après le garançage que l'on peut juger de la bonne ou de la mauvaise qualité des impressions et du talent des imprimeurs. C'est alors que l'on voit sur la toile tous les défauts; si les raccords sont bien, si les coups de planche ne paraissent point, s'il n'y a pas des endroits plus fournis en mordant les uns que les autres.

Quand l'indienne est fond blanc, elle est censée finie au premier garançage, sauf le gaudage, s'il y a des jaunes et des verds;

mais, pour gauder une indienne, il faut avant qu'elle soit blanchie.

Dans les fabriques où l'on ne se sert point d'acide muriatique oxigéné, on met l'indienne sur le pré jusqu'à ce qu'elle soit blanche; ce qui demande bien du temps quand on veut faire des jaunes et des verds bon teint, parcequ'il faut que les indiennes souffrent deux blanchissages sur le pré, celui du garançage et du gaudage.

L'acide muriatique oxigéné n'est pas un objet assez dispendieux pour se priver de son usage, surtout lorsqu'on le fabrique soi-même.

Il est d'autant plus intéressant de l'employer en indiennes, que c'est la difficulté du blanchissage qui fait que bien des fabricans ne donnent à leurs indiennes que des jaunes et des verds d'application.

Pour blanchir promptement une indienne, lorsqu'elle est garancée, bien lavée et nétoyée de toutes les parties grossières de la garance, on la fait bouillir dans de l'eau de son, tout au plus un quart-d'heure, ensuite on la rince.

On a un cuvier propre sur lequel est adapté un tour et à moitié rempli d'eau froide. On met de l'acide muriatique oxigéné dans cette eau avec prudence, on passe les toiles dessus jusqu'à ce qu'elles soient à-peu-près aux trois quarts du blanc qu'on desire; ensuite on les rince et on les passe sur un bain de savon noir froid, que l'on a préparé d'avance.

Au sortir du bain de savon noir, on met les indiennes sur le pré sans les rincer : il faut que le temps soit beau pour que le savon sèche promptement sur les toiles.

Quand le savon est une fois séché, on mouille les toiles sur le pré; et quand elles ont perdu l'odeur du savon noir, elles sont blanches, ce qui arrive au bout de trois ou quatre jours.

Avant de gauder, il faut imprimer ou rentrer en bleu tout ce qui est pour verd. Pour cet effet, on a un baquet quarré rempli aux trois quarts de bain d'indigo dissout au foie de soufre et gomme; comme nous l'avons déjà dit: on met par-dessus un châssis de canevas, quelquefois même deux, que les imprimeurs arrangent à leur gré.

Quand ils ont rentré une tablée il faut, avant de la sabler, voir s'il n'y a pas des endroits que la planche n'a pas imprimés en leur donnant le bleu nécessaire : dans ce cas on en remet avec le pinceau ; on jette ensuite du sable sur le bleu pour l'empêcher de couler.

Quand la pièce est rentrée au bleu, on la fait sécher, et pour la laver, il faut avant la mettre tremper au courant de la rivière l'espace de deux heures, pour que la gomme soit bien détrempée; ensuite il faut la rincer à la main, si toutefois il se trouve parmi les manœuvres un rinceur à la main.

Si on rince les toiles au moulinet, il ne faut point les abandonner que l'on ne soit assuré qu'il ne reste aucune gomme sur la toile.

On les fait sécher et cylindrer pour les imprimer avec du rouge fin ou du petit rouge,
suivant

suivant la hauteur du jaune qu'on veut leur donner.

On imprime sur des violets garancés pour faire, avec la gaude, des couleurs de bois.

On imprime sur des rouges et petits rouges garancés pour faire, avec la gaude, des couleurs orange, comme l'on imprime sur des bleus pour faire avec la gaude des verds, et sur les blancs des jaunes.

Du fond verd.

Pour les fonds verds, il faut réserver toutes les fleurs avec une réserve qui part au lavoir et non à la chaudière de plomb, comme celle de bleu et blanc.

Voici la réserve qu'il faut employer pour cet effet :

Une livre de terre de pipe pilée et tamisée;
Un quart de gomme arabique fondue à part;
Deux onces de suif;
Une once de cire;
Une once de résine.

On fait cuire toutes ces drogues avec l'eau nécessaire pour en faire une bouillie qui ne coule point sur la toile.

Cette réserve ne peut s'employer qu'au pinceau ou à la planche bien mate.

Quand les toiles sont réservées, on les passe en cuve selon la méthode ordinaire, mais sur une cuve forte et fraîche, pour que les toiles ne soient pas long-temps à prendre le bleu qui leur est nécessaire; ensuite on les lave, on les fait sécher et cylindrer pour les imprimer en planche mate sur le fond bleu avec le rouge fin ou du petit rouge, pour, avec la gaude, faire des verds. La chaleur du bain de gaude et la manœuvre du lavoir achève de faire disparaître toute la réserve, qui souvent de la manière dont elle est appliquée, ne devient point inutile et conserve aussi la gaude.

Les passes en gaude ne sont que de huit pièces, à cause de la promptitude avec laquelle elles doivent être manœuvrées sur le bain de gaude lorsqu'il est cuit.

On fait cuire, dans la chaudière à garance, quarante livres de gaude de la meilleure qualité, et on la fait bouillir deux heures.

On m'a souvent fait mille objections sur ces deux heures de bain, sous prétexte que la gaude graisse lorsqu'elle a bouilli deux heures. Je suis d'accord sur ce point; mais ce qu'il y a de constant, c'est qu'une gaude qui n'a pas bouilli deux heures, perd sur le pré la moitié de son produit avant qu'elle soit blanche, et que celle qui a bouilli deux heures, ne perd presque rien.

Quand la gaude a bouilli deux heures, on la retire et on passe dessus les huit pièces qui ont été préalablement bien préparées et bien lavées à la rivière. Il faut les manœuvrer avec le tour très-rapidement l'espace d'une demi-heure au plus, parceque la gaude fait son effet très-promptement et le perd de même; ensuite il faut les rincer et les faire blanchir sur le pré.

Quand les toiles ont été bien blanchies la première fois, en douze jours au plus elles seront d'un très-beau blanc. Si on les passe sur une eau légère d'acide marin, il faut toujours les finir sur le savon.

Quand les indiennes sont blanches de dessus la gaude, on les rince, on les fait sécher et cylindrer si on le juge à propos : de là elles vont aux pinceauteuses, qui réparent au pinceau les défauts; et font, avec le bleu d'indigo et le jaune d'application, plusieurs verds et plusieurs jaunes.

L'on pinceaute aussi des rouges et des petits rouges avec le bleu pour faire des violets pourprés; l'on pinceaute aussi, avec du jaune d'application des rouges pour les orangés.

En sortant des mains des pinceauteuses, si les toiles sont encore assez propres, elles vont à l'imprimerie pour y recevoir les couleurs chamois soit en fond ou rayure, feuille ou fleur.

Les chamois se font ordinairement avec du petit violet, dans lequel on ne met aucun sel, mais seulement le produit de la rouille.

Nous reviendrons sur cet objet à l'article du petit teint.

Quand on imprime des chamois, plus l'on est long-temps à laver, plus la couleur monte : on ne les lave ordinairement qu'après trois ou quatre jours; mais si on veut les tendre, il faut les laver aussitôt qu'ils sont secs. Quand ils sont lavés de la manière déjà décrite, on les fait sécher, on les glace avec une lisse qu'il est inutile de décrire, parceque tout le monde connait cet instrument : ensuite on les cylindre et on les porte au magasin pour les envoyer dans le commerce.

Des bleus en réserve.

On entend, par bleus en réserve, les indiennes fond bleu et fleurs blanches.

On passe les toiles en cuve d'Inde à froid, montée ainsi que nous l'avons décrite à l'article du produit de l'indigo. Avant que de les passer en cuve, on les apprête, on les décrasse, ensuite on les imprime avec une réserve faite de la manière suivante :

Pour une livre de terre de pipe bien pilée et tamisée, une pinte de vinaigre, dans laquelle on fait fondre sur le feu :

Six onces de vitriol de Chypre ;
Deux onces d'alun ;
Deux onces de verd-de-gris ;
Quatre onces de gomme arabique.

On fait, avec la terre de pipe en poudre, une bouillie fort épaisse avec de l'eau, dans laquelle on fait fondre deux onces de suif ; l'on remue bien sur le feu la terre de pipe, jusqu'à ce qu'elle se soit emparée du suif.

Cette bouillie très-épaisse s'éclaircit par le vinaigre préparé avec les sels ci-dessus.

Le châssis dont on se sert pour étendre la réserve est ordinairement de peau.

L'imprimeur ne doit pas se servir de maillet pour imprimer, mais seulement frapper avec le poing et même légérement.

Il se fait aussi des réserves jaunes. Pour cet effet, on prend une ou deux pintes de bain de noir dans lequel on fait fondre une livre de couperose. Si le bain de noir est fort, on n'en met qu'une demi-livre et une demi-livre de gomme, et on lui donne du corps avec une demi-livre de terre grasse jaune en poudre que l'on trouve chez les brasseurs.

Quand l'on passe en cuve, si l'on mène à la main, il faut remuer souvent et faire prendre l'air en tendant et retournant, pour éviter que les toiles se tachent.

Pour que le bleu soit solide, il faut donner un bon évent, c'est-à-dire, laisser les toiles hors de la cuve jusqu'à ce qu'elles soient déverdies, et les faire déverdir une seconde fois dans la cuve.

Quand elles sont teintes, on les lave à la rivière, on les passe sur la chaudière de plomb pour les blanchir et enlever la réserve ; ensuite on les rince et on les fait sécher.

Dans les fabriques où l'on fait des bleus en grand, on a des cuves quarrées en bois de chêne et bien cerclées ; néanmoins il arrive souvent que ces cuves perdent, et quand une cuve perd, c'est toujours le meilleur qui s'en va.

J'ai connu une fabrique dans laquelle il n'y avait que deux cuves, mais qui étaient garnies de plomb laminé ; elles ne fuyaient point, et l'on était assuré de faire autant d'ouvrage avec ces deux cuves qu'avec quatre des autres.

J'ai été dans une autre fabrique dont les douelles des cuves étaient faites à rainure, languetées, calfeutrées et garnies de goudron en-dehors ; elles ne perdaient point ou perdaient très-peu de chose.

Enfin je connais une troisième fabrique dans laquelle on a enterré les cuves dans un lit de terre glaise de neuf pouces d'épaisseur, bien frappée entre la terre et les douelles : on voulait me persuader que ces cuves ne perdaient point ; mais j'en doute avec raison, car le caustique du bain d'une cuve à froid se fait jour à travers tous les pores où il peut pénétrer, même à travers la terre glaise.

Pour passer en cuve, on dispose les toiles sur des cadres garnis de petits clous à crochets ; on accroche les toiles par les lisières, en commençant par un bout et finissant par l'autre.

Les barres du haut du cadre sont dans des coulisses, pour s'élever et descendre à volonté suivant la largeur de la toile, et les barres où sont les clous à crochet s'arrêtent avec une cheville à l'endroit que l'on desire.

Il faut qu'il y ait une forte barre qui traverse les cuves dans leur partie supérieure : à cette barre est attachée une poulie d'une cuve à l'autre, et à cette poulie est accrochée une seconde poulie à laquelle répond la corde qui tient au cadre, pour le lever et l'abaisser à volonté dans la cuve ; et, pour changer le cadre de cuve, on fait rouler la poulie sur la barre avec une perche, au bout de laquelle est un crochet de fer.

Les clous à crochet de fer sont meilleurs que les crochets de cuivre : ils tachent quelquefois les deux ou trois premières pièces ; mais une fois qu'ils ont pris l'indigo, ils ne se tachent plus.

Du bleu de faïence dit bleu anglais.

En Angleterre et dans les grandes fabriques où l'on s'applique à la perfection du bleu anglais, telles que les fabriques de Jouy, Bercy et autres, on les fait de la manière suivante.

D'abord on broye l'indigo, qui doit être toujours de la plus belle qualité, avec parties égales de couperose d'une qualité supérieure.

Je préviens même qu'il faut une livre et demie de couperose par livre d'indigo, et cela pour raisons que je développerai lorsqu'il en sera temps.

L'indigo et la couperose doivent être bien broyés, soit au moulin ou sur un marbre, jusqu'à ce que le tout soit réduit en huile et ressemble à une espèce de gelée.

L'union de la couperose avec l'indigo suffit pour redonner du corps ou de la ténacité à l'indigo lorsqu'il est imprimé, sans quoi il coulerait en le passant en cuve; au lieu que, fixé par la ténacité de la couperose, qui ne s'altère qu'à l'huile de vitriol, on n'est exposé à aucun danger de ce que l'on appelle *coulage*.

Pour faire le bleu foncé, on prépare de l'eau de gomme qui ne soit ni trop claire ni trop épaisse : on n'a pas besoin, pour faire cette eau, de réduire la gomme en poudre, mais seulement de la concasser pour éviter les grumelots que la gomme en poudre fait ordinairement.

L'union de l'eau de gomme avec l'indigo broyé à la couperose se fait aussi très-difficilement.

Il faut, pour bien opérer cette union, la passer deux fois au tamis de crin, en la remuant avec la spatule; et l'on met, pour les bleus foncés, parties égales d'eau de gomme et d'indigo broyé à la couperose, et, pour le deuxième bleu, on met cinq parties d'eau de gomme et une partie d'indigo broyé à la couperose.

Les ouvriers qui préparent les couleurs dans les fabriques d'indiennes, savent qu'il ne faut point que les couleurs préparées à la gomme filent en les remuant avec la spatule, ce qui boucherait les gravures, qui, pour cet objet, sont toujours très-délicates et remplies de picottage.

Quand les couleurs sont ainsi préparées, on imprime le bleu foncé le premier, et l'on attend au lendemain pour imprimer le deuxième bleu.

Il faut, pour imprimer le deuxième bleu, que le premier bleu soit bien sec.

Les toiles ainsi imprimées, il faut les laisser reposer de leur premier et deuxième bleus cinq jours sur leur impression, pour la perfection de l'ouvrage. Pendant ce temps la couperose et l'indigo pénètrent la toile, de manière que l'impression paraît au travers sous la forme de couleur de rouille, produite par l'union de la couperose et de l'indigo ; et voilà la raison pour laquelle j'ai dit qu'il faut, au broyage de l'indigo, une livre et demie de couperose, parceque, de même qu'on voit la couperose fixer l'indigo, l'empêcher de couler et de s'écarter de son impression pendant tout le temps qu'on les passe en cuve, c'est aussi cette même raison qui donne au bleu anglais cette solidité qui le rend si difficile au débouilli de l'acide muriatique oxigéné, avec lequel les couleurs métalliques n'ont aucun effet rétroactif.

Pour un simple équipage de bleu anglais il faut quatre cuves, pour le double d'ouvrage il en faut six, et pour faire trois fois autant d'ouvrage qu'avec quatre, il en faut huit, parceque la cuve dite de potasse et celle à l'huile de vitriol sont suffisantes pour les six autres cuves ; ce qui fait trois paires, et par-conséquent trois ateliers, parcequ'il ne faut pour ainsi dire que deux cuves pour faire le bleu anglais, non compris la cuve à l'huile de vitriol.

Dans la première cuve on met à raison d'une once de chaux par pinte d'eau, et il n'y a pas d'inconvénient d'en mettre un peu plus dans la seconde cuve : on y met deux onces de couperose par pinte d'eau, quelquefois même un peu plus.

Il faut observer que la cuve à la couperose ne soit jamais noire, mais d'un beau verd.

Quand, après avoir travaillé quelque temps, elle perd naturellement son verd-jaune, si cette cuve est bien entretenue, elle devient d'un beau verd-canard. L'entretien de cette cuve consiste seulement à y ajouter à temps de la couperose, et à bien faire attention qu'elle ne présente point d'eau claire à sa surface.

Lorsqu'on travaille beaucoup sur les cuves, il faut entretenir au fond de la cuve à la couperose quelques poignées de couperose en cristaux pour servir de pied à la cuve. J'ai reconnu que le bain ne dissout pas plus de couperose qu'il ne peut.

Cette cuve, bien entretenue dure toujours ; il n'y a que le mélange par le travail qui puisse déposer par la suite une boue de chaux dans le fond : pour lors on peut retirer à part le clair et jeter le marc du fond.

Pour la troisième cuve, dite *cuve à la potasse*, on y met deux onces de chaux par pinte d'eau, et quelquefois un peu plus, ce que l'on peut juger par la qualité de la chaux. Autrefois on ajoutait à cette cuve quelques seaux de lessive de potasse, et voilà pourquoi cette cuve a conservé le nom de *cuve à la potasse*. Aujourd'hui on n'y met plus de potasse, mais purement et simplement deux onces de chaux par pinte d'eau.

Il y a des ateliers où l'on ajoute à cette cuve à raison de deux gros de sel marin par pinte, et les ouvriers habitués à ce procédé, le justifient en disant que cela fait pousser la cuve à la chaux.

J'ai fait moi-même usage de ce procédé, mais je ne vois pas en quoi les principes constituans du sel marin peuvent adhérer en quelque manière à la parfaite dissolution de l'indigo. Ce qu'il y a de certain, c'est que cette cuve donne son même produit sans sel marin comme avec le sel marin.

Il m'est arrivé de mettre dans cette cuve à raison de quatre gros de bonne soude en poudre par pinte d'eau, et ma théorie, à cet égard, n'est pas difficile à saisir; c'était pour la faire adhérer en quelque chose à la causticité : aussi j'ai trouvé que les bleus étaient bien mieux saturés qu'avec le sel marin.

On a soin de préparer ces trois cuves trois ou quatre jours avant de s'en servir, de les pallier deux fois par jour, afin que la chaux soit bien teinte et la couperose bien fondue.

La quatrième cuve, qui est celle à l'huile de vitriol, ne se prépare que le jour même que l'on doit s'en servir, parceque cette cuve a l'impropriété d'attirer à elle toute l'humidité de l'atmosphère et de se remplir d'elle-même, par-conséquent de s'affaiblir; c'est pourquoi il convient, lorsque l'on monte cette cuve, qu'il n'y ait que le bain qui lui est nécessaire pour baigner le cadre ou le châssis.

On met dans cette cuve la soixantième partie d'huile de vitriol. Une pinte d'eau pèse plus d'une livre et demie, une pinte d'huile de vitriol pèse trois livres; parconséquent sur soixante pintes d'eau une pinte d'huile de vitriol, et sur vingt pintes une livre d'huile de vitriol.

Il faut bien pallier cette cuve la première fois avant de s'en servir ; il faut aussi que la chaudière de plomb, dont l'on ne peut se passer pour la perfection de ce travail, soit garnie au même degré que la cuve à l'huile de vitriol.

Les cuves ainsi préparées, les toiles imprimées et bien encadrées, on passe en cuve de la manière suivante:

On met d'abord dans la première cuve de chaux cinq minutes au plus, on lève et on laisse égoutter trois ou quatre minutes; on passe dans la cuve à la couperose, on laisse le cadre trente minutes, on lève et on laisse égoutter deux minutes; on le repasse dans la cuve à la chaux pour la deuxième fois, et on le laisse dedans vingt minutes au plus; on le lève et on le fait égoutter deux minutes; ensuite on le repasse pour la deuxième fois dans la cuve à la couperose, et on le laisse trente minutes, on lève et on le laisse égoutter deux minutes; on le repasse pour la troisième fois dans la cuve à la chaux et on le laisse vingt minutes, on le lève, on laisse égoutter deux minutes; on le repasse pour la troisième fois dans la cuve à la couperose et on le laisse trente minutes, on lève, on fait égoutter deux minutes.

Après que les toiles ont passé ainsi trois fois dans chacune des deux premières cuves, on les passe dans la cuve dite à la potasse, dans laquelle on les laisse une heure; on les lève, on les laisse égoutter deux ou trois minutes, même quatre si on le juge à propos, et on les passe dans la cuve à l'huile de vitriol pendant quinze minutes, ou plutôt jusqu'à ce que la toile soit blanche; ensuite on les lève, on les laisse égoutter le moins que l'on peut, et l'on passe le cadre à la rivière; ou si on les décadre avant de les jeter à la rivière, il faut le faire très-rapidement et ne point frotter les toiles en les lavant, mais les bien battre et les bien rincer jusqu'à ce qu'elles ne rendent plus de bleu.

Quand les toiles sont bien rincées, on les passe sur la chaudière de plomb un peu tiède, afin d'enlever les taches de rouille qui peuvent être restées sur les toiles et pour les blanchir; ensuite on les rince bien à la rivière.

Pour avoir un blanc parfait, il est bon de mettre ces toiles pendant deux nuits sur le pré,

Cinq minutes avant de passer en cuve, il faut pallier les cuves; et lorsque l'on met en cuve pour la première fois, la cuve à la chaux doit représenter un petit-lait. Comme on n'a à craindre le coulage que dans ce premier passage de la première cuve, il faut que le bain soit un peu garni des parties légères de la chaux, lesquelles s'emparent des parties de l'indigo susceptibles de couler sur la toile. Il est à propos même quelquefois, suivant la disposition des cuves, de les remuer un peu à chaque passage d'une cuve à l'autre; il est aussi quelquefois nécessaire de remuer les cadres de temps en temps dans les cuves, et de ne point les y laisser dormir pendant leur séjour.

Lorsque l'on n'est point assuré de la disposition des cuves, il faut attacher au cadre un petit échantillon que l'on essaie avant de passer à l'huile de vitriol; si la toile est manquée, il n'y a plus de remède que dans le débouilli. Si l'échantillon ne rapporte point le bleu qu'il doit avoir, on juge de ce qu'il reste à faire, c'est-à-dire, s'il convient de leur laisser quelque temps de plus dans la cuve dite de potasse, ou de lui faire faire un passage de plus dans la cuve à la couperose.

Dans le temps que l'on passe en cuve, la toile se colore d'un verd sale, et à la fin de l'opération, elle devient d'un verd très-noir et très-chargé, preuve certaine que l'opération a été bien faite. La cuve à l'huile de vitriol un peu ferme en acide, fait tout disparaître et rend à la toile sa blancheur naturelle.

Quand on a passé sur les deux premières cuves cinquante ou soixante pièces, quelquefois plus, il arrive parfois que la cuve à la chaux s'est chargée par la multiplicité des passages des parties de la couperose, ce qui fait que la cuve jaunit la toile, accident dont on s'apperçoit aisément au premier passage des cinq minutes, lorsque l'on met dans la cuve les toiles en blanc. Malgré que ceci n'influe en rien à la parfaite dissolution de l'indigo, il faut néanmoins se défaire de cette cuve, parcequ'elle rend la toile beaucoup plus difficile à blanchir.

Cette cuve de chaux doit aussi être alimentée tous les jours, afin d'entretenir son eau dans le même degré de force.

Le bleu anglais est l'objet des desirs de presque tous les fabricans d'indiennes, qui n'osent entreprendre cette branche de commerce à raison de l'incertitude du succès, de l'appareil des dépenses nécessaires pour cet établissement, ce qui s'oppose toujours à l'exécution de leurs projets et à leur bonne volonté.

C'est pour seconder leurs vues que je vais dissiper leurs craintes, en joignant au procédé le tableau des dépenses qu'on a à faire pour se procurer les matières premières.

D'abord, pour commencer, il ne faut que quatre grands tonneaux à l'eau-de-vie ou à l'huile ; il faut avoir soin d'attacher les plus grands ; leur diamètre doit avoir au moins trente-trois pouces. Ces espèces de tonneaux coûtent ordinairement douze à quinze francs la pièce. Il faut trois châssis pour monter les pièces dessus et les passer en cuve : ces châssis sont composés de deux roues de trente pouces de diamètre, ayant chacune huit rayons bien fixés dans leur moyeu, percé d'un trou quarré de deux pouces et demi. Ces roues sont enfilées dans une pièce de bois de la hauteur de la cuve, aussi quarrée de deux pouces et demi, de manière que les roues se rapprochent et se reculent à volonté suivant la largeur de la toile, et se fixent à leur distance par le moyen d'une cheville dans des trous percés à la pièce de bois qui les soutient. A chaque rayon des roues sont placées douze grosses épingles à douze ou quatorze lignes l'une de l'autre ; ces épingles ne sont point ployées en crochet, mais seulement recourbées, pour que la toile puisse tenir accrochée par les deux lisières, en commençant par accrocher la toile aux deux moyeux et tournant les roues jusqu'à la fin des épingles ; on peut facilement placer sur cette mécanique vingt aunes de toile.

Je dis qu'il faut trois paires de ces rouages, parceque lorsqu'on est prêt de sortir de la cuve à la couperose pour entrer dans celle dite à la potasse, on peut en commencer une autre sur la cuve dite à la chaux ; ce qui fait deux paires de roues sur les cuves, et il en reste une troisième paire pour préparer les toiles dessus : par ce moyen, en commençant de bonne heure, l'on peut dans une journée faire avec quatre cuves au moins cent vingt aunes de toile.

Les fabricans qui ont une chaudière de plomb n'ont point cette dépense à faire, mais ceux qui n'en ont point peuvent s'en procurer à bon marché de la manière suivante :

Une chaudière de plomb contenant dix seaux d'eau est suffisamment grande pour l'atelier des bleus anglais les plus compliqués. On fait faire par un plombier un baquet de plomb quarré et de cinq pièces, une pour le fond et une pièce à chaque côté du quarré, en observant de le faire faire plus large en haut qu'en bas. Ce baquet pesera deux cent cinquante livres au plus. On le monte sur un fourneau en maçonnerie, dont on couvre le foyer d'une planche de fer battu soutenue par deux fortes barres de fer ; on pose à plat le baquet de plomb sur la planche de fer battu et non de fonte, parcequ'elle casserait au feu ; on fait ensuite continuer la maçonnerie jusqu'au haut de la chaudière, de manière que le feu ni la flamme ne touchent jamais le plomb ni la soudure.

Une chaudière de plomb aussi bien montée avec son fourneau et ses accessoires, ne revient pas à plus de deux cents francs.

On imprime ordinairement une couleur de nankin sur les toiles ou basin bleu anglais, et ce nankin ou couleur chamois donne beaucoup de mérite et de relief à la marchandise.

Le

Le meilleur procédé dont on peut se servir pour l'accompagnement des bleus anglais est celui-ci.

On fait rougir de la couperose dans une cuiller de fer ou dans un creuset ; on dépose cette couperose rougie dans un endroit humide, et deux ou trois jours après elle tombe en *deliquium* sous forme de brique bien rouge. On prend ce rouge, que l'on unit avec du bain de noir ou du vinaigre à la rouille, en le broyant dans un mortier avec un pilon de fer jusqu'à ce qu'il soit bien divisé, et l'on se sert de cette matière pour colorer de l'eau de gomme au degré de force que l'on juge à propos et avec laquelle on imprime.

C'est avec ce même procédé que l'on teint les couleurs dites *vrai nankin anglais*. La beauté et le plein de cette couleur la feront triompher long-temps de l'inconstance de la mode, et lui mériteront la préférence sur bien d'autres couleurs.

Du débouilli.

On a été long-temps embarrassé, dans presque toutes les fabriques d'indiennes, pour le débouilli manqué, puisqu'on n'avait que la chaudière de plomb pour enlever les couleurs métalliques, et le pré pour détruire les couleurs végétales ; de manière qu'une toile qui avait subi toutes les manœuvres de la fabrique d'indiennes et du débouilli, était totalement détériorée et hors d'état de faire le moindre usage.

Depuis la découverte des propriétés de l'acide muriatique oxigéné, on n'est plus embarrassé, mais on est toujours obligé, pour enlever les couleurs métalliques, d'en venir à la chaudière de plomb, dont les principes ne peuvent qu'altérer la qualité des toiles.

Voici un moyen plus sûr et plus prompt.

On met dans une chaudière de cuivre l'eau nécessaire pour manœuvrer les toiles que l'on a à débouillir; on met avec les toiles une demi-livre de tartre gris en poudre par pièce de dix aunes; on pousse le feu sous la chaudière, et avant qu'elle ne bouille, toutes les couleurs métalliques sont disparues, quelque tenaces qu'elles puissent être.

Cependant, comme le tartre est un sel végétal qui ne peut être nuisible aux toiles, on fait bouillir la chaudière une heure, tant pour attaquer le mordant des couleurs de garance que pour retirer de la toile toutes les matières hétérogènes produites par sa fabrication en indienne.

Quand les toiles ont bouilli une heure, on les lève hors de la chaudière, on les lave et on les bat bien à la rivière; ensuite on leur donne une eau légérement imprégnée d'acide muriatique oxigéné, dans laquelle on les voit venir blanches à vue d'œil : au sortir de cette cuve on les lave et on peut les employer sur-le-champ.

Si, au lieu de tartre gris, on emploie la crême de tartre, le blanc est encore plus beau; mais il y a cette différence, c'est que la crême de tartre coûte plus cher que le tartre gris.

Du procédé des fabricans d'indiennes petit teint.

Les couleurs chamois sont fort employées par les fabricans d'indiennes petit teint.

Les fabricans d'indiennes bon teint n'emploient ordinairement que du violet plus ou moins foncé, même du bain de noir, suivant les occasions.

Une indienne imprimée pour deux violets ou pour violet et noir, lorsqu'elle est lavée, prête à garancer, présente deux couleurs chamois ou deux rouilles qui, parfois, sont très-à la mode dans le commerce.

Pour faire une couleur chamois, on fait fondre dans une pinte d'eau une livre de couperose, et on y met une pinte de bain noir pour le rendre plus foncé; on met une livre de couperose dans une pinte de bain noir, et, si l'on veut, quatre onces de sel de Saturne.

Pour faire un chamois jaune, on fait fondre une livre de couperose dans deux pintes d'eau avec quatre onces de sel de Saturne, et on le laisse reposer huit jours sans s'en servir : plus ce bain vieillit, et plus il devient fort.

Si l'on veut un chamois vif et rouge, on fait rougir sur une pelle de tôle très-forte, de la couperose sur un feu de charbon bien ardent. Une livre n'en produit pas quatre onces : on dépose la pelle avec la couperose qui s'est fixée dessus, dans un endroit humide, et la couperose commence à couler le lendemain sous la forme d'une matière huileuse et rouge; on se sert de cette matière au besoin.

Tous ces chamois s'épaississent, les bruns à l'amidon, et les clairs à la gomme : tous ces chamois sont bon teint à toute épreuve.

Il se fait encore des chamois avec des clous que l'on fait rouiller dans l'acide nitreux : on mêle cet acide avec de la couperose, mais ceci est une mauvaise besogne qui brûle la toile. On en fait aussi avec du roucou ; mais si on le lave, le roucou s'étend et tache.

Pour imprimer en chamois les basins et les draps de coton, il faut épaissir la couleur à la gomme.

On donne vulgairement à la couleur chamois les noms de nankin et de nankin anglais.

Du jaune d'application.

Les jaunes d'application sont très-en usage chez les fabricans du grand teint, dont la plus grande partie ne gaudent point leur indienne au retour du premier blanchissage, à cause des longueurs qu'entraîne cette opération, quand surtout on est obligé de ne blanchir que sur le pré. Ils disent pour raison que cette couleur bien appliquée teint trois ou quatre blanchissages, et qu'une indienne qui a été lavée trois ou quatre fois est au bout de sa carrière. Oui, mais ce jaune ne tient point quatre blanchissages ; au premier lavage il en part la moitié, et si l'indienne n'est pas nétoyée avec précaution et par des gens qui s'y connaissent, le jaune coule sur les autres couleurs et sur les blancs, ce qui la dégrade entièrement ; d'un autre côté, une indienne, quelque vieille qu'elle soit, aura toujours son mérite, si les jaunes et les verds ont conservé leur fraîcheur, parceque les autres couleurs sont soutenues par celles-ci.

Pour faire le jaune d'application, on met dans vingt-quatre pintes d'eau quatre livres de graine d'Avignon bien concassée et quatre livres de quere de citron aussi bien pilée si on peut s'en procurer, ou à son défaut, quatre livres de bois jaune râpé ; mais le bois jaune ne produit pas un aussi bel effet que le quere citron. On fait réduire le tout à moitié, de sorte qu'avec le fluide qui reste dans le marc, on ne retire de clair que huit à dix pintes au plus. On fait rebouillir le marc dans vingt-quatre autres pintes d'eau, et on conserve cette eau pour faire cuire de nouvelle graine avec de nouveau quere citron ; cette eau est meilleure au besoin que de l'eau claire. On met par pinte de ce bain deux onces d'alun de Rome, et on épaissit les jaunes avec de l'amidon et les serins avec de la gomme.

Du bleu de Prusse.

Il y a des fabricans d'indiennes bon teint qui emploient aussi le bleu de Prusse, soit au pinceau, soit à la planche, et cela par économie. Je ne vois cependant pas que le bleu d'indigo soit beaucoup plus cher, pour employer d'aussi mauvaises drogues dans des indiennes bon teint.

On met en poudre le bleu de Prusse et on le fait tremper dans l'eau, après avoir mis deux onces d'huile de vitriol par livre de bleu de

Prusse. Quand il est bien dissout, on fait une bouillie avec de l'amidon ou de la farine, et l'on colore cette bouillie au degré que l'on desire avec le bleu de Prusse dissout, pour s'en servir au besoin.

Du bois d'Inde et du Brésil.

On ne peut parvenir à faire quelque chose de beau avec ces bois, si leurs bains n'ont la quantité de nourriture nécessaire.

On fait avec ces bois du beau bleu, du beau violet et des rouges passables, et tout le talent consiste dans la manière de les faire cuire.

Les bois d'Inde et de Brésil doivent être rapés et non hachés ou rabotés.

On fait cuire dans un seau d'eau deux livres de bois d'Inde rapé, que l'on fait bouillir une heure; on retire le bain à clair, et l'on fait encore cuire dans ce même bain deux autres livres de bois d'Inde neuf, que l'on fait bouillir jusqu'à ce que l'on n'ait plus que cinq pintes de bain.

Il faut aussi observer de ne point laisser reposer le bain sur le bois sans bouillir; autrement le bois reprendrait la couleur qu'il a lâchée dans le bain.

Les quatre livres de bois d'Inde cuit servent une autre fois à faire le premier bouillon d'un bain de bois d'Inde, à la place des premières deux livres de bois d'Inde que l'on a fait cuire la première fois.

Le Brésil se fait cuire comme le bois d'Inde, en deux fois sur le même bain, et l'on ne retire tout au plus qu'une pinte et demie de bain par livre de Brésil. On se sert du bois de Brésil cuit pour faire son premier bain.

Pour faire du violet avec le bain de bois d'Inde, on met par pinte de bain une once d'alun en poudre et une once de salpêtre ; on épaissit avec de l'amidon pour faire un violet en second ; on épaissit le même bain avec de la gomme.

Pour faire un beau violet clair bien velouté, on met quatre parties de bain de Brésil et une partie de bain de bois d'Inde, une once d'alun et une once de salpêtre par pinte ; on épaissit à l'amidon.

Pour faire un rouge qui fasse le clair contre ce violet, mettez une pinte de bain de Brésil, une once d'alun, une once de salpêtre, épaississez à l'amidon.

Pour faire un bleu foncé avec le bain de bois d'Inde, mettez une pinte de bois d'Inde, une demi-once de vitriol de Chypre et une demi-once d'alun, deux gouttes d'huile de vitriol, pour le rendre à l'épreuve du vinaigre ; épaississez à l'amidon.

Pour faire le bleu en second, on épaissit le même bain avec la gomme.

Du verd.

Pour faire du verd, mettez trois parties de bain de jaune, ce bain préalablement aluné comme nous l'avons déjà dit, une partie de bain de bois d'Inde, un gros de vitriol de Chypre par pinte ; épaississez à l'amidon.

On fait des verds avec le bleu de Prusse et

le bain jaune ; on force un peu le bleu de Prusse sur le bain de jaune, parceque le bleu de Prusse s'altère beaucoup au lavage.

Du noir.

Deux livres de bois d'Inde, deux livres de sumac, un quarteron de noix de galle noire ; faites cuire le tout dans un seau d'eau à gros bouillons jusqu'à ce qu'il soit réduit à moitié ; alors on y met une pinte de vinaigre et on continue de faire bouillir ; on y met ensuite une once de sel ammoniac, et on soutient le bouillon jusqu'à réduction de quatre à cinq pintes au plus que l'on tire à clair, et l'on met dans le bain deux onces de vitriol de Chypre ; on épaissit à l'amidon.

Autre noir.

On fait bouillir quatre à cinq livres de sciûre de bois de chêne dans un seau d'eau, et l'on retire ce bain à clair ; on fait ensuite cuire dans ce bain deux livres de bois d'Inde, et lorsqu'il commence à se réduire, on y met une pinte de vinaigre et une once de sel ammoniac : on fait réduire jusqu'à déduction de quatre à cinq pintes, on retire le bain à clair, et on y met deux onces de vitriol de Chypre en poudre ; on épaissit à l'amidon.

On lave toutes les couleurs petit teint énoncées ci-dessus.

Pour le faire avec succès, il faut d'abord les faire tremper à l'eau courante au moins quatre heures avant de les rincer et de les battre.

Si ce sont des basins imprimés en nankin ou chamois, il faut que les couleurs soient épaissies à la gomme, et conséquemment il faut, de toute nécessité, qu'il trempe à l'eau courante six heures avant que d'y toucher; autrement l'on s'exposerait à faire couler les couleurs sur le blanc.

Il faut aussi ne laver ces couleurs que deux jours après leur impression, et les chamois ou nankins trois jours après leur impression.

Quand ils ont été bien trempés, il convient de les bien laver et de les bien battre.

De l'impression en blanc.

L'impression en blanc se fait sur les gazes, les mousselines et les linons. Pour y parvenir, on blanchit de vieux chiffons du plus beau blanc possible, et on finit de les blanchir sur la chaudière de plomb ou sur une eau d'huile de vitriol. Au sortir de l'huile de vitriol on les rince, mais après que l'huile a produit tout son effet.

Après qu'ils ont été bien rincés et bien séchés, on les réduit en poussière en les faisant moudre sur un moulin à tabac qui n'ait jamais servi ; ensuite on tamise cette mouture dans un tamis couvert ; et c'est la poussière la plus fine de cette mouture qu'on emploie à l'impression.

Pour imprimer, on couvre la table d'une toile serrée ou de papier collé ; on met des bandelettes de bois autour des bords de la table, qui forme des bords exhaussés d'un bon pouce. On couvre la table de mouture de linge d'environ quatre ou six lignes d'épaisseur, et sur cette mouture, qui sert de tapis, on met et on étend la gaze ou la mousseline : alors on imprime cette gaze ou linon avec de la gomme simplement. La gomme, qui pénètre à travers, va se fixer sur la poudre blanche qui est sous la gaze, et cette impression en blanc se trouve à l'envers.

Cette impression ressemble parfaitement à de la broderie.

Les ouvriers qui desirent suivre les modes à Paris ainsi que dans les départemens, peuvent retirer de grands avantages de cette manière d'imprimer, parceque l'on peut, en mettant en poudre des toiles colorées ou teintes, donner à cette impression en relief toutes les couleurs que l'on desire, même d'un bon teint inaltérable à toute épreuve. Il ne s'agit point, au lieu d'employer la gomme pour imprimer, que de se servir du vernis ou mastic suivant :

Une livre d'essence de térébenthine ;
Une livre de térébenthine ;
Une once de sandaraque ;
Une once de mastic en larmes.

On fait d'abord dissoudre le mastic en larmes et la sandaraque dans l'essence, et l'on épaissit avec la térébenthine au degré nécessaire pour l'impression. Il convient que cette dissolution soit un peu claire. Ce mastic, une fois sec, ne s'altère plus qu'au bouillon de la lessive caustique.

Pour nétoyer les gravures, il faut d'abord les imprégner d'huile, et une heure après les nétoyer à la lessive caustique chaude.

Mais lorsqu'on veut faire cette impression de plusieurs couleurs, il faut avoir autant de tables toutes préparées et couvertes chacune de leurs couleurs en mouture de toile ou de coton.

Quand cette impression est bien faite, elle représente au naturel une broderie de plusieurs couleurs.

On peut imprimer en or et en argent en se servant, au lieu de linge moulu, d'aventurine d'or ou d'argent.

De l'impression au jaspé.

Cette impression se fait sans gravure. On a différens fleurons petits et grands, des mouches et des étoiles faites avec du plomb laminé; on a aussi des planches très-minces, les unes droites et les autres dentelées, de différentes figures, pour faire toutes les lignes et rayures dont on a besoin.

On a une raquette de dix à douze pouces, quarrée, dont les mailles ne sont que de trois à quatre lignes quarrées et de laiton fin, des brosses et des couleurs.

Les couleurs dont on se sert sont du bain de roucou, du bain de chamois, de noir, de rouge de Brésil; les violets et les bleus, de bois d'Inde.

Il faut que toutes ces couleurs soient épaissies avec tout au plus deux onces de gomme par pinte, il faut aussi que chaque couleur ait sa brosse particulière.

Voici le mode du travail.

Je suppose que l'on veut faire deux devans de gilets à grandes raies merde d'oie : on dispose d'abord sur le gilet, qui est étendu sur une table, de petites bandes de bois pour conserver les blancs; ensuite on prend la raquette de la main gauche et une brosse de la main droite; on trempe la brosse dans du bain de roucou, ensuite on secoue bien la brosse à trois ou quatre reprises, pour qu'il n'y reste que le moins de bain possible; de là on fait aller et venir la brosse sur la raquette, que l'on promène sur le gilet à la hauteur d'un bon pied. Il faut qu'il ne tombe sur le gilet qu'une poussière très-fine et très-déliée.

Si la brosse n'était pas bien secouée au sortir du bain, il s'en échapperait des parties grossières colorantes, à travers la raquette, qui tacheraient la toile ou l'étoffe qu'on veut jasper.

Quand le gilet est couvert de couleur de roucou, et qu'elle est bien unie partout, à la reserve de ce qui est sous les planches de bois, on change de couleur pour merde-d'oie; c'est du noir qu'il faut donner avec la même prudence qu'on a donné du roucou.

Il est inutile que le bain à jasper soit aussi fort que le bain à imprimer quand il est bien uni de noir et du roucou, il doit être merde-d'oie. On lève les planches avec précaution pour ne rien gâter, et le blanc paraît dans toute sa fraîcheur.

On ne lave point les jaspés; on les fait sécher au sortir des mains de l'imprimeur pour les envoyer dans le commerce, sans qu'ils aient besoin d'aucun autre apprêt.

Un autre exemple va rendre ce procédé plus sensible.

Si l'on veut faire un gilet à barres merde-d'oie, garni de fleurons blancs dans des mouches aurore; on pose sur la table à jasper le gilet, on dispose les petites planches de bois qui doivent conserver les blancs (j'observe que les planches de bois doivent être fixées de chaque bout par un petit poids de plomb ou de fer); ensuite on met à distances égales, sur les endroits qui doivent être merde-d'oie, des fleurons de plomb posé sur les blancs ; au-dessus du fleuron une mouche ronde ou une étoile. On donne d'abord du bois d'Inde pour faire un violet. Quand le violet est bien uni, on lève les fleurons et les mouches de plomb; on met les mouches sur les fleurons blancs et les fleurons de plomb au milieu des mouches blanches, ainsi que des mouches sur les fleurons blancs, et on donne ensuite du bain de roucou avec les mêmes précautions indiquées ci-dessus.

Quand le roucou est bien uni, que le merde-d'oie paraît partout égal, on lève les plombs et les planches; et si l'opération a été bien conduite, on doit avoir des barres merde-d'oie parsemées de mouches aurore et blanches; et au milieu de chaque mouche un fleuron blanc et violet.

On imprime aussi les rayures blanches des basins jaspés et des gravures en petite bordures, avec du bleu de Prusse ou du violet de bois d'Inde.

Quand on veut imprimer proprement dans

les jaspés, il faut le faire avant de jasper ; pour lors on lave bien l'impression, on fait sécher et calendrer, et l'on jaspe après en nankin ou en chamois ; on a soin de bien couvrir l'impression avec des planches unies ou dentelées, et de bien arrêter les planches avec des plombs qui pèsent sur chaque bout.

On voit par tout ce que je viens de dire sur toutes ces manières d'imprimer, qu'un ouvrier un peu exercé peut donner, en variant ses planches et ses plombs, autant de gilets qu'il y a de goûts différens et d'acheteurs dans le commerce.

On découpe ordinairement les plombs laminés avec des ciseaux ou avec une pointe de graveur, ou enfin avec un canif sur un morceau de bois. Ces différens fleurons ou mouches peuvent se poser sur une toile, et on jaspe une aune à-la-fois, en ayant le soin de couvrir les deux bouts, pour que le jaspé n'aille point altérer les blancs des endroits où il doit y avoir des mouches ou des fleurons, et ménager ainsi la partie qu'on doit travailler ensuite.

De cette manière, on peut faire une pièce de toile en fond de couleur et en fleurs blanches, et même, avec un peu de goût, on peut faire des fleurs de plusieurs couleurs, devrait-on les finir au bleu avec le pinceau.

Cette manière d'imprimer peut s'exécuter, sans beaucoup de frais, dans l'économie rurale comme chez les particuliers.

DE LA TEINTURE
DE FIL ET DE COTON.

Je vais parler à-la-fois de la teinture de fil et de coton, parcequ'en plusieurs pays, et surtout en campagne, on fabrique des mouchoirs dans la texture desquels il entre du fil et du coton, et que le même ouvrier teint à-la-fois le fil et le coton; mais à Paris très-peu de teinturiers en fil de lin ou chanvre teignent le coton, comme très-peu de teinturiers en coton teignent le fil. Ce sont deux états différens en teinture; mais quand on sait teindre la laine et la soie, on sait encore mieux manœuvrer le fil et le coton.

Les matières colorantes sont partout les mêmes; il faut néanmoins en excepter la cochenille et la composition de bleu pour verd de Saxe, qui ne prennent sur le fil et le coton que très-imparfaitement; c'est même un abus que de vouloir s'obstiner à les employer.

Les acides minéraux ne peuvent non plus être d'aucune utilité à l'application des couleurs sur le fil et le coton, si parfois ils s'emploient dans le mordant des indiennes, ce n'est qu'après la parfaite saturation qui les met hors d'état de nuire par leur action corrosive.

En teinture de fil, on met une différence entre le fil teint sur écrue et le fil teint sur blanc : le teint sur blanc est plus considéré, parceque le fil blanc est d'un prix supérieur au fil écru ; mais la teinture est presque toujours la même : c'est la raison pour laquelle le blanchissage du fil et du coton doit être, dans cette partie, considéré comme préparation antérieure. *Voyez* Art du Blanchiment, à la fin du volume.

Du fil et du coton bleus.

Le fil et le coton bleus bon teint se passent en cuve d'Inde à froid. Pour monter cette cuve, on suit le même procédé déjà indiqué à la cuve d'indigo.

On fait de ces bleus depuis le bleu de faïence jusqu'au bleu très-foncé, jusque même à la hauteur de la couleur de l'indigo.

Lorsque l'on veut faire les bleus foncés par le produit simple de l'indigo, il faut les faire sécher une fois qu'ils sont bien montés en bleu, et quand ils sont secs, les repasser sur une cuve très-forte.

Il y a des teinturiers qui les finissent sur le bois d'Inde au verd-de-gris ou au vitriol de Chypre ; d'autres qui commencent par leur donner un fond de noir bon teint, et les passent ensuite en cuve jusqu'à ce qu'ils soient d'un bleu très-foncé.

On fait aussi en fil et coton beaucoup de bleus par le produit simple du bois d'Inde avec le verd-de-gris ou le vitriol bleu ; il est plus vif au vitriol de Chypre. On doit faire ces bleus à l'eau froide et les promener long-temps, comme il est dit à l'article des soies.

Il y a beaucoup de teinturiers en fil particulièrement qui le passent sur un bain de savon et le font sécher ensuite, sans le laver de sa teinture.

Ce procédé contribue à donner au fil de la douceur et du lustre au chevillage.

Du jaune.

Il se fait beaucoup de jaune à la gaude et au verd-de-gris en fil comme en coton.

On fait bouillir de la gaude, on la tire à clair, et on met dans le bain de gaude à-peu-près un gros de verd-de-gris bien délayé par livre de fil et de coton. Il faut donner le bain de gaude le plus chaud possible.

On fait aussi des jaunes de gaude avec de l'alun; mais avant d'aluner, on doit donner au fil ou au coton un bain d'engallage : c'est pourquoi beaucoup de teinturiers en fil ont toujours un baquet dans lequel on a mis du bain de noix de galle en sorte, pour y engaller tous les objets qu'ils croient nécessaires avant de donner de l'alun ; mais comme chacun travaille à sa manière, il y en a qui donnent l'alun et la galle tout-à-la-fois, en mettant du bain de galle dans le bain d'alun : la raison qu'ils donnent pour justifier ce procédé est que la galle adhère d'abord au fil, et ensuite l'alun se fixe sur la galle. Il faut convenir cependant qu'une couleur engallée a plus de fond qu'une couleur qui ne l'est point ; mais ce fond peut aussi être le produit de l'alun décomposé.

On alune le fil et le coton de la même manière que l'on alune les soies ; il ne faut pas non plus leur donner la gaude aussi chaude avec l'alun qu'avec le verd-de-gris, parceque l'alun partirait sur-le-champ dans le bain de gaude.

Le bois jaune s'emploie aussi sur le fil et le coton de la même manière que l'on emploie la gaude.

Le *terra merita* s'emploie aussi sur le coton et sur le fil. On fait bouillir le *terra merita*; on met dans le bain à raison de demi-once d'alun par livre de coton, et on passe dessus.

Les fabricans de siamoise ont long-temps estimé cette teinture, parcequ'ils n'en connaissaient point de meilleure ; et comme souvent ils teignent eux-mêmes leur fil et leur coton, ils vont toujours au plus tôt fait.

Le quer citron s'emploie très-avantageusement sur le fil et sur le coton : son jaune égale celui de la gaude en beauté et en fraîcheur, et sa couleur est très-solide. On le pile, on le fait bouillir, on le tire à clair, et on met dedans à raison d'une once d'alun et demi-once de sel de Saturne par livre de fil ou coton ; ensuite on passe dessus.

Le quer citron fait des jaunes plus frais sans bouillir qu'en les faisant bouillir : on les met tout pilés dans un tamis, on pose le tamis sur le baquet que l'on veut teindre, et l'on verse de l'eau très-chaude ; on met ensuite dans le bain de l'alun et du sel de Saturne et l'on passe dessus. Pour lors on le fait bouillir la seconde fois que l'on veut s'en servir.

L'épine-vinette s'emploie aussi dans la teinture de fil et de coton de la même manière que le *terra merita* et le quer citron ; mais il faut bien le hacher et piler avant de la faire bouillir.

Du jaune bon teint.

Les jaunes bon teint en coton sont les seules couleurs qu'on peut se dispenser de décreuser ; cependant je ne donne ceci que comme une règle générale et qui n'est pas sans exception.

Lorsque l'on a des couleurs bon teint à faire en coton, il faut les décreuser ; parconséquent on peut aussi profiter de l'occasion pour décreuser les jaunes bon teint, on est toujours plus sûr de son opération ; de plus, s'il fallait oranger ces jaunes en leur donnant de la garance, la garance ne prendrait point, parceque les jaunes n'auraient point été décreusés.

Le fil et le coton ayant été bien préparés et bien séchés, on trempe ce que l'on veut teindre en jaune bon teint dans un mordant de deuxième rouge (1). On laisse tremper le coton une heure dans le mordant ; on le retire mateau par mateau que l'on tord à la main légérement, et on le met sécher dans une chambre où il y a un poële très-chaud. Il ne faut point le faire sécher au vent, mais avoir attention de bien le retourner sur les perches en le faisant sécher, pour que le mordant ne coule pas dans le bas des écheveaux.

---

(1) Voyez *Indienne bon teint*.

Le fil est moins dur et moins amoureux en teinture que le coton, suivant les échantillons que l'on a à faire. Il faut parfois lui donner un mordant de premier rouge, quelquefois même on doit faire épaissir ce premier rouge de moitié avec de l'amidon; cet épaississage de moitié convient aussi au coton avec le deuxième rouge, suivant la hauteur des jaunes que l'on veut faire.

Quand les fils ou cotons sont bien secs de dessus leur mordant, on fait cuire de la gaude à raison de deux livres par livre de coton, et on la fait bouillir deux heures, pour donner le temps à la partie ferrugineuse de se détacher. On rince les cotons à la rivière : si les mordans ont été amidonnés, il faut en extraire tout l'amidon; pour cet effet, on peut leur donner un bain de bouze de vache avant de les laver. Lorsqu'ils sont lavés, on les passe sur le bain de gaude un peu chaud; quand ils sont gaudés, on les rince et on les fait sécher.

Du jaune chamois bon teint.

Les bains de chamois bon teint servent toujours une fois qu'ils sont faits; plus ils vieillissent, plus ils sont bons.

Quand ils s'affaiblissent, il ne s'agit que d'y mettre de la couperose ordinaire ou calcinée, suivant le procédé dont on se sert pour faire le chamois.

Pour faire le chamois jaune, on prépare de l'eau de chaux dans un baquet; on fait fondre ensuite trois ou quatre livres de couperose dans un chaudron.

La première fois que l'on fait le bain, il faut mettre deux livres de couperose par seau d'eau.

On prépare les fil et coton sur des bâtons à lisser, et on les passe d'abord dans l'eau de chaux : quand ils ont fait quelques tours dans l'eau de chaux, on les lève et on les tord à la main: on les remet sur leurs bâtons à lisser, et on les passe sur le bain de couperose. Ils viennent d'un verd très-sale et semblent se tacher de jaune chamois, parceque les parties qui prennent l'air se déverdissent.

On les promène ainsi sur le bain de couperose jusqu'à ce que l'on juge à propos qu'ils sont assez foncés. S'il arrivait qu'ils ne montassent point au degré que l'on desire, on les lève et on les passe sur l'eau de chaux, et alternativement sur le bain de chaux. Lorsqu'il est foncé assez, on les passe sur une eau dans laquelle on a mis quelques gouttes d'huile de vitriol; ceci les fait entièrement déverdir et empêche qu'ils ne montent davantage à l'air.

On fait aussi des nankins ou chamois anglais en faisant fondre dans un seau d'eau quatre livres de couperose et en y ajoutant deux pintes de bain de noir, suivant le procédé des indiennes. Quand on n'a pas de bain de noir, on fait bouillir trois pintes de vinaigre avec une suffisante quantité de ferraille, jusqu'à ce que le vinaigre ait pris la couleur de la rouille et de la ferraille. Il faut ajouter à ce bain une demi-livre de sel de Saturne. Pour que la couleur s'unisse mieux, il ne faut point d'eau de chaux pour teindre avec ce bain, et la couleur est plus rouge que celle décrite ci-dessus.

Si l'on veut que la couleur soit encore d'un jaune plus rouge, il faut éclaircir la couperose jusqu'au rougi, comme nous l'avons dit en parlant des indiennes (1).

Il existe sur les couleurs dites *nankins anglais*, un reflet gris qui donne du mérite et de la délicatesse aux couleurs. Pour cet effet, quand les chamois sont bien lavés de leur teinture, on leur donne sur de l'eau tiède de la garance peu à peu, jusqu'à ce qu'on leur voie la délicatesse désirée. J'ai fait de ces couleurs avec du bain de safranum; elles ont mieux réussi, même avec des vieux bains de rose, sur lesquels il n'y a plus rien à tirer.

Du roucou.

Les fabricans de siamoise ont jusqu'à présent fait leurs couleurs chamois ou nankins par le produit simple du roucou, qui s'étend considérablement sur le fil et sur le coton, et beaucoup plus facilement que sur la soie.

Il ne faut que deux onces de roucou par livre de coton pour faire un bel orange, et le bain sert encore long-temps, avant d'être usé, pour faire des nankins et des chamois, selon leur coutume.

Quand une couleur de roucou faible est tachée, il faut la faire bouillir sur un bain de savon; si la couleur perd, on ajoute du bain de roucou.

---

(1) Voyez *couleur chamois*.

Le savon a la propriété de donner du vif aux couleurs tendres du roucou.

Les fabricans de siamoise ne lavent pas non plus cette couleur ni sur sa teinte, ni sur son débouilli.

La cuite du roucou et la manœuvre des fils et cotons étant partout les mêmes, je crois qu'il est inutile d'en répéter ici le procédé.

Du verd.

Il se fait beaucoup de verds petit teint par le produit simple du bois d'Inde et de la gaude. Les uns le commencent par le bois d'Inde, d'autres le commencent par la gaude, et tous arrivent au même but : néanmoins lorsqu'il est fini par la gaude, il est plus net et plus vif que quand il est fini par le bois d'Inde.

On donne sur de l'eau au fil ou au coton, du bain de bois d'Inde avec du verd-de-gris, et quand il est monté au degré de bleu que l'on desire obtenir, on lui donne de la gaude avec du verd-de-gris.

Il faut que le bain soit un peu chaud ; mais lorsqu'on lui donne la gaude avant, on le fait mieux à l'échantillon, parcequ'on lui lâche petit à petit du bain de bois d'Inde dans son même bain de gaude.

Pour faire monter les verds petit teint en verds-bouteille, il faut leur donner avant un bon fond de roucou ou de sumac.

Tous les autres verds que l'on a dit jusqu'ici bon teint chez les teinturiers, ont toujours été faits par le produit de la cuve d'Inde à froid, et ensuite gaudée au verd-de-gris, ou verdie sur un bain de bois jaune au verd-de-gris.

On passe en cuve les fils ou cotons jusqu'à la hauteur du bleu que l'on juge à propos de leur donner, et on leur donne ensuite de la gaude et du verd-de-gris pour les amener à la hauteur du verd que l'on desire.

Il n'est pas possible de passer en cuve d'Inde à froid une couleur gaudée, même celles faites suivant les procédés du bon teint : la couperose attaque la gaude et la dégrade inégalement, ensorte que les verds sont presque tous tachés.

Pour les verds bon teint, il faut d'abord passer en cuve d'Inde à froid, bien laver après avoir passé en cuve, et ensuite les faire sécher : si on ne les faisait point sécher, l'humidité du fil ou du coton couperait et affaiblirait les mordans, qui ne rendraient plus la couleur pour laquelle on les emploie.

Quand les bleus sont bien secs, on leur donne du mordant de rouge, comme nous l'avons dit au jaune bon teint.

Comme le fil est beaucoup plus dur à prendre que le coton, il faut que le mordant soit épaissi à moitié avec de l'amidon, parceque l'amidon a la propriété de faire adhérer le mordant et de le fixer.

On fait tremper les bleus une heure dans le mordant; ensuite on les retire par mateaux, que l'on tord légérement pour qu'ils ne dégouttent point, et on les fait sécher en les retournant souvent de dessus les perches, pour que les mordant ne coulent point dans le bas des écheveaux.

Quand ils sont secs, on fait cuire de la gaude à raison de deux livres par livre de fil ou de coton, on la fait bouillir deux heures, on lave les fils ou cotons à la rivière pour les écarter de leur amidon, et on les passe sur le bain de gaude ; ensuite on les rince et on les fait sécher.

On peut faire aussi une couleur composée, bon teint, en mettant en couleur chamois des bleus bon teint ; ils deviennent verds-bouteille un peu terne à la vérité, mais la couleur en est bonne.

On fait des verds-bouteille en fil et coton bon teint en donnant sur le bleu du mordant de rouge, ou du puce coupé ou non coupé, suivant le degré de force qu'on veut leur donner et on les gaude ensuite.

Pour les verds merde-d'oie il faut moins de bleu ; on engalle à raison d'une once de galles par livre de fil ou de coton le mordant du deuxième rouge, auquel on ajoute à volonté un peu de violet mêlé avec le mordant.

Il faut épaissir à l'amidon pour les fils, et un demi-épaississage pour les cotons.

Quand ils sont secs, on les lave bien à la rivière, et on ajoute sur le bain de gaude une demi-livre de garance par livre de coton ou de fil.

Du violet.

Les fabricans de siamoise font tous leur violet au bois d'Inde ; leur violet jaspé sur couleur de roucou est aussi fait avec du bois d'Inde.

On ne peut faire du beau violet au bois d'Inde qu'avec le bain de la première cuite ; et, pour faire les violets, on verse d'abord de l'eau chaude dans un baquet, on y fait fondre de l'alun à raison d'une once par livre de fil ou de coton, et ensuite on verse sur cette eau du bain de bois d'Inde, que l'on a soin de tenir un peu chaude. On passe les fils ou cotons dessus jusqu'à ce qu'ils soient montés à la hauteur du violet que l'on desire, et on y ajoute du bain de bois d'Inde quand on voit que la teinte faiblit et que la couleur ne monte point assez. On ne lave point ces violets.

Il se fait aussi des violets en fil et coton par le produit de l'orseille, comme nous l'avons dit à l'article des soies ; mais on ne peut passer ces violets sur la cuve d'Inde à froid pour les violenter : il faut leur donner le bleu avant lorsque l'on veut faire des violets foncés, et ensuite l'orseille un peu chaude.

Les violets délicats en mousseline ou en coton se finissent sur un bain de savon blanc, léger et tiède : il faut aussi prendre bien des précautions pour les faire sécher.

Du prune.

Les couleurs prunes sur fil ou coton se font par le produit du Brésil et du bois d'Inde.

D'abord il faut engaller à raison d'une once de galle par livre de fil ou coton, et ensuite aluner sur un bain d'alun ordinaire et commencer par donner du Brésil.

Quand il est monté au rouge, on le finit sur le même bain avec du bain de bois d'Inde.

On fait encore des prunes en forçant d'alun sur un bain de bois d'Inde un peu chaud et en commençant à teindre comme si l'on faisait un violet, et ensuite lui donner du Brésil; mais ces prunes ne sont point aussi beaux que les autres.

Du puce.

Pour la couleur puce, il faut donner une bonne teinte de roucou; un vieux bain de roucou est assez bon pour cela.

On lave, on engalle et on alune un peu fort; ensuite on monte la couleur avec un bon bain de bois d'Inde qui ne soit pas bien chaud, car on risquerait de le tacher; et quand il est bien monté jusqu'au puce, il faut l'aviver avec du bain de Brésil.

Du coquelicot.

Le coquelicot en coton se teint, comme en soie, en fin comme en faux.

Pour le coquelicot faux, on commence par lui donner un bon teint de roucou frais; ensuite on l'engalle, on l'alune et on lui donne un bain de Brésil qui soit vieux cuit. On fait quelquefois, par ce procédé, des coquelicots aussi beaux et aussi vif que l'écarlate en laine.

Pour le rouge de Brésil, il faut aussi engaller et aluner.

Pour que ce rouge soit beau, il faut aussi que le Brésil soit vieux cuit, parceque l'on ne leur donne rien autre chose.

Du coquelicot fin.

Il y a cette différence de la soie au coton, que le coton est plus amoureux que la soie en teinture avec le produit du safran, et conséquemment plus facile à teindre, soit en coquelicot, soit en rose : il ne lui faut que la moitié du produit de safran que l'on donne à la soie.

Il serait donc inutile de répéter ici un procédé que nous avons développé à l'article des soies.

Du gris.

Les gris petit teint en coton et en fil se font aussi avec la galle, le bois d'Inde, la sciure de bois de chêne, le bois jaune avec la couperose et le vitriol bleu.

Les gris ordinaires se font avec le bois d'Inde et la couperose sur une eau chaude.

Pour gris ardoise, il faut d'abord passer le fil ou coton sur une eau préparée avec parties égales de couperose et de vitriol bleu, et les laisser sur cette eau jusqu'à ce que le coton ait pris un petit fond ; ensuite on lui donne du bois d'Inde avec beaucoup de prudence et à diverses reprises, pour qu'il s'unisse bien également.

Pour gris-de-souris, on donne d'abord un petit fond de noix de galle; ensuite, sur une eau claire dans laquelle on aura mis à raison de deux gros d'alun par livre de coton, il faut ajouter de la couperose fondue avec beaucoup de ménagement, bien lisser et éventer, pour que le coton s'uuisse bien.

Pour gris-américain, on passe le fil ou coton sur un bain plus que tiède, composé de deux parties de bois jaune, une partie de bain de noix de galles, et deux gros d'alun, par livre de coton.

Quand les fils ou cotons sont bien montés, on ajoute à ce même bain de la couperose fondue dans du bain de bois d'Inde, mais peu à peu.

Tous les autres gris se font de la même manière, suivant les échantillons qui sont demandés, et toujours par le mélange des objets ci-dessus employés en plus ou moins grande quantité, suivant le besoin.

Du noir.

On pourrait mettre le noir au rang du bon teint, car il est plutôt fait et meilleur marché en bon teint qu'en petit.

Les teinturiers en fil composent une tonne pour faire leur noir, dans laquelle ils mettent de la ferraille, de l'écorce d'aune, de la galle, de la sciure de bois de chêne et de la couperose. Avec cette composition, qu'ils manœuvrent long-temps avant de s'en servir, ils ont encore beaucoup de peine à faire leur noir, qui est bien loin d'être bon teint.

Pour faire le noir en fil et coton, on teint d'abord le fil et coton en nankin très-foncé, suivant le procédé de l'eau de chaux avec la couperose. Quand il est au degré que l'on desire, on le lave à la rivière, on lui donne ensuite un bon bain de sciure de bois de chêne, et on le finit sur le bain de bois d'Inde, dans lequel il convient, si on le juge à propos, de mettre du verd-de-gris pour l'adoucir.

J'observe que j'entends parler ici du fil blanc.

Si l'on teint en nankin pour noir, suivant le procédé de la couperose unie au bain noir, ou vinaigre à la rouille, le bois d'Inde suffit pour finir le noir; s'il ne monte point assez par le bois d'Inde seul, on le finit sur un bain de bois d'Inde et de verd de-gris, ou sur un bain de sumac, ou sur un bain d'engallage quelconque vieux ou neuf.

J'entends, par bain d'engallage, la sciure de bois de chêne, le sumac, la noix de galle et l'orédon.

On teint ordinairement le coton bon teint suivant ce procédé : d'abord il faut être très-assuré du décreusage. On le teint au nankin au bain de noir seulement, et on le fait sécher; quand il est sec, on le reteint une deuxième fois et on le fait sécher de même; on le lave à la rivière pour le garancer, c'est-à-dire qu'il faut qu'il soit bien lavé. On prépare une chaudière, dans laquelle il faut que le coton soit un peu à l'aise. On met dans la chaudière, par livre de coton, le bain d'une demi-livre de bois d'Inde, un quarteron de galle noire en poudre et une livre de garance.

On lisse ce coton sur ce bain jusqu'à une demi-heure de bouillon : mais souvent il n'est pas assez noir ; pour lors on lui donne, après qu'il est lavé et séché, une troisième immersion sur le bain de noir ; on le fait sécher, et on le garance comme la première fois.

La bergère dont j'ai parlé au produit de l'indigo, mettait son fil en noir, sur lequel elle faisait tisser sa laine bleue, en employant le procédé suivant.

Elle faisait un trou en terre, qu'elle fonçait de sciure de bois de chêne ; elle arrangeait ses écheveaux de fil, de manière qu'ils étaient enveloppés de sciure de bois de chêne, de six pouces d'épaisseur dessus, dessous et sur les côtés. Le maréchal du lieu lui prêtait de la ferraille qu'elle mettait par dessus, et elle recouvrait le tout de terre. Trois fois par jour, pendant quatre ou cinq jours, elle versait de l'eau dessus, après quoi elle retirait son fil d'un très-beau noir qui ne piquait jamais sur la laine. L'étoffe dont elle était habillée, depuis deux ans, ne paraissait point être tissue de fil et de laine.

Du rouge bon teint.

Pour les couleurs bon teint en coton, il faut absolument s'appliquer au décreusage, car c'est de cette opération que dépend le succès de la teinture.

Le fil dans cette teinture, est plus dur et plus difficile à prendre que le coton.

Il serait donc à propos que ceux qui ne sont point exercés dans cette partie, fissent des essais sur plusieurs échantillons, et acquissent assez d'expérience avant de faire de grandes entreprises en ce genre, dont le défaut de succès occasionnerait au teinturier des dépenses en pure perte.

On commence donc par essayer un écheveau, puis deux, puis trois, jusqu'à huit; et si l'on a constamment réussi, on peut entreprendre telle quantité que l'on voudra : mais je préviens que si l'on veut se contenter d'un ou de deux essais, on sera dupe de son amour-propre. Ces huit essais, j'en conviens, exigeraient peut-être une quinzaine de jours; mais qu'est-ce, après tout, que quinze jours pour l'apprentissage d'un état qui peut devenir très-lucratif? apprentissage dont les fautes même peuvent devenir très utiles en faisant connaître les accidens qui peuvent faire manquer cette teinture.

Pour décreuser le coton, il faut employer quatre onces de bonne potasse d'Amérique et une once de chaux par livre de coton, la faire bouillir quatre heures dans la lessive, renfermée dans des poches de toile, et la passer, après être bien lavée, sur une eau d'huile de vitriol pour l'écarter entièrement de sa potasse, et la bien rincer ensuite à la rivière avec toutes les précautions dont j'ai donné les détails ci-dessus.

Pour s'assurer si le coton est bien décreusé, il faut en faire sécher un ou deux écheveaux et les bien tremper dans du mordant du premier ou deuxième rouge, épaissi à moitié à l'amidon, le tordre légérement et également, pour qu'il ne coule ni ne dégoutte au toucher.

Quand

Quand il est bien sec, il faut le laver et le garancer à raison de son double poids au moins de garance. Si le premier rouge est très-foncé tirant sur le brun, tant mieux. On peut tout de suite, après l'avoir lavé, l'aviver sur une eau de savon un peu chaude, pour voir la beauté de son produit ; mais si, au contraire, le produit du rouge fin ou premier rouge n'est que très-petit rouge ou d'une teinte imparfaite, c'est que l'opération a été manquée soit dans le décreusage, soit dans l'application des mordans ; pour lors, avant que de le juger mal décreusé, il faut recommencer l'essai de deux autres écheveaux sur le mordant et sur la garance ; et comme la galle donne un très-grand avantage à la teinture des cotons pour rouge, on peut engaller celui des écheveaux auquel on ne donne que du deuxième rouge, et le faire sécher sur la galle avant de lui donner du mordant. Si l'opération est bien faite, il doit s'ensuivre au garançage, que le deuxième rouge doit être presque aussi foncé que le rouge fin.

Quand il arrive que le premier rouge ou le deuxième rouge n'est pas aussi foncé qu'on le desire, ce que l'on voit à l'essai, il faut, quand il est sec de sa première application de mordant, lui donner une seconde application par-dessus la première.

Il résulte de cette deuxième immersion du mordant, que les cotons sont beaucoup mieux alunés et qu'ils s'unissent mieux en teinture : c'est pourquoi, pour la teinte des cotons, j'aime mieux me servir du deuxième rouge en engallant avant sur un bain de deux onces de galle en sorte : mais pour les fils, qui sont beaucoup plus durs, et dont la teinte n'est jamais si belle que celle du coton, il faut néanmoins du premier rouge, et à cause du décreusage, il faut aussi les essayer avant de les teindre, pour leur donner aussi, s'il est nécessaire, une deuxième immersion de mordant de rouge fin.

L'épaississage à l'amidon est un objet très-intéressant pour les mordans, non-seulement parcequ'il empêche les mordans de couler, mais parcequ'il a en outre la propriété de donner au coton une préparation supérieure pour faire trancher le mordant, et c'est cette trop grande adhérence qui, souvent, donne de l'humeur aux fabricans d'indiennes.

Il faut que le bain de garançage soit un peu au large : on calcule ordinairement qu'il faut douze pintes par livre de garance : étant plus concentré, les matières colorantes ne se développeraient point, et la teinte n'aurait pas lieu.

Les cotons, au sortir du garançage, ne sont jamais bien beaux : pour les envoyer dans le commerce, il faut les aviver.

Dans une fabrique des environs de Paris, où l'on teint les cotons d'après ce procédé, on étend les cotons sur le pré, à l'aide de tréteaux disposés à cet effet ; ils y prennent la douceur, le feu et la vivacité qu'on veut leur donner : mais dans les campagnes où l'on emploie en fabrique les cotons, les fabricans ont pour coutume de mettre leurs toiles ou *leurs mouchoirs* sur le pré au sortir du métier, et de les y laisser cinq à six jours tant pour les dégorger que pour faire remonter le blanc et le rouge. C'est pourquoi les fabricans qui s'y connaissent ne s'en mettent pas en peine ; mais, après les avoir lavés à la rivière, il faut toujours, par rapport au tissu, que les cotons soient adoucis sur un bon bain de savon un peu chaud, et qu'on les fasse sécher ensuite sur le savon, après les avoir tordus à la cheville autant qu'ils la peuvent supporter, en observant toutefois de ne point trop les fatiguer.

On peut aussi les faire bouillir sur l'eau de son l'espace d'une demi-heure, et ensuite les rincer à la rivière.

On teint des rouges de garance de la manière suivante.

On les fait bien décreuser et l'on s'assure du décreusage; on engalle à raison de quatre onces de galle en sorte par livre de coton ; sur ce bain on les fait sécher deux fois ; on prépare de l'alun à raison de demi-livre par livre de coton, que l'on décompose avec quatre onces de cendres gravelées; on y plonge le coton, on l'alune pendant douze heures.

Il faut aussi le faire sécher deux fois sur les aluns ; ensuite on le lave et on le garance.

Ces rouges sont très-bons quand ils ont bien réussi, et que la garance que l'on a employée pour les faire est de bonne qualité.

On fait les rouges d'Andrinople suivant le procédé donné par d'Apligny ; le voici :

« Si l'on a cent livres de coton à teindre, » dit d'Apligny, on met dans un cuvier cent

» cinquante livres de soude d'Alicante enfer-
» mées dans une toile assez claire. Ce cuvier
» doit être percé d'un trou dans sa partie in-
» férieure, afin que l'eau puisse en couler dans
» un autre cuvier qu'on place au-dessous. Les
» cent cinquante livres de soude étant dans le
» cuvier supérieur, on les couvre de trois cent
» pintes d'eau de rivière, qu'on jette avec des
» mesures ou seaux de bois qui en contiennent
» chacun environ vingt-cinq. L'eau passée du
» premier cuvier dans le second se reverse de
» nouveau sur la soude à différentes reprises,
» jusqu'à ce qu'elle en ait tiré tous les sels.

» On fait l'épreuve de cette lessive avec de
» l'huile : si la lessive blanchit constamment
» et que l'huile se mêle bien avec elle sans
» paraître se séparer de sa surface, c'est une
» marque qu'elle est suffisamment chargée de
» sels.

» On peut aussi en faire l'essai par le moyen
» d'un œuf frais.

» On verse de nouveau sur la soude conte-
» nue dans le cuvier supérieur, trois cents autres
» pintes d'eau pour achever de tirer tous les
» sels de la soude. On fait ensuite deux autres
» lessives semblables, chacune avec la même
» quantité d'eau qu'on a employée pour la les-
» sive de soude ; savoir, d'un côté, avec cent
» cinquante livres de cendres de bois neuf,
» et de l'autre, avec soixante-quinze livres de
» chaux vive.

» Ces trois eaux de lessive étant clarifiées,
» on place dans un cuvier les cent livres de
» coton, et on les arrose avec les trois lessives

» par proportions égales. Lorsqu'il est bien
» imbibé de ces sels, on le met dans une chau-
» dière pleine d'eau sans l'avoir exprimé des
» lessives. On le fait bouillir dans l'eau pen-
» dant trois heures, après quoi on le lave en
» eau courante.

» Cette opération s'appelle le *décruement;*
» lorsqu'elle est faite, on fait sécher le coton
» à l'air.

» On verse ensuite dans un cuvier une quan-
» tité des trois lessives ci-dessus mentionnées
» par portions égales, de manière que le tout
» forme environ quatre cents pintes.

» On délaye bien, avec une partie de cette
» lessive, vingt-cinq livres de crottin de mou-
» ton et de la liqueur des intestins, à l'aide
» d'un pilon de bois, et l'on passe le tout par
» un tamis de crin.

» Quand le mélange est bien fait, on y verse
» douze livres et demie de bonne huile d'olive,
» qui forme dans l'instant une liqueur savon-
» neuse.

» On passe le coton dans ce bain, mateau
» par mateau, en le remuant à chaque fois
» et avec les mêmes précautions que j'ai re-
» commandées pour l'engallage des cotons des-
» tinés à être teints en rouge de garance.

» On laisse le coton pendant douze heures
» dans l'eau savonneuse, au bout desquelles
» on le retire; on le tord légèrement et on le
» fait sécher; on réitère cette opération jus-
» qu'à trois fois.

» La liqueur qui coule du coton lorsqu'on
» le tord, retombe dans la barque où les ma-

» teaux étaient couchés, et se nomme *sickiou* :
» il faut la conserver, parcequ'elle sert en-
» suite à l'avivage.

» Lorsque le coton a passé trois fois dans
» cette eau savonneuse, et qu'il est bien sec,
» on le passe trois autres fois dans une autre
» composition faite, comme la première, avec
» quatre cents pintes de lessive et douze livres
» et demie d'huile ; mais on n'ajoute point à
» cette dernière la fiente de mouton : on ré-
» serve pareillement le restant de cette liqueur
» pour l'avivage.

» Lorsque le coton y a passé trois fois avec
» les mêmes précautions et y a séjourné le
» même temps qu'on a dit ci-dessus, on le lave
» à la rivière avec soin pour le débarrasser de
» toute l'huile, sans quoi l'engallage ne pour-
» rait y mordre.

» Le coton, après ce lavage, doit être aussi
» blanc que s'il avait été mis sur le pré.

» Lorsqu'il est sec, on procède à l'engallage
» et ensuite à deux alunages successifs, dont
» il est inutile de répéter le détail.

» Il suffit de dire ici que la galle s'emploie
» pulvérisée à raison d'un quarteron par livre
» de coton ; qu'on met six onces d'alun par
» chaque livre de matière pour le premier alu-
» nage, et quatre onces pour le second ; que,
» enfin, on ajoute à l'eau d'alun un poids de
» lessive égal à celui de ce sel. Il faut encore
» observer qu'il est inutile de mettre trois ou
» quatre jours d'intervalle entre chaque alunage
» et qu'on n'y ajoute aucun sel altérant, tous
» les sels métalliques étant généralement con-

» traires à la beauté de la couleur lorsque le
» coton a été engallé, à cause de la propriété
» de la galle, de précipiter les chaux métal-
» liques en différentes couleurs plombées ou
tanées qui ternissent l'éclat du rouge.

» Quelques jours après le dernier alunage,
» on procède à la teinture de la manière que
» j'ai décrite ci-dessus, à la réserve qu'on
» emploie deux livres de lizary (1) en poudre
» par chaque livre de coton, et qu'avant d'y
» mettre cette teinture, on y verse dans le
» bain environ vingt livres de sang de mouton
» liquide; on le bat bien dans ce bain qu'on
» a soin d'écumer.

» Pour aviver la couleur de ce coton, on
» le passe dans une lessive de cendres de bois
» neuf où l'on a fait dissoudre cinq livres de
» savon blanc de Marseille; on fait tiédir la
» lessive avant d'y mettre le savon. On trempe
» les cent livres de coton teint dans ce mé-
» lange, et on l'y pétrit jusqu'à ce qu'il en
» soit bien pénétré.

» On met dans une autre chaudière six cents
» pintes d'eau; lorsqu'elle est tiède, on y
» plonge le coton sans l'exprimer du mélange
» ci-dessus. On l'y fait bouillir trois, quatre,
» cinq ou six heures à très-petit feu le plus
» égal possible, ayant soin de couvrir le bain
» afin d'étouffer la vapeur de l'eau, qu'on ne
» laisse échapper que par un tuyau de roseau
» de cinq à six lignes de diamètre intérieur.

---

(1) Espèce de garance qui nous vient du Levant.

» On tire de temps en temps quelques loquettes
» de ce coton, pour voir s'il est suffisamment
» avivé; lorsqu'on le juge tel, on le retire, on
» le lave à fond, et le rouge est parfait.

» On peut encore aviver le coton de la ma-
» nière suivante.

» Lorsqu'il a séché après le lavage qui a
» suivi la teinture, on le fait tremper pendant
» une heure dans le *scikiou*, et après l'avoir
» bien exprimé, on le fait encore sécher. Lors-
» qu'il est sec, on fait fondre (pour les cent
» livres de coton) cinq livres de savon dans
» une quantité d'eau suffisante pour couvrir
» tout le coton.

» Quand cette eau de savon est tiède, on y
» met le coton, et lorsqu'il est bien imbibé,
» on le met dans une chaudière où l'on a mis
» six cents pintes d'eau.

» On fait bouillir le tout à très-petit bouillon
» pendant quatre ou cinq heures, en tenant
» la chaudière couverte pour étouffer les va-
» peurs aqueuses.

» Cette seconde méthode rend le rouge beau-
» coup plus vif encore que le plus bel incarnat
» d'Andrinople ».

D'après le procédé que je viens d'exposer,
et qui appartient à d'Apligny, on voit qu'avec
beaucoup de peine, de temps et de soins, on
parvient à faire une belle couleur, quand toutefois elle réussit bien ; mais il y a peu d'ouvriers
qui puissent se flatter de faire avec succès le
rouge d'Andrinople.

On peut aussi faire des rouges analogues à
ceux d'Andrinople : voici le procédé.

Il faut s'assurer que le coton est bien décreusé, car c'est là l'objet principal.

On fait une lessive à raison d'une livre de soude d'Alicante par livre de coton ; on met dans cette lessive à raison de deux onces de bonne huile d'olive aussi par livre, ce qui rend la lessive très-blanche.

Il faut bien se garder de mettre de la chaux dans cette lessive, car la causticité détruirait l'huile avec son acide, et l'opération deviendrait inutile et savonneuse.

Le savon n'a jamais fait mordant pour aucune couleur.

On prend une sébile de bois qui contient la lessive nécessaire unie à l'huile pour y tremper un mateau de coton ; on macère bien avec les mains le mateau de coton l'espace de deux minutes dans la lessive grasse qui est dans la sébile ; ensuite on le retire et on le range dans un baquet à côté du mateau de coton, et on jette par-dessus le restant de lessive qui est dans la sébile ; on reprend d'autre lessive et un autre mateau de coton, et l'on continue ainsi jusqu'à la fin : on laisse ainsi le coton jusqu'au lendemain dans le baquet ; on le retire, on le tord à la main, et on le fait sécher.

Quand il est bien sec, on fait cuire quatre onces de galle en sorte par livre de coton, que l'on fait bouillir une heure seulement la première fois ; on lave le coton à la rivière autant qu'il faut pour retirer l'huile ; on le tord bien à la main et on l'engalle en le manœuvrant de la même manière dans une sébile de bois, comme l'on a fait pour lui donner de la lessive grasse.

Quand le coton a reposé douze heures dans ce premier bain de galle, on le retire, on le tord à la main, et on le prépare pour lui donner un deuxième engallage ; on fait recuire, avec le même bain, la galle qui a servi au premier engallage, et avec ce bain on donne au coton un deuxième engallage comme la première fois : après douze heures, on le retire et on le fait sécher. Quand il est sec, il faut le laver pour le débarrasser des parties grossières de la galle, et le faire sécher.

Je connais un teinturier qui ne lave point ses cotons, même pour éviter de les faire sécher tant de fois. Il leur donne par-dessus la galle l'application du rouge fin, de manière qu'en trois sèches il a préparé ses rouges : mais je pense qu'il faut les faire sécher après les avoir lavé de dessus la galle, et leur donner ensuite deux applications, une d'abord du premier rouge, et après qu'ils sont secs, une du deuxième rouge un peu au-dessus du tiède, c'est-à-dire, quand le deuxième rouge est épaissi.

Il faut le laisser refroidir de son bouillon, même jusqu'au trentième degré, pour que cette chaleur attaque l'amidon séché sur le coton par la première immersion, et le laisser reposer dans ce deuxième rouge l'espace de quatre à cinq heures, après l'avoir manœuvré comme nous l'avons dit, le lever ensuite et le faire sécher.

Cette préparation demande cinq sèches à la

vérité; mais on est plus assuré de sa préparation ; en outre, dans ces sortes de teinture, il ne faut point être avare de main-d'œuvre.

Pour le garançage, il faut bien laver le fil et le coton, et les bien écarter de leur amidon.

On pile deux livres de lizary ou racine de garance par livre de coton, avec lequel on garance les cotons qu'on a préparés. Il ne faut point presser le feu d'abord. Le temps de la teinte ne doit être que de deux heures, y compris les vingt à trente minutes de bouillon.

Les teinturiers qui se piquent de quelque probité pourront aviver leurs cotons sur un bouillon de savon ; mais le savon seul ne remplirait pas le vœu de ceux qui aiment ce qu'on appelle *les bonnes affaires*, c'est-à-dire, à tromper le public.

On pense vulgairement que c'est l'huile que l'on a employée à la préparation antérieure à la teinture, qui donne au coton son poids extraordinaire, son maniement et son odorat huileux : c'est une erreur, puisque, s'il restait de l'huile sur les cotons, ils ne prendraient ni la galle ni les aluns ; ils pourraient prendre la teinture, mais ce ne serait qu'un petit rouge, tel qu'il prend sur les indiennes marquées à la suie broyée à l'huile, sur lesquelles tous les mordans possibles passent par-dessus la marque sans l'altérer en rien.

On avive les cotons rouges d'Andrinople avec de la lessive grasse qui a servi aux préparations antérieures.

Comme dans les fabriques où l'on ne fait que cette teinture, on donne six à huit immersions de lessive grasse au coton avant de l'engaller, il résulte qu'ils ont beaucoup de ces lessives de reste : aussi ne l'épargnent-ils point pour l'avivage, encore fort souvent mêlent-ils d'autre huile à celle qui y est déjà. Ils donnent pour raison que le coton serait trop dur au tissu, et que les toiles ne s'étofferaient point comme il faut.

On peut encore aviver les cotons à l'acide muriatique oxigéné en prenant les sages précautions que l'art et la prudence exigent de cette opération, et on les finit au savon.

J'ajoute ici le procédé du rouge d'Andrinople que vient de décrire M. Berthollet dans la nouvelle édition de ses Élémens de Teinture.

Procédé du rouge d'Andrinople ou de Turquie, décrit par Clere.

Extrait de l'ouvrage de MM. Berthollet.

Il faut, si l'on a 50 kilogrammes de coton à teindre, commencer par le bien décreuser. Cette opération se fait en mettant bouillir le coton dans une chaudière avec de la lessive de soude, à un degré au pèse-liqueur, et l'on y ajoute ce qui reste ordinairement du bain qui a servi à passer les cotons *en l'apprêt blanc*, que l'on nomme *sickiou*.

Pour décreuser le coton comme il faut, et pour qu'il ne se mêle point, on passe dans une corde trois mateaux (le mateau est composé de quatre pentes qui pèsent en tout 5 kilogr.); on le jette dans la chaudière lorsqu'elle commence à bouillir ; on a soin de l'enfoncer, afin qu'il ne brûle pas contre les bords de la chaudière, qui doit tenir pour 50 kilogrammes de coton, environ 600 litres : le coton est parfaitement décreusé lorsqu'il s'enfonce de lui-même dans la chaudière ; on le retire ensuite, et on le lave pente par pente à la rivière ; on le tord, et ensuite on l'étend pour le faire sécher.

DEUXIÈME OPÉRATION.

Bain de fiente.

Il faut mettre dans un cuvier 50 kilogrammes de soude d'Alicante réduite en poudre grossière ; ce cuvier doit être percé d'un trou à sa partie inférieure, afin que l'eau puisse en couler dans un autre cuvier qu'on place au-dessous : cette soude étant dans le cuvier supérieur, on y verse dessus environ 300 litres d'eau de lessive ; lorsque l'eau qui est coulée dans le cuvier inférieur donne deux dégrés au pèse-liqueur des savonniers, elle est bonne pour le bain de fiente, qui se fait de cette manière.

L'on prend 12 a 15 kilogrammes de crottin de mouton, que l'on met tremper dans une grande terrine de terre dans de la lessive à deux degrés, et on l'écrase avec un pilon de bois ; ensuite on la passe dans un tamis de crin que l'on pose sur le baquet dans lequel on doit préparer le bain ; l'on verse dans ce baquet 6,25 kilogr. d'huile d'olive de Provence, et l'on remue toujours avec un rable pour bien mêler l'huile avec la lessive de soude et la fiente ; l'on verse dessus de l'eau de soude : il faut ordinairement neuf seaux d'eau pour abreuver 50 kilogrammes de coton (le seau contenant seize litres). Le bain ainsi préparé, il est bon pour passer le coton.

A cet effet, on prend du bain avec une jatte de bois, que l'on verse dans une terrine maçonnée à hauteur convenable pour que l'on puisse travailler aisément. L'on prend un mateau de coton que l'on foule bien avec les poignets ; on le lève à plusieurs reprises en le tournant dans la terrine, ensuite on le croche à un crochet de bois qui est attaché au mur ; on le tord légérement, et on le jette sur une table ; l'on continue la même opération à chaque mateau. La table sur laquelle on jette le coton doit être élevée de 2 à 3 décimètres de terre. Un ouvrier prend un mateau de chaque main et le bat sur cette table pour étendre les fils ; il le change trois fois de côté, ensuite il fait un petit tord pour former une tête au mateau, et il le couche sur la table : il ne faut pas mettre plus de trois mateaux l'un sur l'autre, parceque la charge trop forte ferait couler le bain des mateaux de dessous. Le coton doit rester sur la table dix ou douze heures, après lesquelles on le porte à l'étendage pour le faire sécher.

TROISIÈME OPÉRATION.

Bain d'huile ou bain blanc.

L'on prend de l'eau de soude également à deux degrés au pèse-liqueur, et après avoir bien nétoyé le baquet dans lequel était le bain de fiente ; l'on y met 5,25 kilogr. d'huile d'olive, et l'on y verse dessus l'eau de soude, en brassant toujours avec un rable pour bien mêler l'huile. Ce bain doit ressembler à du lait épais, et pour qu'il soit bon, il ne faut pas que l'huile se sépare à sa surface ; l'on prend ensuite de ce bain que l'on met dans la terrine, et l'on y passe le coton mateau par mateau comme dans l'opération précédente ; on le jette sur la table, on le *crêpe* (crêper, c'est le battre sur la table,) et ensuite on le laisse sur la table jusqu'au lendemain qu'on le porte à l'étendage. (*Nota*. Il faut pour ce bain environ huit seaux d'eau de lessive).

QUATRIÈME OPÉRATION.

Premier sel.

Sur le marc de la soude qui est dans le cuvier, on y remet de nouvelle soude, si l'eau que l'on a versée par dessus n'a pas trois degrés : il faut donc, pour cette opération, prendre huit seaux d'eau de soude, que l'on verse dans le baquet par-dessus ce qui a pu rester de bain blanc, et on y passe le coton comme ci-dessus, cette opération se nomme *donner le premier sel*. L'eau à trois degrés.

CINQUIÈME OPÉRATION.

Deuxième sel.

Le coton se passe dans une eau de soude à quatre degrés, avec les mêmes attentions pour le travail que ci-dessus.

SIXIÈME OPÉRATION.

Troisième sel.

Le coton se passe dans une eau de soude à cinq degrés.

SEPTIÈME OPÉRATION.

Quatrième sel.

Le coton se passe dans une eau de soude à six degrés, et après avoir été passé avec les mêmes soins, on le porte à l'étendage pour sécher sur des perches bien unies ; le coton étant sec, on le porte à la rivière pour le laver de la manière suivante.

HUITIÈME OPÉRATION.

Il faut tremper le coton dans l'eau, ensuite le retirer et le laisser égoutter sur un bayard ; l'on jette de l'eau dessus à diverses reprises pour bien le pénétrer, et au bout d'une heure on le lave, pente par pente, afin de le bien débarrasser de l'huile, ce qui est très essentiel afin qu'il prenne bien la galle ; on le tord ensuite à la cheville avec un chevillon ; ensuite on l'étend sur des perches pour le faire sécher : le coton au sortir du lavage, doit être d'un beau blanc.

NEUVIÈME OPÉRATION.

Engallage.

Pour l'engallage, il faut choisir de bonnes noix de galle en sorte (nom connu dans le commerce

commerce ; la galle en sorte est moitié galle noire et moitié galle blanche) ; et après l'avoir concassée, en mettre pour 50 kilogr. de coton 6,25 kilogr. dans une chaudière, et la faire bouillir avec six seaux d'eau pure de rivière. Il faut ordinairement trois heures pour la bien cuire ; on s'apperçoit qu'elle est au degré de cuisson convenable lorsqu'elle s'écrase sous les doigts comme de la bouillie ; alors on verse dessus trois seaux d'eau fraîche et on la passe dans un tamis de crin bien serré, en pétrissant le marc dans les mains pour en extraire toute la partie résineuse. L'eau étant posée et claire, l'on procède à l'engallage de la manière suivante.

On verse dans une terrine scellée dans le mur à hauteur convenable pour le travail, neuf à dix litres d'eau de galle, et on y passe le coton mateau par mateau en le foulant bien avec les poignets, ensuite on le tord à la cheville, et on le porte à fur et mesure que l'on le passe, à l'étendage ; précaution essentielle qui empêche le coton de noircir. Le coton étant bien sec, on procède à l'alunage de la manière suivante.

DIXIÈME OPÉRATION.

Alunage.

Après avoir bien fait nétoyer la chaudière dans laquelle on a fait la décoction de noix de galle, l'on y met huit seaux d'eau de rivière et 19 kilogr. d'alun de Rome, que l'on y fait fondre sans bouillir ; lorsque l'alun est fondu, l'on y verse un demi-seau de soude à quatre degrés du pèse-liqueur, et ensuite on passe le coton mateau par mateau comme pour l'engallage; on l'étend ensuite pour sécher, et enfin on le lave d'alun comme on va le voir.

ONZIÈME OPÉRATION.

Lavage de l'alun.

Après avoir laissé tremper le coton et égoutter une heure sur le bayard, on lave trois fois chaque mateau séparément, ensuite on le tord à la cheville et on le porte à l'étendage.

DOUZIÈME OPÉRATION.

Remonter sur galle.

Cette opération consiste à répéter les précédentes : on prépare un bain blanc comme celui décrit à l'article 3. L'on met dans un baquet 6,25 kilogr. de bonne huile grasse de Provence, et l'on verse dessus huit seaux d'eau de soude à deux degrés au pèse-liqueur des savonniers. L'on a soin de bien remuer le bain, et l'on y passe le coton comme il est décrit à l'article 3.

TREIZIÈME OPÉRATION.

Premier sel.

On passe le coton, après l'avoir bien fait sécher, dans une eau de soude à trois degrés.

QUATORZIÈME OPÉRATION.

Deuxième sel.

On passe le coton, après l'avoir fait sécher, dans une eau de soude à quatre degrés.

QUINZIÈME OPÉRATION.

Troisième sel.

On passe le coton, après qu'il est sec, dans une eau de soude à cinq degrés, et alors tous les passages sont finis : après l'avoir fait sécher, on le lave, on l'engalle et on l'alune avec les mêmes doses et les mêmes attentions décrites aux articles 9 10 et 11 ; et ensuite le coton a toutes les préparations nécessaires pour bien prendre la teinture. Le coton, au sortir de ces préparations, doit être de couleur d'écorce d'arbre. Un point très-essentiel à observer est de ne donner aucun passage au coton qu'il ne soit parfaitement sec, sans quoi on risquerait à rendre la teinture bigarrée. Quand le coton est étendu sur les perches, il faut avoir soin de la bien secouer et retourner pour qu'il sèche uniformément.

SEIZIÈME OPÉRATION.

Teinture.

On se sert ordinairement d'une chaudière en carré long ; elle doit tenir environ 400 litres d'eau, et dans cette proportion l'on y peut teindre 12,5 kilogrammes de coton à-la-fois. Pour commencer l'opération de la teinture, l'on emplit d'eau la chaudière jusqu'à quatre ou cinq pouces du bord ; ensuite on y verse un seau de sang de bœuf ou de mouton, qui est meilleur lorsque l'on peut s'en procurer, ce qui fait environ vingt-cinq litres de sang ; ensuite on y met le lizary. Quand on veut une belle couleur vive et tranchante et qui ait beaucoup de fond, on mêle ordinairement plusieurs lizarys ensemble comme 0,75 kilogr. de lizary de Provence et 0,25 kilogr. de lizary de Chypre, ou si l'on n'en a pas de Chypre, une partie égale de lizary de Provence, de Tripoli ou de Smyrne ; la dose est toujours de deux parties pour une de coton. Lorsque le lizary est dans la chaudière, on le pallie avec un rable pour le dépelotter, et lorsque le bain est tiède, l'on y plonge le coton que l'on a étendu sur des bâtons que l'on nomme lisoirs : on met ordinairement deux mateaux sur chaque bâton ; l'on a soin de bien l'enfoncer, et on retourne le coton bout pour bout sur les lisoirs à l'aide d'un bâton au bout duquel il y a une pointe que l'on passe entre les mateaux et le lisoir sur lequel le coton est posé. Cette opération dure une heure ; et lorsque la chaudière commence a bouillir, l'on retire le coton de dessus les lisoirs, et on l'enfonce dans la chaudière en suspendant chaque mateau à des bâtons qui sont supportés sur la chaudière à l'aide d'une corde qui est passée dans chaque mateau. Le coton doit bouillir environ une heure pour tirer toute la partie colorante de la garance. Il y a encore un moyen de reconnaître quand la couleur est extraite ; il se forme alors sur la chaudière une écume blanche. On le jette bas de la chaudière, et on le lave pente à pente à la rivière ; on le tord à la cheville et on le fait sécher.

DIX-SEPTIÈME OPÉRATION.

Avivage.

Dans la chaudière qui sert au décreusage, qui doit tenir six cents litres d'eau, l'on verse de l'eau de soude à deux degrés de pesanteur, et on l'emplit à dix à douze pouces du bord ; ensuite on y verse 2 à 2,5 kilogrammes d'huile de vitriol, et 3 kilogrammes de savon blanc de Marseille coupé très-menu ; l'on remue toujours jusqu'à ce que le savon soit fondu, et lorsque la chaudière commence à bouillir, l'on y jette le coton, que l'on a soin de passer dans une corde pour l'empêcher de se mêler ; on couvre ensuite la chaudière, on l'étoupe avec de vieux linges, on la charge et on la fait bouillir à petit feu pendant quatre à cinq heures ; l'on découvre ensuite la chaudière, et le coton doit être fait et d'un beau rouge. Il ne faut retirer le coton de la chaudière qu'au bout de dix à douze heures, parcequ'il se nourrit dans l'avivage et prend beaucoup plus d'éclat.

Il faut ensuite le laver pente à pente, le faire sécher et le coton est fini.

L'Auteur est dans l'usage de donner à ses cotons un passage après qu'ils sont bien secs ; il consiste à faire une dissolution d'étain dans l'eau-forte avec un seizième de sel ammoniac: il étend cette dissolution dans huit seaux d'eau, et il y fait passer son coton ; il faut le laver ensuite : ce passage donne un très-beau feu au coton.

Nota. Il ne faut mettre dans le *baquet au sickiou* que les restes du premier apprêt ; ceux qui restent après que le coton a été engallé ne valent rien, et il faut les jeter.

On trouvera dans les Elémens de Teinture par MM. Berthollet des détails intéressans, communiqués par M. Chaptal, sur le procédé du rouge d'Andrinople, que ce savant a long-temps fait exécuter lui-même avec beaucoup de succès ; on peut aussi consulter le 2e vol. des Mémoires de l'Institut.

Du violet.

Pour les violets bon teint, il ne faut point de galle avant le mordant ; ils se détruiraient l'un l'autre par le produit d'un gris boue-de-Paris bon teint : il est inutile aussi de leur donner aucune préparation à l'huile, avec laquelle le fer ne s'accommode pas.

Les différens mordans pour violets, déjà indiqués au procédé d'indienne bon teint, donnent carrière à les faire de tel genre que l'on desire. Cependant, pour la teinte des violets unis, il faut donner un peu plus de rouge que pour l'impression, ce qui s'exécute en ajoutant au bain de violet un demi-verre de liqueur de rouge fin par pinte.

Si, après le garançage, le coton se trouve

trop rouge, il ne faut point s'en étonner ; on le fait revenir à l'avivage au degré que l'on desire, en ajoutant au bain de savon de la lessive de soude ou même de potasse, sur lequel on ne risque rien de donner un bouillon et de les y voir venir au degré que l'on desire.

Il est aussi des violets qui, suivant les échantillons, exigent de la galle au garançage.

On fait aussi des violets aux passés, qui ont un bon mérite tant en teinture qu'en impression.

On donne au coton ou au fil, l'application d'un rouge fin ou d'un deuxième rouge ; si on ne les veut pas si foncés, on les fait sécher, on les lave, et on leur donne un bon bain de bois d'Inde frais.

Cette teinte, que l'on ne peut dire bon teint, résiste long-temps à l'air et au nétoyage.

On fait aussi des rouges au passé, de la même manière que l'on fait les violets, en se servant de bain de Brésil à la place de celui de bois d'Inde ; mais ces rouges ne sont pas aussi solides que les violets.

Les rouges-bruns, les prunes, les puces, se font de la même manière que les violets bon teint, en se servant pour cet effet des mordans dont nous avons fait mention au procédé des indiennes bon teint, c'est-à-dire, pour les rouges-bruns le mordant doit être préparé de trois parties de rouge fin et d'une partie de noir, si l'on garance sur cet apprêt antérieur ou à un rouge-brun ; mais si l'on gaude avec l'attention de faire bien cuire et bouillir la gaude pendant deux heures, on a un jaune-brun tirant sur le verd, qui fait couleur contre le jaune produit par le rouge fin, comme le rouge fin produit à la gaude un jaune doré au-dessus du jaune franc produit par le demi-rouge ou le rouge fin coupé.

Le puce, dont le mordant est composé de trois parties de rouge fin et de cinq parties de noir, fait au garançage un puce; mais il faut, après l'avoir lavé de son garançage, lui donner un autre bain composé de deux onces de galle en sorte, en poudre, et d'une demi-livre de bois jaune, ce qui donne au puce un petit reflet doré.

A la gaude, ce mordant produit un gros verd qui fait couleur contre celui produit par le rouge fin, et que l'on peut rendre merde-d'oie en y ajoutant de la garance.

Le prune, dont le mordant est composé de parties égales de noir, et du deuxième rouge, fait au garançage de couleur prune: mais au gaudage il ne fait qu'un gros verd imparfait, maigre et affamé, qui ne s'accorde point avec les gaudés ci-dessus, mais qui s'accorderait avec le produit des violets et de la gaude, dont la teinte n'est qu'un gris américain ou gris-verdâtre, mais bon teint.

Le produit du noir pur avec la gaude est un noir imparfait, mais qui fait toujours une bonne couleur.

La gaude, le bois jaune, le quer citron, font griser toutes les couleurs de nankin bon teint, soit celui fait à la couperose ou à l'eau de chaux, soit celui fait au bain de noir et à la couperose calcinée; même en les forçant de jaune, ils changent de couleur à mesure qu'on les fait monter, et toutes ces couleurs, à cause de leur plein, sont toujours bonnes quand elles sont unies.

Le bois d'Inde, la galle, font aussi griser les nankins; mais il faut les employer avec prudence.

La garance, avec les nankins, ne fait qu'une couleur imparfaite, à moins qu'on n'y mette de la galle et qu'on ne la pousse jusqu'au gris de maure et même jusqu'au noir.

Mais si les nankins ont été teints sur un bain de noir, de couperose, de sel de Saturne, avec très-peu d'alun et beaucoup d'eau, ces nankins, au garançage, deviennent violets; mais quand c'est avec intention de les faire violets qu'on les met en nankin, il faut forcer cette teinture de nankin en vitriol bleu.

Pour les capucines et les oranges, avec les mordans de rouge fin, on fait, au garançage, de très-beaux capucines avec une livre de garance et une livre de quer citron par livre de coton.

On garance, comme à l'ordinaire, ces matières ensemble dans la chaudière; l'avivage fait le reste.

Pour les oranges, le deuxième rouge suffit, et au garançage, trois quarts de garance et trois quarts de quer citron.

Avec le composé du violet tendre, auquel il faut ajouter du vitriol de Chypre, on fait bien des sortes de gris bon teint par le mélange du quer citron et de la garance; mais il faut aussi en même temps, pour faire toutes ces couleurs avec leur perfection, être un peu habitué et exercé dans l'état de teinture ; car, dans cet état comme dans bien d'autres, ce n'est qu'en manœuvrant qu'on devient ouvrier, de même qu'en forgeant on devient forgeron.

De la garance.

La garance de première et deuxième qualités est celle que l'on emploie ordinairement dans la teinture de coton et dans les indiennes.

Il existe souvent dans le commerce des garances qui n'ont aucun bon produit, quoiqu'elles aient à la vue une apparence de beauté et de vivacité souvent même supérieures à la meilleure garance. Les marchands même les plus expérimentés s'y trouvent trompés.

Il faut sans doute qu'il existe quelque fabrique de garance dont les ouvriers sont assez adroits pour donner à la garance détériorée toute l'apparence d'une garance de première qualité, ou qu'il y ait des marchands qui ne fassent d'autre état que de falsifier la garance pour doubler leur bénéfice.

Cet avis important pour les fabricans suffit sans doute pour les tenir en garde contre les piéges que la cupidité pourrait tendre à leur bonne foi.

Le meilleur moyen de n'être jamais trompé, est d'essayer le produit de la garance avant de l'employer. A cet effet on prend un morceau de toile de coton décreusée et apprêtée, sur laquelle on fait une ou plusieurs taches avec du rouge fin, du deuxième rouge et du violet, et l'on garance ensuite ce petit morceau de toile, sur lequel doit se trouver le bon produit de la garance.

La fausse garance est aussi plus dure à la main que la bonne. Quand elle est écrasée, il semble que l'on manie de la sciure de bois ; au lieu que la bonne garance est plus douce et pelotte dans les mains quand on la presse un peu fort.

Cet objet est d'autant plus intéressant, que si l'on vient à garancer avec de la fausse garance, on perd à la fois sa garance, ses mordans et sa main-d'œuvre.

DE LA TEINTURE
DE L'IVOIRE ET DES OS.

L'IVOIRE, les os et tous les ouvrages que l'art retire de ces matières, tels que les billes, les fiches, les boutons, etc., se teignent en suivant les procédés de la teinture des laines.

On dégraisse bien ces substances avant de les soumettre à la teinture, et on force un peu le bain en y ajoutant une plus grande quantité de matières colorantes.

Les plumes pour écarlate bon teint se dégraissent à la lessive caustique ; il faut bien les laver et les débarrasser de leur matière alkaline avant de les mettre en teinture.

Le crin blanc pour écarlate ne doit être enterré que pendant huit jours dans le fumier, car il serait totalement perdu le neuvième ; ensuite on le dégraisse, et on le lave avant de le mettre à la teinture.

On parvient à bien teindre les peaux à la brosse, en suivant les procédés des fabricans d'indiennes petit teint.

Les chapeaux de paille et de bois se teignent en noir, suivant le procédé de la soie : les chapeaux de bois peuvent se mettre en toute couleur, en suivant le procédé de la teinture des fils et cotons ; mais il faut observer que les bains ne soient pas trop chauds.

La canne de geai arrive des Indes blanche et non colorée ; l'écaille dont elle est couverte refuse toute espèce de vernis : on les met en couleur de la manière suivante.

On a une chaudière longue qui puisse tenir cinquante cannes de geai pour les manœuvrer ; on met dans la chaudière, avec l'eau, deux livres de garance et une livre de cendres gravelées ; on fait bouillir le tout une heure ou deux, jusqu'à ce que les cannes aient pris la couleur desirée ; on les lève et on les laisse sécher sur leur teinture.

Il faut observer de ne point épargner les drogues et d'abréger l'opération, car la trop grande longueur des bouillons exposerait les cannes de qualité médiocre à fendre dans le bain.

La paille se met en couleur en suivant les procédés de fil petit teint.

On peut, pour la paille, employer la composition de verd-de-Saxe, autrement dit la dissolution d'indigo par l'acide vitriolique pour faire les verds et les bleus ; ce qu'on ne pourrait faire pour la teinture du fil et du coton.

La plus grande partie des bois de l'ébéniste se teignent ordinairement avec du bain de Brésil ou du bois d'Inde dans lequel on introduit un peu d'alun.

La colle à bouche se teint en faisant la pâte avec le procédé des fils et de la paille petit teint.

On imprime aussi des toiles et des mousselines à l'huile, avec lesquelles on fait de très-jolies choses : cette impression est très-solide, et ne s'altère qu'au bouillon de la lessive caustique.

Cette manière de travailler aurait fait fortune dans le commerce, sans un inconvénient des plus graves, savoir, que les objets imprimés à l'huile portent long-temps l'odeur d'huile empireumatique, odeur si insupportable, que les marchands même sont obligés de mettre à part les marchandises imprimées de cette manière, crainte que l'odeur ne se communique aux autres.

Pour y parvenir on dégraisse l'huile de noix de la manière suivante.

On fait bouillir sur le feu l'huile dans une marmite de fer, et l'on y met le feu l'espace de deux minutes; on l'étouffe et on la laisse refroidir.

L'huile a pris, par cette opération, une certaine consistance d'épaisseur; mais il y a des fabricans qui augmentent cette épaisseur en unissant de la résine ordinaire à l'huile au moment de son ébullition, avant d'y mettre le feu.

Cette opération demande d'être faite dans une cheminée très-sûre et très-propre, dans la crainte que la flamme de l'huile ne donne matière à exciter ou à entretenir un violent incendie.

Avec cette huile ainsi préparée, on broye sur le marbre les couleurs que l'on desire avoir: avec de l'encre à la Chine, et mieux encore avec du noir d'ivoire, on fait du noir; avec du bleu de Prusse, on fait du bleu; avec la laque rouge, on fait du rouge, avec la laque jaune, on fait du jaune : et quand on a de toutes ces couleurs bien broyées, en unissant du bleu et du jaune, on fait du verd ; en unissant du rouge et du bleu, on fait du violet ; en unissant du jaune et du rouge, on fait des oranges.

On fait toutes ces unions au degré de force que l'on desire employer, c'est-à-dire, si l'on veut faire un verd-brun, il faut plus de bleu que de jaune, et même parfois brunir avec du noir ; si c'est un verd clair, il faut plus de jaune et moins de bleu ; si c'est un violet-clair, il faut plus de rouge et moins de bleu.

Il n'en est pas de même pour les couleurs de bois : on fait sa laque jaune soi-même, et voici la manière de procéder.

On met sur le feu deux chaudrons qu'on remplit d'eau ; dans l'un des deux on jette seize livres d'alun de Rome, et dans l'autre seize livres de potasse ; on fait fondre ces objets séparément, et quand ils sont en parfaite fusion, on les verse tous les deux à-la-fois dans un tonneau (demi-queue d'Orléans) posé et défoncé exprès. Il faut bien prendre garde à l'effervescence qui s'excite alors.

On remplit ensuite le tonneau d'eau froide ; on le pallie, et on le laisse reposer jusqu'au lendemain matin : alors le marc s'est déposé au fond du tonneau. Il faut bien se garder d'y toucher.

On retire, avec un syphon, l'eau claire du tonneau jusqu'à six ou huit pouces du marc, crainte de l'agiter ; ensuite on remplit le tonneau d'eau nouvelle ; on le pallie et on le laisse ainsi reposer jusqu'au soir, que l'on retire l'eau claire, avec les mêmes précautions de ne point toucher au marc.

On continue cette opération pendant quinze jours, deux fois par jour, ce qui fait trente lavages que l'on donne à l'union de la potasse et de l'alun, pour l'écarter absolument de tous ses sels neutres, acides ou alkalis. Après quinze jours, on dépose le marc sur une toile forte pour en retirer l'eau, et on le fait sécher.

Quand il est sec, on le met en poudre; ensuite on fait cuire quatre livres de graine d'Avignon dans huit pintes d'eau, que l'on fait réduire à quatre pintes; on verse dans la poudre les quatre pintes de bain jaune; on fait recuire une deuxième fois la graine d'Avignon, et l'on verse le deuxième bain avec le premier: alors on fait, avec la laque jaune, de petites pierres qu'on fait sécher, et qu'on réduit ensuite en poudre impalpable.

Pour faire les couleurs de bois propre à imprimer à l'huile, on prend une marmite de fonte dans laquelle on met la quantité de laque sèche que l'on desire; on met ensuite cette marmite sur un feu de charbon, et l'on fait mouvoir la laque qui est dedans avec une spatule de bois : c'est alors que l'on voit monter la couleur de bois au degré que l'on desire.

Si, au lieu de quatre livres de graine d'Avignon, on colore cette laque avec le produit d'une livre de cochenille, on aura une laque carminée, dont le produit sera d'un très-grand mérite.

Je

Je conviens que l'on a des moyens moins dispendieux pour faire les laques qui s'emploient dans le commerce.

Les fabricans de papier peint colorent très-bien leur laque avec le produit simple d'un beau bois de Brésil.

Voici la manière de faire, par exemple, le bleu de Prusse et le verd anglais.

Bleu de Prusse.

Prenez douze livres de sang de bœuf sec, huit livres de sabots onantes, huit livres de potasse et huit livres de tartre blanc.

Pour faire sécher le sang, on remplit une chaudière de sang de bœuf qu'on fait bien cuire, et ensuite on le fait sécher au four ou au soleil.

Prenez toutes les substances énoncées ci-dessus; faites-les calciner jusqu'à ce que le tout soit liquide; faites chauffer de l'eau dans un chaudron, et lorsqu'elle sera sur le point de bouillir, prenez votre calcination par cuillerées, que vous jetterez dans votre chaudron qui doit être hors du feu : vous le passez à travers un linge, sous lequel vous aurez soin de mettre un vase pour recevoir votre eau, vous tordez le linge et vous jetez ce qui reste dessus : prenez ensuite six livres d'alun et six livres de belle couperose, que vous ferez dissoudre dans un chaudron plein d'eau prête à bouillir; vous le passez comme le précédent, puis vous jetterez cette lessive sur l'autre, qui doit être dans un tonneau. Vous agiterez bien le tout avec un bâton; vous remplirez le tonneau d'eau claire, vous le laisserez déposer jusqu'à ce que votre eau soit bien claire : vous faites un trou à l'endroit où votre bleu est déposé pour en retirer votre eau.

Vous renouvelez cette opération deux fois par jour, ayant soin d'y remettre de nouvelle eau en remuant bien le tout.

Cette opération doit durer pendant huit jours; et si votre bleu n'est parvenu à sa perfection, vous continuerez de le laver ; vous mettrez votre bleu sur le filtre pour épurer l'eau : si vous voulez le faire sécher, vous l'étendez sur du papier.

Le creuset dans lequel on fait calciner doit être de fonte.

Verd anglais.

Prenez douze livres de vitriol de Chypre, que vous faites dissoudre dans de l'eau de rivière, et huit livres de potasse, que vous faites dissoudre à part et de la même manière. Vous y ajoutez une once de couperose blanche et autant de sel ammoniac.

Prenez votre bain de vitriol bien chaud, que vous jetterez dans votre dissolution de potasse en le remuant bien avec un bâton : vous le laverez de même que le bleu, et vous le mettrez sur le filtre.

Pour imprimer à l'huile ce verd anglais et pour faire les couleurs chamois, on emploie aussi la couperose rouge, ainsi que je l'ai dit à l'article des indiennes : mais il faut broyer la couperose à l'huile avant qu'elle ne soit tombée en *deliquium.*

On imprime aussi des toiles et des mousselines en taille-douce, en suivant les procédés des imprimeurs d'estampes en taille-douce, et le coloris est le même que celui des imprimeurs de toiles et mousselines à l'huile.

On imprime aussi beaucoup de draps et de casimirs à l'huile; mais pour parvenir à les bien faire, il faut que les gravures soient en cuivre ou polytipées.

On imprime aussi beaucoup de draperies et d'étoffes de laine en petit teint, soit à la presse ou au cylindre.

Les étoffes imprimées au cylindre ne sont point sujettes au raccord; et les gravures étant beaucoup plus délicates que celles des planches destinées à la presse, l'impression en a beaucoup plus de mérite.

J'ai vu des casimirs anglais, imprimés au petit teint au cylindre, qui avaient trois couleurs très-bien raccordées les unes sur les autres.

Les fabricans d'Amiens, à qui les Anglais doivent l'honneur de cette découverte, n'ont rien ménagé pour perfectionner le mécanisme du cylindre à imprimer les draperies; mais ils n'ont pas encore eu la patience de le faire à trois couleurs non compris le fond.

Si les étoffes que l'on imprime en petit teint ne sont point teintes d'un fond qui ait subi un bouillon d'alun, on ne peut imprimer dessus qu'avec la composition de bleu pour verds de Saxe, qui fera un fond gris et bleu. Sur un fond noir, on peut imprimer le jaune sale par le moyen du bain de bois jaune uni à l'acide nitrique, sur un fond jaune ou chamois qui a reçu son bouillon d'alun.

On peut imprimer toutes les couleurs qui peuvent se faire avec le bois d'Inde et de Brésil, ainsi que tous les verds de Sáxe.

Les bains dont on se sert pour imprimer en petit teint doivent être un peu concentrés, mais moins que ceux dont on se sert pour imprimer en petit teint sur les toiles, parceque la chaleur et la cuisson font lâcher tout le produit colorant sur les étoffes.

Pour épaissir toutes les couleurs d'impression sur les étoffes de laine, on peut se servir de folle farine de meunier, ou de farine commune ordinaire, ou de gomme adragante; mais pour la plus grande perfection de l'ouvrage, il faut se servir de farine de blé-sarrasin avec le son telle qu'elle sort du moulin, parceque les étoffes sont plus faciles à gratter à leur retour de l'impression, et les croûtes s'enlèvent beaucoup mieux.

On ne lave jamais une étoffe de laine imprimée en petit teint.

TEINTURIER-DÉGRAISEUR.

L'ART du teinturier-dégraisseur est très-recherché à Paris et même dans les départemens : il ajoute beaucoup à l'économie de tout ce qui tient aux vêtemens et à l'ameublement d'une maison.

Sans cet état, la consommation doublerait, ou plutôt le luxe diminuerait de moitié, par ceque l'objet du travail du dégraisseur est de donner un ton de neuf à tout ce qui sort de ses mains.

Le nom de dégraisseur vient de ce que toutes les taches que ces ouvriers ont l'art de bien enlever sur toutes sortes d'étoffes ne proviennent que d'une partie grasse quelconque.

Ils enlèvent aussi sur les dentelles et sur tout ce qui concerne le linge, les toiles de coton et autres, toutes les taches produites par la graisse et par les matières colorantes, telles que l'encre, les gouttes de suie qui coulent des tuyaux de poële, la rouille et autres.

Le dégraisseur enlève aussi les mêmes taches sur les draperies et sur les étoffes de soie, mais ce n'est que par des moyens factices ou des objets apparens, qui ne sont souvent bons que pour la livraison.

Le dégraisseur nétoye, reteint et remet à neuf toutes les vieilles draperies, les étoffes de soie, les toiles, les indiennes ; il reteint les rubans, nétoie et reteint les bas de soie, les gazes, et tout ce qui est objet de détail relatif à l'état de teinturier dégraisseur.

Mais il en est de cet art comme de bien d'autres : les meilleurs procédés, entre les mains de gens mal-adroits, deviennent inutiles.

J'invite donc les personnes qui desirent faire leur état du dégraissage, à se livrer à la pratique de cet art, pour l'exercer avec toute la subtilité qu'il exige.

Les huiles essentielles ont la propriété singulière de détruire sans réserve les objets huileux ou gras.

L'essence de citron, l'essence de fleurs d'orange, l'essence de bergamotte enlèvent, sans aucun désagrément, toutes les taches grasses ; mais le prix des essences en fait abandonner l'usage aux dégraisseurs.

Les particuliers qui ne font pas leur état du dégraissage peuvent enlever, avec l'essence de citron, pour le même prix qu'ils donneraient au dégraisseur ; ils auront, de plus, le bénéfice d'être exempts de l'odeur insipide de l'essence de térébenthine dont se servent les dégraisseurs, et ce n'est pas peu gagner.

L'essence vestimentale, connue dans le commerce pour enlever les taches grasses, n'est autre chose que l'essence de lavande.

Les marchands de cette essence ont soin d'en déguiser la connaissance en la falsifiant et en la mélant avec d'autres essences de moindre valeur, afin de lui ôter son odeur naturelle.

L'essence de lavande seule a assez de propriétés sans y ajouter de l'essence de térébenthine : d'abord, c'est qu'il est un principe généralement reconnu, savoir, qu'une essence en détruit une autre. Cette destruction convient-elle à la destruction des principes gras ? C'est une question. D'abord, l'essence de térébenthine seule a plus de force et plus de mordant que toutes les autres, prises chacune en particulier; et pour peu que l'essence de térébenthine soit mixtionnée, elle perd de sa supériorité sans rien perdre de son odeur insipide.

Quand on nétoie et qu'on remet à neuf une robe ou habillement d'indienne, s'il y a des taches d'huile et que l'on ne prenne point la précaution, avant de la mouiller, de les enlever avec de l'essence, ces mêmes taches reparaîtront après que l'on aura porté cette robe trois ou quatre fois.

Si l'on veut reteindre un habit de drap quelconque, il faut avant le bien nétoyer, sinon toutes les taches apparentes et cachées sortiront par-dessus la teinture.

Le fiel de bœuf, dont nous n'avons pas encore parlé, est le seul objet qu'il convient d'employer pour cette opération ; mais, à défaut de fiel, on peut employer une lessive de potasse légère, et ensuite le bien rincer à la rivière.

Quand on se sert d'essence de térébenthine pour détacher une étoffe de soie ou autre, on a ordinairement une petite éponge ou un peu de coton, avec lequel on prend l'essence, et après avoir frotté la tache, la tache disparaît ; mais il faut ensuite couvrir la partie imprégnée et mouillée d'essence avec une poudre quelconque, soit de la cendre, soit du plâtre en poudre, ou de la terre grasse aussi en poudre, autrement il se ferait un cerne aussi grand que l'extrémité de la partie mouillée ou imprégnée d'essence, ce qui est occasionné par la partie grasse de l'essence de térébenthine ; car, avec l'essence de la lavande, ce cerne n'a pas lieu.

Pour les blancs, on se sert de plâtre en poudre, et pour les couleurs, on se sert de terre grasse en poudre, ou de terre de pipe, ou de cendres.

Un dégraisseur doit avoir attention de ne point étérer les taches dans l'intérieur de l'étoffe, parcequ'elles remontent avec plus d'étendue après quelques jours ; c'est ce que font beaucoup de personnes avec les taches de cire qu'elles croient faire disparaître avec un charbon de feu dans une cuiller d'argent et une feuille de papier brouillard : il en résulte que la tache qu'ils ont cru faire disparaître remonte après quelques jours avec plus d'étendue, et la difficulté est alors plus grande pour l'enlever qu'elle ne l'était auparavant.

Pour enlever les taches de cire, on n'a besoin que de l'esprit-de-vin, ou, à son défaut, de l'eau-de-vie très-forte. En mettant l'esprit-de-vin sur la tache de cire, on voit la cire se réduire en poussière. On ne se sert d'aucune poudre avec l'esprit-de-vin.

Lorsqu'on nétoie des devans de gilet ou des vestes de soie brodées, il faut les nétoyer partout avec de l'essence de térébenthine et les couvrir ensuite de plâtre si le fond est blanc, ou de terre grasse en poudre si le fond est de couleur. Quand ils sont secs, on les secoue, on les brosse, et ils sont sur leur neuf. Mais si ces devans de vestes ou de gilets sont de satin, il est plus à propos de les fouler rapidement sur deux ou trois bains de savon froids, de les rincer sur une eau de puits très-propre et de les faire sécher rapidement.

Il faut absolument que le temps que l'on emploie à les tordre et à les nétoyer sur le savon n'excède point dix minutes ; il faut même qu'ils soient secs en dix minutes. C'est pourquoi, pour faire cette opération, il faut choisir un beau temps, autrement on s'exposerait à faire couler les couleurs de la broderie les unes sur les autres et sur le fond.

Quand l'accident du coulage de la broderie arrive par le défaut de précautions exposées ci-dessus, il n'y a plus d'autre ressource que d'enlever les couleurs coulées en foulant les objets sur un bain ou deux de savon très-chauds, ce qui altère de beaucoup les couleurs de la broderie à la vérité, mais il vaut mieux que les couleurs soient altérées, que si l'objet était gâté.

Il faut toujours, au sortir du savon, saisir tout ce qui est objet de couleur dans de l'eau de puits la plus dure possible, et quand on n'a point d'eau de puits dure, on met dans de l'eau douce une goutte ou deux d'huile de vitriol, ce qui la rend dure.

Les vestes ou gilets de basin et de cotonnade brodées en couleur ou en or et en argent, se nétoient la même chose sur deux ou trois bains de savon froids et s'essuient sur de l'eau dure.

Pour les broderies d'or et d'argent, il faut toujours ajouter à l'eau dure quelques gouttes d'huile de vitriol, à cause des couleurs du roucou qui sont sous l'or, et dont la teinte est inaltérable.

Cet objet demande encore moins de dix minutes à manœuvrer et à sécher.

Tous les objets de broderie ou de couleur qui ont été savonnés demandent d'être glacés, ou cylindrés, ou calandrés : la calandre fait remonter l'or et l'argent.

Tout ce qui est de mousseline brodée et autres, se repasse au fer chaud un peu humide : c'est là l'apprêt anglais si vanté.

Les casimirs brodés se nétoient aussi au savon ; plus on emploie de savon, plus ils deviennent beaux. Une fois qu'ils se tachent en vivacité et en beauté, il faut continuer de les fouler au savon jusqu'à ce qu'ils soient égaux partout.

Pour bien nétoyer un habit de drap, il faut d'abord le bien battre avec une baguette, et quand il est bien battu, toutes les taches paraissent ; pour lors on marque toutes les taches avec du savon sans en excepter une seule ; ensuite on prend un demi-septier de fiel de bœuf. On savonne sans savon toutes les taches l'une après l'autre. Le savon que l'on a mis d'abord dessus les taches pour les marquer, disparaît avec la tache. Quand les taches sont parties, on remet deux pintes d'eau dans ce qui reste d'eau de fiel de bœuf, et avec une brosse on mouille partout l'habit également en frottant rudement à poil couchant du drap.

Quand l'habit est également bien brossé et mouillé partout, on le tire bien avec les mains pour qu'il ne fasse point de faux plis, et on le fait sécher sur un demi-cerceau. Quand il est sec, il doit être aussi lustré et aussi brillant que s'il sortait de la presse : on lui donne un coup de brosse pour l'amollir, et voilà tout son apprêt.

Les vieux habits écarlate se nétoient de même ; mais quand ils sont secs, il reste ordinairement quantité de taches de rozures ou de noir qui ne sont pas, à proprement parler, des taches, mais qui font couleur contre l'écarlate. Ces rozures s'enlèvent avec le citron, soit avec l'écorce, soit avec le jus.

Quand l'habit est sec, on met sur ces taches du jus de citron : si, à la première ou à la deuxième fois qu'on en met, les taches ne disparaissent point, on y met du jaune de l'écorce, que l'on laisse trois ou quatre jours dessus, et quand il est sec, on le retire avec un chardon, et les taches sont disparues ; mais quand l'habit est neuf et qu'il vaut la peine qu'on prenne des précautions pour lui rendre son premier lustre, on le nétoie au jus de citron avec un peu plus de peine qu'avec le fiel de bœuf.

Quant aux taches grasses qu'on ne peut enlever avec le jus de citron, on les emporte avec l'essence de citron ; on fait aussi revenir les rozures avec le dedans de l'écorce de citron.

Quand les taches sont formées par des gouttes de suif de chandelle, on peut les travailler avec le fiel, mais avec adresse. On prend une aiguille à tricoter, avec laquelle on introduit du fiel de bœuf pur en commençant par le milieu de la tache, et en détruisant avec l'aiguille et le fiel le suif qui a fait tache ; mais je préviens qu'il faut un peu de patience et d'attention.

Quand le suif est détruit, on rince la tache avec du jus de citron : si la tache reste rosée, il faut la couvrir d'écorce de citron ou la déroser avec une eau légère de sel d'oseille ou de jus de citron, dans laquelle on aura ajouté un peu de sel d'oseille : si, par suite du travail, il arrivait que l'écarlate devînt un peu trop jaune, on peut la roser en frottant du savon sur un linge et en frottant la tache avec le linge couvert de savon.

Le jaune d'œuf détache aussi l'écarlate et dérose en même temps toutes les taches.

Un habit, un manteau, une redingotte écarlate, auxquels il sera arrivé quelque accident grave, comme d'avoir traîné dans la boue ou autre chose semblable, doivent être foulés au fiel de bœuf pour les dégorger de toutes ces ordures ; ensuite on prépare une eau chaude dans laquelle on met une très-petite quantité d'huile de vitriol, et on passe l'habit dans cette eau jusqu'à ce qu'il soit égal ; ensuite on l'étend sans le tordre, et quand il est à moitié sec, on couche le poil avec une brosse, on le détire et on achève de le faire sécher.

Les taches de suie, des dégouttures de tuyaux de poêle s'enlèvent avec le sel d'oseille :

après que l'habit est dégraissé et séché au fiel de bœuf, on le travaille avec prudence pour ne point attaquer la couleur.

Les dégraisseurs ont pour coutume, lorsqu'ils ont enlevé la couleur avec la tache, de couvrir l'endroit avec le pastel, qu'ils trouvent toujours à assortir chez les marchands de couleur pour les peintres, et ce moyen factice est toujours bon pour la livraison.

Mais on peut faire renaître les couleurs par des moyens plus sûrs. D'abord, pour les bruns, l'orseille de Lyon avec très-peu d'eau, et cette eau appliquée au pinceau, fait renaître les bruns sur les soies comme sur les draperies.

Pour les verds et les jaunes, voyez le jaune à pinceau du procédé des indiennes.

Pour faire remonter le jaune altéré d'une couleur verte, il faut couvrir la tache de cendres de bois neuf, couvrir cette cendre d'une feuille de papier, et appliquer par-dessus un fer chaud à repasser.

Les alkalis ont la propriété de faire renaître toutes les couleurs de gaude.

Les bleus bon teint ne s'altèrent point, mais, s'ils s'altèrent, un peu de bain de bois d'Inde et de vitriol de Chypre leur suffit.

Toutes les couleurs rouges bon teint, telles que les écarlates, les cramoisis, les roses, les noisettes, qui ont été altérées et jaunies par le sel d'oseille, renaissent avec la cendre de bois neuf; il ne s'agit que de savoir les travailler avec prudence, pour qu'elles ne noircissent pas trop.

Les couleurs grises renaissent aussi avec la

cendre ; mais il convient parfois d'y ajouter avec un pinceau du bain de bois d'Inde avec prudence.

Il est des fripiers qui sont en même temps tailleurs et dégraisseurs : ces derniers sont assez adroits, lorsqu'ils ont enlevé à-la-fois la tache et la couleur, pour prendre dans un des coins de l'habit une pièce qu'ils mettent à la place du morceau qu'ils avaient dégradé. Cet art n'exige pas de grandes connaissances chimiques ; une aiguille et de la soie suffisent dans ce cas à réparer le mal.

Le sel d'oseille enlève aussi toutes les taches d'encre sur les soies et les draperies ; il ne faut que savoir travailler.

Les taches de goudron, de vernis, de peinture à l'huile, s'enlèvent avec du beurre frais, et quand les taches sont détruites, qu'il ne reste que du beurre, on enlève le beurre suivant le procédé ordinaire, c'est-à-dire, si la tache de goudron ou de vernis était sur un habit de drap bleu, et qu'on l'eût enlevée avec du beurre, on pourrait ensuite enlever le beurre avec de la terre glaise que l'on met sécher sur la tache en différentes reprises, jusqu'à ce que la terre glaise ait pris toute la graisse qui forme la tache, ce qui est facile à voir par la graisse qui se loge dans la terre glaise et qui la fait changer de couleur : pour lors il ne sera pas nécessaire de mouiller l'habit tout-à-fait, comme l'on aurait été obligé de faire avec le fiel de bœuf.

On peut enlever bien des taches avec la terre glaise pour peu que les couleurs soient solides, surtout quand on ne veut ni lustrer ni mouiller l'habit entièrement : néanmoins, sur les écarlates la terre glaise fait des rozures noires qui sont très-difficiles à enlever : il faut les travailler avec beaucoup de soin et d'attention, soit avec l'écorce de citron ou avec le sel d'oseille.

Sur les draps verds, la terre glaise attaque aussi la gaude, que l'on fait revenir avec la cendre.

Elle enlève aussi le bleu sur les gris d'Amiens, et ne laisse que le pied de la couleur ; mais l'on peut remettre ces gris-bleus avec du blanc d'Espagne, sur lequel on aura fait éteindre de la composition de verd de Saxe, ou avec un pastel de pareille couleur, car les gris d'Amiens ne sont pas plus solides que la couleur du pastel.

Sur les verds de Saxe, elle attaque aussi le bleu de la couleur verte.

On peut l'employer sur les couleurs boue de Paris et sur tous les gris teints par le même principe.

On peut aussi fouler à la terre glaise toutes les vieilles draperies destinées à être reteintes; mais il faut après les bien laver et les battre à la rivière pour les écarter de leur terre.

Pour retirer les taches de rouille sur les dentelles et sur le linge fin, on s'y prend de la manière suivante.

En les savonnant pour les nétoyer, on fait chauffer un fer à repasser ; on pose sur le plat du fer chaud un linge mouillé, de manière qu'il s'exhale une fumée chaude; on pose sur ce linge fumant la partie tachée de rouille, et avec le doigt on prend du sel d'oseille en poudre que l'on passe sur la tache en différentes reprises ; la chaleur et l'humidité font fondre le sel, qui attaque et fait disparaître la rouille; quand elle est disparue, on continue de savonner.

Les velours froissés par la teinture ou le nétoyage se relèvent aussi sur un fer chaud sur lequel on a mis un linge mouillé, ou sur une platine de cuivre ; on relève délicatement le poil avec une brosse et l'humidité de la fumée.

Les dentelles et le linge fin tachés d'encre se nétoient avec de l'oseille verte. Les dégraisseurs ont pour coutume d'enlever l'encre sur ces objets avec de l'oseille verte. Le linge et la dentelle deviennent verds, mais en les mettant à la lessive, ils deviennent d'un très-beau blanc.

L'acide muriatique oxigéné serait plutôt prêt et ferait mieux l'affaire ; mais cet acide n'est pas encore bien connu chez les dégraisseurs.

On nétoie aussi et on remet à neuf toutes les indiennes de la manière suivante.

D'abord il faut fouler sur de l'eau claire ; ensuite on leur donne quatre bains de fort savon, en les foulant sur ce bain l'une après l'autre, de manière que le dernier bain de savon soit très-propre.

On fait tout ceci le plus promptement qu'il est possible, pour ne point donner le temps aux couleurs d'application de trop couler; ensuite, au sortir du troisième ou quatrième bain de savon on les tord bien et on les met dans de
l'eau

l'eau de puits, et on les fait sécher le plus promptement possible.

Quand elles sont sèches, on les glace : ceux qui desirent les glacer à neuf à la manière des fabricans d'indiennes, le font sans aucun apprêt ; ils les frottent simplement avec de la cire blanche pour les fonds blancs, et avec de la cire jaune pour les fonds de couleur, afin que le verre du glaçoire roule mieux sur la toile, sans cela il serait impossible de le faire marcher.

La majeure partie des dégraisseurs ne s'en tiennent point à cette simplicité dans le procédé. Quand l'indienne est séchée, ils lui donnent un apprêt avec de l'amidon et la font ensuite sécher, ce qui rend la toile comme une planche : ils l'arrosent avec de l'eau pour l'amollir et la rendre partout humide également ; ensuite ils la cirent, la glacent et la mettent en presse, de manière que les toiles sont très-fermes et très-cassantes.

Je crois à propos de mettre en observation qu'il n'est pas nécessaire que les indiennes aillent chez les dégraisseurs pour les exercer ; elles le sont assez par les fabricans d'indienne, et c'est cet esprit de détérioration qui fait dire aux fabricans, *qu'il n'est pas nécessaire de mettre sur les indiennes des couleurs plus solides que les toiles ; que, lorsqu'elles ont passé une couple de fois chez les dégraisseurs, les bonnes couleurs leur deviennent inutiles.*

Les indiennes à fond de couleur se nétoient très-bien en leur donnant trois ou quatre bains légers de fiel de bœuf sur de l'eau de puits ;

il y a du fiel de bœuf plus clair l'un que l'autre.

Les bas de soie se nétoient la même chose dans deux à trois bains de savon, et quand ils sont bien nétoyés, on leur fait faire un bouillon sur leur dernier bain de savon, dans lequel on met un peu de bleu. Ce bouillon de savon rend à la soie sa fraîcheur de neuf ; ensuite on les tord sur leur savon le plus à sec possible, et on les met au soufre. Au sortir du soufre, on les enforme pour les faire sécher, on les frotte sur leur forme avec un tampon de drap lorsqu'ils sont secs, pour leur donner du lustre, ou avec un verre pour les glacer ; ensuite on les retire de leur forme et on les ploie.

Pour les moirer, on met d'abord un des deux bas en forme, et on applique l'autre par-dessus, en mettant l'envers en-dehors, de manière que les deux *endroits* se trouvent sur la même forme appliqués l'un contre l'autre, ou les grains ensemble ; ensuite, avec un glaçoir de bois fait en manière de champignon de porte-manteau, on frotte ensemble les deux bas sur la forme de droite et de gauche et en travers, et les bas, au sortir de la forme, se trouvent moirés.

Les bas de soie à fond de couleur, et dont les coins sont encore d'une couleur différente, se nétoient très-bien au fiel de bœuf, dont la couleur est verte, claire et limpide : on ne les met point au soufre.

Pour blanchir les gazes sans les rayer, il faut les mettre dans un sac de toile blanche : on prépare trois bains de savon, dans lesquels on plonge le sac rempli de gazes en différentes fois dans le premier bain de savon, et on le bat dans les mains sans le fouler.

Quand le premier bain est sale, on les passe dans le deuxième, et on les finit sur le troisième bain de savon, qui doit rester clair; ensuite on les retire du sac et on les passe sur une eau de puits, dans laquelle on aura mis très-peu de bleu de composition ce verd de Saxe, et on les fait sécher pour les apprêter.

Il y en a d'autres qui les nétoient sur un ou deux bains de savon, et qui, ensuite, font bouillir le sac sur un bain de savon dans lequel on met un peu de bleu.

Après une heure de bouillon, on presse bien le sac pour en retirer le plus de savon possible, et on met les gazes au soufre.

Quand elles sont sèches, on prépare, pour les apprêter, de la gomme adragant que l'on fait dissoudre et qu'on passe dans un linge avant de s'en servir.

On a un cadre de bois sur lequel on attache une toile très-bien tendue de toutes parts; on attache les gazes sur une toile avec des épingles, en observant de ne laisser aucun faux pli, et qu'elles soient bien tendues; on les mouille ensuite légérement avec une éponge imprégnée de gomme adragant, en observant de faire ensorte que la gomme ne colle point les gazes sur la toile, et quand elles sont sèches, on les détache, et elles doivent être très-fermes, bien brillantes et bien apprêtées. On peut même, si l'on veut, avant que de les attacher sur la toile, les mouiller dans la gomme, pour éviter de les gommer étant sur la toile.

Lorsque l'on veut plâtrer des gazes, on fait dissoudre de l'amidon sans le faire cuire dans l'eau de gomme adragant : plus la gomme et l'amidon sont épais, plus la gaze a de force et d'apprêt. On peut même, de cette manière, faire des pièces entières en posant sur deux tréteaux un châssis de la longueur de deux ou trois aunes : on attache la gaze par les lisières avec des épingles, et on la fait sécher en faisant rouler par-dessus la toile une poêle dans laquelle il y a du feu.

Quand une levée est sèche, on la détache, on la roule et on en recommence une autre à la suite, et l'on continue ainsi jusqu'à la fin de la pièce.

Lorsqu'on est exercé à cette manière d'apprêter les gazes, on a aussitôt fait qu'avec une rame, et l'ouvrage est meilleur : mais lorsqu'on fait cette opération sur des pièces entières de gaze, qui sont ordinairement fabriquées sur leurs soies écrues, il faut donc, avant de les apprêter, les dégommer et les faire cuire en blanc, comme nous l'avons dit au procédé des soies.

Les étoffes de soie qui se nétoient le mieux sont les satins, les taffetas des Indes, de Florence, les croisés, les damas pour meubles et autres ; les étoffes dures, telles que les pékins, les taffetas d'Italie, se nétoient aussi, mais ils ne sont jamais aussi beaux ni foulés, ni reteints : ils ne doivent qu'être nétoyés à sec, c'est à-dire à l'essence, au lieu que les autres se foulent très-bien, même souvent sans aucune éraillure ; mais il faut toujours, avant que de les fouler et de les mouiller, enlever les taches de graisse, s'il y en a, avec de l'essence.

Les étoffes fond blanc se nétoient très-bien au savon en leur donnant deux ou trois bains; on donne, à celles qui sont toutes blanches, un bouillon de savon après les avoir nétoyées, et on les met au soufre; ensuite, quand elles sont sèches, on les apprête sur la toile ou à la rame avec de la gomme adragant la plus blanche possible.

On peut aussi nétoyer les couleurs brunes au fiel de bœuf, et notamment celles dont les couleurs sont dangereuses, toutes les petites étoffes en soie, telles que les foulards, les taffetas des Indes, de Florence, et autres étoffes légères.

Quand elles sont bien nétoyées et apprêtées, elles sont presque aussi fraîches que dans leur neuf.

Les grosses étoffes, telles que le damas et autres propres à faire des meubles, doivent être nétoyées à la brosse avant d'être foulées. On a soin de les bien rincer ensuite, pour qu'il n'y reste aucun savon, parceque le savon poudre en blanc toutes les étoffes, quand elles ne sont pas bien nétoyées et rincées, à la réserve cependant de la partie destinée à être mise au soufre, qu'il faut toujours mettre sur son savon.

On ne donne au damas et autres étoffes de

meubles, pour tout apprêt, que la calandre ou le cylindre.

Les calandreurs savent moirer toutes les étoffes destinées à l'être.

Toutes les étoffes de soie que l'on reteint doivent être préalablement nétoyées ; ensuite on leur fait faire un bouillon sur le savon ; car, comme je l'ai déjà dit, le savon est l'ami de la soie, et le bouillon lui donne un lustre qu'elle n'aurait pas.

Il faut bien l'écarter de son savon pour la mettre en teinture, et on la teint ensuite suivant la couleur demandée, comme il est dit au procédé de teinture de soie.

Quand les étoffes de soie sont teintes et qu'on les a alunées pour les mettre en teinture, il faut, avant de les faire sécher, les passer sur une eau très-chaude pour les écarter tout-à-fait de leur alun, parceque l'alun étant sec sur la soie, empêche la gomme de bien prendre à l'apprêt ; d'un autre côté, la gomme faisant corps avec l'alun, le lustre qu'elle doit produire se trouve altéré.

On apprête les étoffes de soie reteintes sur la toile ou à la rame avec de la gomme adragant.

Il y a beaucoup de teinturiers-dégraisseurs qui se servent de colle de Flandre pour tout ce qui concerne l'apprêt ; mais le lustre de la colle de Flandre n'est pas si beau que celui de la gomme adragant, et il n'y a pas plus d'économie, parceque la gomme adragant s'étend beaucoup plus que la colle de Flandre.

On apprête aussi à la colle de poisson ;

mais cet apprêt est beaucoup plus dispendieux que les autres, et ne peut convenir qu'aux gazes d'Italie et aux rubans.

On se sert aussi de blanc de baleine, que l'on unit à la colle de poisson, pour les objets auxquels on veut donner un beau blanc.

Il faut toujours passer dans un linge toutes ces gommes, quand elles sont bien fondues et bien dissoutes, avant de s'en servir.

Pour la teinture des rubans, il faut les nétoyer à la manière des gazes, et les savonner dans un sac pour ne pas trop les érailler.

Les teinturiers en rubans les nétoient ordinairement à la main, et les raclent ensuite au couteau.

Pour les blancs, il faut les blanchir comme il est dit en plusieurs endroits pour blanchir les soies et étoffes de soie ; pour les couleurs, il faut suivre aussi les mêmes procédés.

Les couleurs les plus en usage pour la reteinte des rubans sont les roses, les lilas, les bleus tendres, les verds tendres, toutes les couleurs produites par l'orseille du brun au clair.

Les bleus se font à la composition de verd de Saxe ; les verds à la *terra merita* et à la composition ; les jaunes à la *terra merita*, dissoute à l'esprit-de-vin ; les roses au safranum.

On trouve ordinairement chez les marchands de couleurs, du rose en tasse ou en liqueur pour les teinturiers en rubans.

Il s'en teint aussi beaucoup en orange par le produit simple du roucou.

On emploie aussi en rubans toutes les autres

couleurs, telles que le gros verd-canard, le verd-bouteille, le gros verd, le carmélite, le prune, le puce et autres, suivant les procédés de teinture de soie.

Quand les rubans sont teints, il faut, pour la perfection de l'ouvrage, les bien presser pour les soustraire à leur eau, comme il est dit à l'article des soies en botte, où nous avons prescrit de les bien presser pour les soustraire à leur eau, et de les bien tordre avant de les faire sécher.

Pour cet effet il faut avoir, dans la teinture des rubans, un cylindre de deux rouleaux de bois très-serrés par le moyen de deux vis : on cylindre les rubans tout mouillés avec ce cylindre de bois, qui les écarte de leur eau surabondante et les prépare en même temps à recevoir leur apprêt; ensuite on les fait sécher, et quand ils sont secs, on les gomme, on les cylindre au cylindre de fer et de papier : mais tous ceux qui reteignent les rubans n'ont ni cylindre de bois, ni cylindre de fer et de papier.

Quand les rubans sont secs de leur gomme, ils les arrosent et les enveloppent dans un linge, pour qu'ils prennent également l'humidité; ensuite on les lustre avec un fer à repasser chaud et de la manière suivante.

On met sur une table un morceau de couverture ou de vieille draperie; on y pose le bout du ruban et le fer chaud par-dessus, et l'on fait tirer ainsi le ruban placé entre le drap et le fer chaud par une autre personne et d'un bout à l'autre, en tenant le fer chaud posé dessus très-ferme, ou on le tire soi-même d'une main en tenant le fer chaud de l'autre main.

Si l'on en usait d'une autre manière, et que l'on fît glisser le fer sur la soie comme sur le linge que l'on repasse, l'ouvrage ne serait pas si bien, et les coups de fer paraîtraient imprimés sur la soie, ce qui ferait un très-mauvais effet.

On peut aussi imprimer les rubans reteints quand on a les gravures à leur largeur, en suivant le procédé des indiennes petit teint, dont l'impression sur la soie est bon teint.

Pour la reteinte des vieilles draperies, il faut toujours avant les bien nétoyer, et ensuite les teindre suivant le procédé de la teinture des laines à la couleur demandée ; mais avant de les mettre sécher, il faut les tirer à poil avec des chardons ou avec une carde, et quand elles sont sèches, on les met à la presse.

Un vieil habit de drap bien préparé et bien teint est aussi beau que s'il était neuf.

Les culottes et gands de peau de daim se foulent d'abord sur une lessive tiède de potasse : on les finit sur deux bains de savon, sur lesquels on les fait sécher.

Il faut avoir attention de les faire sécher le plus rapidement possible, et de les retourner sens dessus-dessous, l'envers en-dehors.

Avant la publication de la 2ᵉ édition des Elémens de l'Art de la Teinture par MM. Bertholet, j'avais rédigé pour mes leçons d'arts chimiques, et depuis pour cet ouvrage, un article sur l'Art du Blanchîment. Les nouvelles observations que ce savant vient d'ajouter aux connaissances que nous avions, m'ont fait appercevoir les erreurs dans lesquelles étaient tombés ceux qui avaient écrit sur cette partie. J'ajouterai même que la marche simple et en même temps méthodique qu'à suivie ce célèbre chimiste, m'a totalement engagé à retirer mon travail. L'utilité que peut être cet objet pour ceux qui ont établis ou qui desireraient établir des Blanchisseries, m'a imposé le devoir de transcrire littéralement tout ce qui a rapport à la pratique de cet art nouveau.

ART DU BLANCHIMENT.

DU BLANCHIMENT
PAR L'ACIDE MURIATIQUE OXIGÉNÉ.

Préparation de la liqueur oxigénée.

LE but qu'on se propose dans l'appareil qui est destiné à cette préparation, est de dégager le gaz acide muriatique oxigéné et de le combiner avec l'eau ; il se divise donc en deux parties, l'une qui sert au dégagement du gaz, et l'autre à sa combinaison avec l'eau.

Pour le premier objet on se sert d'un fourneau capable de contenir une capsule de fer servant de bain de sable ; on le construit ordinairement en brique. On place dans le bain de sable un matras contenant le mélange qui sera décrit ci-après.

Les matras de $0,^{met.}38$ à $0,^{met.}43$ de diamètre sont préférables à ceux qui ont de plus grandes dimensions, parcequ'ils sont moins sujets à se casser, plus faciles à manœuvrer et beaucoup moins chers. La forme ovale est plus avantageuse que la sphérique, parcequ'à diamètre égal, la capacité est plus grande. Si un matras ne suffit pas pour procurer la liqueur dont on a besoin, on peut placer deux fourneaux l'un près de l'autre, et les mettre en action successivement ou au même temps.

La seconde partie de l'appareil où l'on reçoit le gaz, le *récipient*, a dans son intérieur, $0,^{met.}9$. mais il peut avoir deux mètres et audelà de diamètre ; ses parois et son fond doivent être formés de douves fortes de bois de chêne, cerclées de fer et recouvertes d'un vernis.

Pour défendre, de l'action de la liqueur, l'intérieur du récipient, ainsi que les cuvettes dont on va parler, ils doivent être couverts d'un enduit résineux d'une consistance telle, qu'il ne soit pas assez mou pour couler, ni assez dur pour s'écailler.

L'intérieur du récipient est muni de trois cuvettes renversées destinées à retenir le gaz qui est amené du matras ; la profondeur de chaque cuvette doit être d'environ $0,^{met.}08$; leur assemblage ne peut admettre du fer qui serait attaqué par l'acide muriatique oxigéné : elles sont assujéties par des barres transversales fixées à la circonférence du récipient ; on ferme l'espace compris entre les cuvettes et les parois du récipient, à l'exception d'une ouverture qui permet à la liqueur de communiquer d'une cuvette à l'autre et qui doit être placée alternativement aux côtés opposés.

La cuvette inférieure ainsi que celle du milieu, porte dans son fond un tube de verre destiné à transmettre dans la supérieure le gaz acide muriatique oxigéné, lorsqu'elle en est remplie; ce tube a $0,^{met.}013$ de moins que le bord intérieur de la cuvette. Entre le matras et le récipient est un flacon dans lequel on met un peu d'eau : il a trois tubulures; à l'une est adapté le tube de *communication* entre le matras et lui ; de la seconde sort le tube conducteur destiné à porter le gaz sous la cuvette inférieure du récipient; la troisième reçoit un tube ouvert par les deux extrémités, qui porte le nom de tube de sûreté, parcequ'il empêche l'absorption : pour remplir cet objet, il faut qu'à partir du niveau de l'eau du flacon, il ait une hauteur plus grande que celle de la partie du tube conducteur qui plonge dans la liqueur du récipient; sans quoi l'eau du flacon pressée par le gaz, s'échapperait par sa partie supérieure; il faut aussi que la partie de ce tube qui plonge dans l'eau du flacon, soit plus courte que celle du tube conducteur qui est au-dessus du niveau de l'eau du récipient ; afin qu'au moment où les vaisseaux se refroidissent et où il s'y forme un vide, l'air extérieur puisse y pénétrer par le tube de sûreté, avant que l'eau du récipient ait pu s'y introduire par le tube conducteur.

Toutes les tubulures sont bouchées avec soin,

mais d'une manière différente : le tube de *sûreté* et le tube *conducteur* sont fixés à demeure ; pour cela on les fait passer à travers un bouchon percé qu'on enduit intérieurement et extérieurement d'un mélange de cire et de térébenthine, et que l'on fait entrer de force dans la tubulure.

Le tube de *communication* entre le matras et le flacon intermédiaire doit avoir un bouchon à chaque extrémité : mais comme ces bouchons doivent s'enlever à la fin de chaque opération, on ne les fait pas entrer de force, on les couvre d'une vessie enduite du même mélange qui les garantit de l'action du gaz, et on les assujétit par des ficelles, ou mieux par des leviers chargés d'un poids à l'une de leurs extrémités.

Entre le fourneau et le flacon intermédiaire, on établit une cloison en planches, dans laquelle on laisse une ouverture pour le passage du tube de communication.

Il est inutile d'ajouter à la cuvette supérieure un tube dont on fait plonger l'extrémité recourbée dans un vase rempli de dissolution de potasse : lorsque par quelques circonstances le gaz vient à remplir la cavité de cette cuvette, le superflu s'échappe par ce tube et est absorbé par la potasse, ensorte que l'on préserve l'atelier de l'inconvénient qui en résulterait s'il s'y répandait.

On peut se servir immédiatement d'acide muriatique et d'oxide de manganèse, ou bien on peut substituer à l'acide muriatique, l'acide sulfurique et le muriate de soude qui, décomposé par cet acide, abandonne l'acide muriatique; le choix dépend du prix de ces substances dans l'endroit de l'établissement. C'est le second procédé que nous allons décrire et qu'il convient le plus souvent d'employer.

L'oxide de manganèse, *manganèse du commerce*, lorsqu'il est de bonne qualité, est en masses noires, plus ou moins grosses, et composées de petites aiguilles d'un brillant métallique, et contenant très-peu de pierres étrangères, il doit être réduit en poudre et bien mêlé avec le sel, dans les proportions que l'on voudra indiquer.

Si l'on est à portée d'une fabrique d'acide sulfurique, on peut se dispenser de l'acheter concentré, et l'employer tel qu'il sort de la chambre de plomb, pourvu qu'alors il ait un degré suffisant de concentration.

L'acide sulfurique concentré, tel qu'il se trouve dans le commerce sous le nom *d'huile de vitriol*, marque à-peu-près 66 degrés à l'aréomètre de Baumé; ici on le suppose dans cet état.

Les proportions des ingrédiens qui nous paraissent les plus convenables, sont 10 parties d'oxide de manganèse, 20 parties d'acide sulfurique concentré au point qui a été indiqué, et 27 parties de muriate de soude. Cependant nous ne pouvons affirmer qu'elles soient les plus exactes que l'on puisse établir.

Si le manganèse n'est pas de bonne qualité, ce qu'on reconnait, lorsque le résidu de l'opération ne conserve plus de couleur noire, alors il faut en augmenter la proportion dans les opérations suivantes, jusqu'à ce qu'on soit parvenu à un résidu qui conserve un peu de noir.

L'acide sulfurique doit être étendu de poids égal d'eau; il est à propos de faire ce mélange dans un vase de plomb.

On suppose ici une opération faite avec 5 kilogrammes de manganèse, 10 d'acide et 13,5 de sel.

Après avoir mêlé le sel et l'oxide de manganèse, on les introduit dans le matras qu'on place ensuite dans le bain de sable, puis on y verse l'acide sulfurique délayé et refroidi : on assujétit le bouchon du tube de communication sur l'orifice du matras. L'ascension de l'eau du flacon intermédiaire dans le tube de sûreté, indique que les ouvertures ne laissent pas échapper de gaz ; on s'en assure encore davantage en leur présentant le bouchon humecté d'un flacon d'ammoniaque ; car pour peu qu'il s'échappe du gaz acide muriatique oxigéné, il devient sensible par une vapeur blanche.

On peut commencer le feu dans le fourneau avant de placer le matras dans le bain de sable, pourvu que la chaleur ne soit pas trop grande pour exposer le matras à se casser lorsqu'on l'y place, ou bien l'on peut attendre que tout l'appareil soit disposé avant de donner le feu ; on pousse ensuite le feu avec beaucoup de ménagement, jusqu'à ce que le flacon intermédiaire cesse d'être rempli de vapeurs jaunes, et que le tube *conducteur* commence à s'échauffer ; alors on supprime le feu : l'opération pour les quantités ci-dessus désignées, dure de

6 à 8 heures. On n'attend pas pour retirer le matras du bain de sable, que le mouvement d'ébullition soit entièrement calmé : on délute le tube de communication, et lorsque l'odeur est un peu dissipée, on enlève le matras et on le place dans un panier rempli de paille sèche, pour le vider lorsque l'on n'a plus à craindre que la chaleur n'en fasse casser le col.

Pendant l'opération il faut couvrir la partie du matras qui est dehors du bain de sable, avec une enveloppe de laine, de carton ou autre chose semblable, qui soit propre à conserver la chaleur.

Les accidens qui sont à craindre dans cette opération sont les boursoufflement et la concrétion du résidu : le premier a lieu pendant les chaleurs de l'été ; il est aussi occasionné par la mauvaise qualité du manganèse : on l'évite dans l'un et l'autre cas, en diminuant les doses; et pour se prémunir contre l'obstruction des tubes qui pourraient avoir lieu dans le boursoufflement, il faut les employer suffisamment larges. Cependant, si par inadvertance le flacon intermédiaire se remplissait de manière à faire craindre que le mélange ne passât dans le récipient, il faudrait à l'instant enlever le matras; car si le mélange que celui-ci contient venait à passer dans le récipient, les fils qu'on passerait dans la liqueur prendraient une couleur jaune, qu'il faudrait enlever par le moyen de l'acide sulfureux étendu d'eau.

La concrétion du résidu qui expose à casser le matras lorsqu'on vient à le vider, peut être
occasionnée

occasionnée par trois causes : la première est la proportion trop faible de manganèse ; la seconde, la température de l'atmosphère plus basse que 7 à 8 degrés, et la troisième est le séjour du matras dans le bain de sable après l'opération, ce qui arrive surtout lorsque le feu a été poussé trop loin. Il suffit d'avoir indiqué ces causes, pour trouver le moyen de les éviter.

Lorsque la température approche du terme de la congélation, il arrive souvent que le gaz prend une forme concrète dans ce tube *conducteur* et parvient à l'obstruer. C'est encore pour éviter cet accident, qu'il est à propos d'employer des tubes très-larges.

Considérons actuellement le récipient : il faut avoir soin à mesure qu'on place chaque cuvette, de la recouvrir d'eau, et de soutirer l'air qui se trouve dessous; ce qui s'exécute par le moyen d'un siphon que l'on introduit par l'ouverture latérale, et dont on chasse l'eau en soufflant fortement par son extrémité supérieure.

Le récipient étant garni de ces cuvettes, celles-ci étant recouvertes d'eau, à l'exception de la supérieure, on place les tubes conducteurs, en les faisant passer par l'espace libre laissé entre les cuvettes supérieure et inférieure et les parois du récipient, et par une ouverture faite dans la planche qui forme du même côté la cuvette du milieu, et qu'on a soin de boucher exactement dès que les tubes sont placés. On finit de remplir d'eau le récipient, qu'on ne vide plus, à moins qu'il n'y ait des réparations à faire. On a soin seulement d'évacuer chaque matin l'air qui se trouve sous la cuvette supérieure, lorsqu'on n'y a pas placé le tube dont on a parlé.

On voit par la disposition des cuvettes et du tube *conducteur* que le gaz arrive toujours sous la cuvette inférieure, et que parconséquent c'est au fond du récipient que la liqueur doit être la plus forte; c'est donc là qu'il faut la prendre : pour cet effet, on établit dans le récipient un tuyau de bois, de grès, faïence ou porcelaine qui pénètre jusqu'au fond, et dont l'extrémité supérieure est au niveau des bords du récipient; on en tire la liqueur en plongeant dans cette extrémité un siphon dont la longue branche va aboutir dans l'eau de la cuve d'*immersion*. A mesure qu'on soutire la liqueur du récipient, on a soin de le remplir, en y ajoutant de l'eau ou de la liqueur épuisée.

Des lessives.

Il est nécessaire de connaître exactement la quantité d'alkali employée dans chaque lessive, afin de pouvoir graduer leur force respective et de la proportionner à la quantité et à la nature des matières que l'on blanchit. Comme les cendres, les soudes et les différentes espèces de potasse dont on se sert, sont composées d'un mélange de terres, de sels et d'alkali, leur poids n'indique rien : l'aréomètre n'est pas un indice plus fidèle, puisque les sels qui se trouvent mêlés à l'alkali agissent aussi sur lui, et ses indications sont d'autant plus trompeuses que les proportions des mélanges varient, non-seulement entre les espèces différentes, mais même ne sont point constantes dans chacune d'elles.

L'épreuve des potasses est donc utile pour déterminer leur valeur commerciale et pour guider dans l'usage que l'on doit en faire : comme elle doit être répétée fréquemment, il importe d'avoir une manière simple de le faire, et sous ce rapport, MM. Berthollet n'en connaissent pas qu'on puisse préférer à celle de Welter.

Le moyen d'épreuve d'après Welter, est la saturation par un acide : mais pour que les différentes épreuves soient comparatives, il faut que l'acide soit d'un degré de concentration constant et facile à retrouver au besoin. L'acide sulfurique étendu d'eau jusqu'à ce qu'il soit ramené à un point de concentration déterminé, en saturant un certain poids de cet acide étendu, par un poids fixe de belle craie pure, séchée à l'eau bouillante, paraît réunir ces conditions. Cet acide est celui qu'on trouve le plus communément, et dont la fabrication est la plus uniforme. La craie choisie pour déterminer sa concentration, est une substance également commune ; elle n'offre pas les difficultés que l'on trouve à se procurer la potasse pure, et le terme de la chaleur de l'eau bouillante pris pour celui de sa dessication, est le plus facile à observer exactement. Pour éviter la répétition des embarras de cette préparation, on en fait à-la-fois une quantité suffisante pour les épreuves de plusieurs années.

Si l'on fait ces épreuves sur des morceaux pris au hasard dans les barriques, on ne parviendrait qu'à des résultats douteux, parceque dans une même barrique ils sont très-souvent de qualités différentes ; il faut donc ne faire l'expérience que sur des dissolutions préparées en grand pour servir aux lessives, et toujours avec les mêmes poids d'alkali pour le même nombre de mesures d'eau. La manière la plus expéditive de faire ces dissolutions à froid, est de suspendre la potasse à la surface de l'eau, dans un vaisseau de fer percé d'un grand nombre de trous, ou formés de gros fils de fer. On ne doit en prendre qu'après s'être assuré que toute la potasse est dissoute, et avoir agité pour que la liqueur soit uniforme.

Indépendamment de ces dispositions, l'essai des potasses exige encore des bandelettes de papier teint avec du tournesol ou une autre teinture non moins sensible aux acides, comme celle de raves, de mauves, etc. ; une baguette de verre, une petite mesure de verre, enfin un tube qui ait la capacité de la petite mesure de verre, autant de fois qu'on a employé de mesures d'eau par quintal de potasse.

On emplit le tube de dissolution de potasse, on le transvase dans le bocal, on remplit ensuite le même tube d'acide d'épreuve qu'on verse de même dans le bocal, on agite avec la baguette de verre, puis avec l'extrémité de cette baguette, imprégnée du mélange, on fait une trace sur une des bandes de papier teint; si ce trait ne devient pas rouge, on ajoute au bocal une petite mesure d'acide d'épreuve, on agite, et on fait sur le papier un nouveau trait à côté du premier, on ajoute encore une mesure d'acide et on continue ainsi jusqu'à ce que le dernier trait formé devienne rouge.

On conçoit que si l'on veut comparer les qualités de plusieurs potasses, on doit regarder comme la meilleure celle qui a exigé le plus grand nombre de mesures d'acide pour produire un trait rouge, puisque c'est elle qui a saturé le plus d'acide ; on conçoit encore que l'on pourrait exprimer numériquement les qualités de différentes espèces de potasse, en les représentant par le nombre des mesures d'acide que chacune d'elles a saturées ; ce qui se réduit à compter les traits qu'on a formés sur le papier dans chaque épreuve, en prenant le premier pour autant que le tube contient de fois la petite mesure, et en ajoutant une unité pour chacun des suivans jusqu'au dernier, qu'on ne doit point compter, puisque sa couleur indique qu'il a passé le terme de la saturation.

Il est commode, pour pouvoir varier convenablement ses lessives, d'avoir des dissolutions de potasse d'un degré constant, celui, par exemple, où, pour produire la saturation, il faut le même nombre de mesures d'acide d'épreuve et de dissolution de potasse. Mais quel que soit le titre d'une potasse, on peut ramener sa dissolution à ce point, en y ajoutant, par quintal d'alkali, autant de mesures d'eau qu'il a fallu ajouter de mesures d'acide à la quantité primitivement employée pour produire saturation : de sorte que le nombre des mesures d'eau qui forme la dissolution, doit toujours être égal à celui qui exprime le titre de la potasse.

Si dans un essai il arrivait que le premier

trait fût rouge, il faudrait ajouter des mesures de dissolution au lieu de mesures d'acide, et alors ce serait de la potasse qu'on ajouterait à la dissolution, pour la ramener au degré fixe de concentration.

Pour rendre ceci plus clair, disent MM. Berthollet, supposons qu'on ait employé 50 mesures d'eau pour dissoudre un quintal de potasse, parconséquent que ce tube contienne 50 fois la petite mesure, et qu'on ait fait huit traces sur le papier teint ; la première comptant 50, chacune des suivantes un, et la dernière étant rouge, on dirait que la potasse est au titre 56, ce qui indiquerait que pour ramener la dissolution au degré fixe, qui est dans ce cas 50, on devrait ajouter autant de fois 6 mesures d'eau, qu'on a employé de quintaux de potasse, et qu'en se servant de potasse prise dans la même tonne, on devrait employer 56 mesures d'eau pour la dissolution ; car un essai fait à l'ouverture d'une tonne, suffit pour tout le temps où on n'emploie que de cette potasse, en se souvenant de mettre chaque fois qu'on fait de nouvelle dissolution autant de mesures d'eau que l'indique le titre.

Le degré de concentration de ces dissolutions ne permet pas de les employer directement à couler les lessives, on n'en prend que le nombre de mesures nécessaire pour qu'étendues dans l'eau qui remplit la chaudière et le cuvier, elles aient une force suffisante, et qu'on n'ait que la quantité d'alkali déterminée pour le poids des substances que l'on blanchit ; mais avant de verser l'alkali dans la chaudière, il est avantageux de le rendre caustique, car on a prouvé que dans cet état les alkalis dissolvent un quart plus de matières colorantes que lorsqu'ils sont carbonatés. Cependant l'usage presque général est de couler les lessives non caustiques : on a même pretendu dans quelques endroits, que la chaux employée à rendre l'alkali caustique, altérait les étoffes. Les observations que MM. Berthollet ont recueillies leur ont prouvé qu'il ne faut attribuer cet effet qu'à l'accroissement d'énergie qu'acquiert l'alkali, et dont on prévient les suites en diminuant sa quantité.

Pour faire cette opération, on met dans un cuvier la chaux récemment éteinte, on verse dessus la dissolution de potasse, on agite, et après l'avoir laissé déposer, on décante à l'aide d'un siphon ; on lave ensuite deux ou trois fois le marc, et on mêle les eaux de lavage à la lessive.

Une partie de chaux suffit pour rendre caustique deux parties de potasse. Cependant ces proportions doivent varier comme les qualités des potasses, et il est bon de s'assurer que celle de la chaux n'est pas trop forte, parceque la propriété qu'a cette substance de précipiter la matière colorante tenue en dissolution par les alkalis, peut en rendre l'excès nuisible : pour cela, on mêlera un peu de dissolution de potasse à la liqueur qui surnage la chaux dans le cuvier où on rend la potasse caustique : si elle se trouble, elle contient de la chaux en dissolution, et on doit y ajouter de la dissolution de potasse, jusqu'à ce qu'elle n'y forme plus de précipité.

La matière colorante n'acquiert la propriété d'être dissoute par les alkalis que dans des opérations successives, entre chacune desquelles on doit enlever par des lessives toute celle qui en est devenue susceptible. L'expérience a prouvé que cette marche était nécessaire pour obtenir un blanc beau, qui ne soit point sujet à varier, et qu'on ne peut y parvenir par une seule opération; il faut donc diviser en un certain nombre de lessives l'alkali jugé nécessaire pour dissoudre toute la matière colorante de la substance que l'on blanchit, et comme il doit être partagé proportionnellement à la quantité de cette matière que l'on présume exister, on doit en employer moins dans les dernières lessives que dans les premières.

La manière la plus générale de couler les lessives, est la suivante.

On dispose un cuvier de manière que son fond se trouve au niveau des bords d'une chaudière, près de laquelle il est placé, et dont le fourneau est enfoncé en terre, pour éviter de trop exhausser le cuvier. Peu au-dessus du fond, celui ci est percé d'un trou où s'ajuste un petit tuyau qui reconduit la lessive dans la chaudière. On dispose dans le cuvier, par lits horizontaux, les matières à blanchir; ensuite on emplit la chaudière d'eau qu'on verse dans le cuvier, après avoir bouché le tuyau qui communique à la chaudière, et on continue cette manœuvre jusqu'à ce que l'eau s'élève dans le cuvier un peu au-dessus des matières qui y sont disposées, et en ayant attention de mêler à chaque chaudière d'eau un nombre de mesures de dissolution de potasse, égal et tel qu'à la dernière chaudière on ait employé tout l'alkali qui doit entrer dans la lessive. Alors la chaudière étant également pleine, on allume le feu, on débouche le tuyau, et l'on entretient l'eau à la même hauteur dans le cuvier, en puisant avec un seau de cuivre dans la chaudière et versant dans le cuvier. Lorsque la lessive est parvenue à l'ébullition dans la chaudière, on la prolonge plus ou moins selon le genre des matières que l'on blanchit et l'époque du blanchîment où elles sont parvenues.

La lessive finie, on la laisse s'écouler par un robinet adapté au fond de la chaudière, on verse de l'eau dans le cuvier pour refroidir et chasser le reste de la lessive, puis on sort du cuvier.

Comme le cuvier contient plusieurs fois la capacité de la chaudière, et comme indépendamment du temps qu'exige un volume considérable d'eau pour acquérir une température élevée par le mélange d'une petite quantité d'eau échauffée, la lessive est continuellement refroidie par le transport de la chaudière au cuvier ; on ne peut l'amener à l'ébullition dans la chaudière que très-lentement ; et quelque prolongé que soit le coulage, on ne peut le porter qu'à 72 ou 73 degrés dans le cuvier ; il résulte donc de cette disposition, 1°. qu'il faut échauffer une grande quantité d'eau, afin que les substances à blanchir soient également imprégnées de lessive ; 2°. qu'on ne peut donner à la lessive qu'une chaleur inférieure de plusieurs degrés à celle de l'eau bouillante :

de sorte qu'outre la durée de l'opération, l'emploi de combustibles et la main-d'œuvre, on ne parvient pas au terme de 80 degrés. Cependant plusieurs observations, et particulièrement celle de la supériorité qu'ont toujours les échantillons blanchis dans des lessives bouillantes, font connaître combien serait avantageux le degré de l'ébullition. D'après ces considérations, Widmer a imaginé de placer, directement au-dessus d'une chaudière, un cuvier qui n'a pour fond qu'un fort grillage en bois ; au milieu de la chaudière est une pompe qui élève la lessive au haut du cuvier, où elle est répandue par quatre tuyaux égaux au rayon du cuvier, et qui sont mus circulairement par un mouvement ajusté au bras de la pompe : la lessive est ainsi dispersée également à la surface des toiles, elle filtre à travers et retombe dans la chaudière : loin d'être exposée au refroidissement, elle conserve dans ce trajet sa température, parceque les toiles sont échauffées par la vapeur qui s'élève de la chaudière, et ne peut s'échapper qu'en passant par leurs intervalles. Deux thermomètres placés dans un appareil dont la chaudière a deux mètres de diamètre, l'un à la base et l'autre à la partie supérieure d'un cuvier de 2 mètres de haut, indiquent constamment les mêmes degrés de chaleur : en trois heures d'un coulage non interrompu, ils marquent l'un et l'autre 80 degrés. Dans les premiers essais, Widmer s'est servi d'un cuvier dont la hauteur était de 2 mètres, et dont le diamètre égal à celui de la chaudière sur laquelle il posait, n'était que de $0,^{\text{mèt.}}8$: on tirait la lessive par un robinet ajusté au fond de la chaudière, et on la versait avec un seau assez vaste pour qu'elle ne pût pas s'écouler complètement: celle qui restait à la surface des toiles, bouillait fortement quelques minutes après que celle de la chaudière était à l'ébullition, malgré le peu de surface que cet appareil présentait à la vapeur, le refroidissement que la lessive devait éprouver pour parvenir de la chaudière au haut du cuvier, et la distance de ce point à la chaudière.

On peut par ce moyen communiquer aux toiles une chaleur supérieure à celle de l'eau bouillante. Les thermomètres du grand appareil se sont élevés jusqu'à 84 degrés; mais dès qu'ils passent le terme de l'eau bouillante, la pompe ne peut plus élever de liquide, et nous ignorons jusqu'à quel point il peut convenir de couler des lessives à des degrés supérieurs. Pour éviter que la pression empêche la pompe de jouer, Widmer a donc établi quatre tuyaux qui, établissant une communication libre entre la partie supérieure de la chaudière et celle du cuvier, donnent une libre issue à la vapeur.

Cet appareil réunit les avantages de couler les lessives, en beaucoup moins de temps, à la chaleur de l'eau bouillante, et avec moins de combustible; car au lieu d'avoir à échauffer une lessive continuellement refroidie par le transport, et qui occupe la capacité du cuvier et de la chaudière, celle-ci seule est remplie et la chaleur conservée pendant le coulage par l'impression de la vapeur.

On peut couler à-la-fois près de 400 pièces

de 21 à 22 mètres dans celui dont nous avons donné les dimensions. Les plus longues lessives durent six heures. Elles consomment cinq mesures de charbon de terre. Quant à leur efficacité, elle est suffisamment garantie par l'usage auquel sont destinées les toiles que Widmer y blanchit, puisqu'il n'est pas d'épreuve plus délicate pour le blanc que le dégarançage des toiles peintes, et cependant il a diminué le nombre des opérations qu'il fait subir aux toiles. MM. Berthollet ont eux-mêmes constaté ces bons effets sur des étoffes de coton, et ils croient qu'on les éprouvera en appliquant cette méthode au blanchîment des toiles de lin.

Des immersions dans l'acide muriatique oxigéné.

Si ce sont des fils de lin ou de coton que l'on blanchit, il suffit pour les immerger dans l'acide muriatique oxigéné, d'avoir près du récipient une cuve de même grandeur que lui, mais à un pied plus bas; on la remplit d'eau jusqu'aux deux tiers, puis on y fait couler la liqueur du récipient par le moyen du siphon, ainsi qu'on l'a expliqué, en agitant sans produire de bouillon. On range les écheveaux dans un panier de même hauteur que la cuve à immersion, de manière à y faire deux couches et à y laisser $0,^{mèt.}2$ de vide, le panier doit en contenir 100 à 150 kilogrammes. On enlève ensuite le panier par le moyen d'une grue tournante ou de toute autre machine équivalente, et on le plonge dans la cuve à immersion, d'où on le retire et on le replonge continuellement, pour renouveler sans cesse la liqueur qui mouille le fil. Dès qu'on s'apperçoit que celle-ci s'affaiblit, on relève le panier au-dessus de la cuve, et on fait couler de nouvelle liqueur du récipient. On continue ainsi jusqu'à ce que la liqueur conserve sa force, malgré les immersions répétées du fil. Cette première opération dure ordinairement deux ou trois heures.

Au lieu d'entasser ainsi le fil dans des paniers, on peut le faire baigner beaucoup plus librement dans la liqueur, en le laissant pendu à des baguettes qui passent par le milieu des écheveaux, et qui sont supportées par un châssis de même grandeur que la cuve à immersion; on n'a point à craindre que le fil blanchisse inégalement : à la vérité, il en entre moins à-la-fois dans les cuves. La manœuvre est d'ailleurs la même.

L'acide muriatique oxigéné affaiblit et détruit même le fil, comme les lessives, si on l'emploie sans ménagement. Ainsi lorsque l'on met du fil dans une liqueur très-forte, il perd bientôt toute sa ténacité : mais il est très-facile d'éviter cet accident, en ne plongeant le fil que lorsque la liqueur qui sort du récipient est bien mêlée avec de l'eau, ou une liqueur affaiblie, de manière que le mélange ait une odeur supportable ; dans cet état de concentration, l'acide muriatique oxigéné n'attaque pas le fil qu'on y laisse plongé, même plusieurs jours. On ne doit pas se contenter d'une manière si vague de juger, surtout lorsqu'on veut comparer plusieurs effets.

Dès le commencement de ses opérations, Descroizilles s'est servi d'une dissolution sulfurique, pour estimer la force comparative de ses liqueurs, et depuis il a publié la description de l'instrument qu'il a imaginé pour cet objet. La dissolution d'indigo doit être préparée avec sept parties d'acide sulfurique concentré et une partie d'indigo flore : on mêle les deux substances dans un petit matras que l'on tient quelques heures dans l'eau, et l'on ajoute 992 parties d'eau.

L'on juge de la force d'une liqueur par la quantité qu'il en faut pour que la couleur d'une mesure fixe de cette dissolution où l'indigo entre pour 0,001, soit détruite et ramenée au jaune.

Cet essai se fait d'une manière commode avec une petite mesure et un bocal pareil à ceux indiqués pour l'épreuve des potasses.

Pour une première immersion la liqueur peut être d'une force telle qu'une mesure en décolore de $1\frac{1}{2}$ à deux dissolutions d'indigo. Si l'odeur incommode, on la diminue en blanchissant la liqueur avec de la craie délayée dans de l'eau. MM. Berthollet se sont assurés que ce moyen facile d'éviter l'incommodité de l'odeur n'affaiblit pas sensiblement l'énergie de la liqueur. La force et la durée des immersions qui suivent la première, va toujours en diminuant. Leur nombre varie aussi selon la finesse et la quantité des fils, en général elles ont leurs limites entre 5 et 9.

Il ne faudrait pas, de peur d'affaiblir le fil, se servir d'une liqueur trop faible; car on ne supplée pas à ce qui lui manque d'action par un plus grand nombre d'immersions. Il est d'ailleurs facile d'éviter tout accident provenant de la liqueur, en ne négligeant point d'éprouver sa force, il faut encore avoir l'attention de ne point laisser sécher à l'air du fil qui en est imprégné ; car cela l'attire, quoiqu'il n'y ait pas d'inconvénient tant qu'il est humide.

Le blanchîment des toiles exige les mêmes précautions, il est d'autant plus avantageux, que les toiles ont plus de finesse, parcequ'elles consomment moins de liqueur ; mais pour l'exécuter commodément, il faut, au lieu d'une seule cuve de la capacité du récipient, avoir quatre cuves assez grandes pour contenir chacune de 10 à 12 pièces de 24 mètres.

Ces cuves, disposées l'une à la suite de l'autre près du récipient, sont surmontées chacune d'un moulinet. En avant de la première on place une table sur laquelle on attache par les coins les 10 pièces qui doivent entrer ensemble en immersion. On jette, après avoir mis la liqueur au degré nécessaire, sur le moulinet de la première cuve, l'extrémité de la dernière pièce attachée ; un ouvrier enfonce avec un bâton les pièces à mesure qu'elles passent par-dessus le moulinet qu'un enfant fait tourner. On noue le bout de la dernière pièce à une ficelle attachée au montant du moulinet, afin que ce bout qui entre le dernier dans la cuve, et qui trouve la liqueur déjà affaiblie par les pièces à la suite desquelles il est attaché, entre le premier dans la deuxième cuve, et que le bout qui a été le premier dans la précédente, passant le dernier dans celle-ci, se trouve dans les mêmes circonstances que l'autre.

En donnant ainsi le mouvement aux toiles pour les changer de cuves, et en passant successivement chaque bout le premier, elles blanchissent très-également. Lorsqu'on a fait passer les pièces de la première dans la seconde cuve, on y entre de nouvelles pièces qui passent dans la seconde, lorsque celles qui y sont entrent dans celle-ci lorsque les précédentes sont dans la quatrième. En même temps on doit mettre de nouvelles pièces dans les deux premières cuves, de sorte qu'aussitôt qu'il passe des pièces d'une cuve à une autre, il en rentre immédiatement dans la liqueur le temps nécessaire. On les monte sur le moulinet pour les laisser égoutter, puis on les décharge sur une brouette et on les lave. Dès que les pièces sont sorties d'une cuve on éprouve la liqueur, afin de la remettre au degré avant d'y entrer de nouvelles pièces. On doit avoir l'attention de bien enfoncer les toiles et de ne point en laisser surnager quelques parties; la durée, la force et le nombre des immersions varient pour les étoffes comme pour les fils.

Des lavages.

Celui qui projette un établissement, doit examiner si le lieu où il se propose de le faire, réunit les avantages de fabrication, de commerce, de transport; mais surtout il faut avoir à sa disposition une eau pure; car sans cette condition, on ne parviendra pas à obtenir
un

un beau blanc : l'eau qui, étant trouble, laisse un dépôt noirâtre, peut encore être employée avec succès ; mais celle dont le dépôt est jaune, donne toujours une nuance défavorable. Ces observations s'appliquent particulièrement au blanchîment du coton, dont le blanc doit avoir le plus grand éclat.

Immédiatement après chaque opération, il faut, par un lavage fait avec soin, dégager des fils et des étoffes le liquide dont ils sont imprégnés ; parceque s'il était porté dans celui de l'opération suivante, il en neutraliserait une partie et affaiblirait ainsi son action. Cette précaution ajoute d'ailleurs beaucoup à la perfection du blanc.

Pour laver les fils de lin ou de coton, un ouvrier prend un écheveau de chaque main, les plonge dans l'eau, les agite, les retire et les y replonge ainsi à deux ou quatre reprises, en prenant à chaque fois l'écheveau par un endroit différent. Il réunit ensuite les deux écheveaux, les tord et les jette près de lui.

Le lavage des toiles exige plus d'appareils pour être bien exécuté : assez généralement on le fait à la main et l'on bat au fléau ou à la masse ; mais cette manière est imparfaite, surtout à cause de l'inégalité du lavage. On emploie dans quelques établissemens des machines qui remplissent beaucoup mieux cet objet. Nous n'en connaissons point qu'on puisse préférer à celle de la célèbre manufacture d'Oberkampf, et dont il a déjà bien voulu donner connaissance à plusieurs fabricans : elle consiste en une forte batte qui frappe sur les toiles rangées sur une table circulaire et mobile autour d'un pivot.

Cependant on peut obtenir un lavage assez complet, et suffisant pour la plupart des étoffes, en se servant de deux rouleaux de bois, placés l'un au-dessus de l'autre sur des montans posés dans le sens de la largeur d'une rivière ; leur longueur est de $0,^{met.}$ 40, l'inférieur a $0,^{met.}$ 48, de diamètre, tandis que le supérieur n'en a que $0,^{met.}$ 40, celui-ci porte des cannelures parallèles à son axe, et dont le creux est à-peu-près égal à la moitié de la partie saillante ; à chaque extrémité il a des tourillons qui s'engagent dans une rainure pratiquée sur les montans. Les tourillons n'y sont point fixés ; de sorte que ce cylindre peut sauter librement sur l'autre. La surface de l'intérieur est lisse : il porte une manivelle à l'un de ses tourillons. Lorsqu'on veut laver les toiles par ce moyen, on jette la pièce dans l'eau en tenant un des bouts qu'on pose entre les deux cylindres. En faisant tourner la manivelle, la toile passe entre eux pressée par le supérieur, qui, à chaque cannelure, reçoit un petit choc et le fait éprouver à la toile en retombant. Les pièces passées cinq ou six fois de suite de cette manière sont très-bien lavées.

Pour mouiller les toiles ou les laver légérement, on peut encore employer une espèce de moulinet à quatre aîles posé comme les rouleaux sur une rivière. On jette dans l'eau la pièce dont on pose le bout sur le moulinet, et en le faisant façonner, la pièce passe par-dessus et retombe de l'autre côté dans l'eau. Si l'on tourne assez rapidement, et si l'on fait passer ainsi plusieurs

fois les pièces, on les lavera par ce moyen simple
assez exactement. Ce qu'on vient de dire doit
faire sentir l'avantage qu'il y a à disposer les
ateliers le plus près possible de l'eau que l'on
a à sa disposition.

Des autres opérations du blanchîment.

On commence le blanchîment des toiles en
les laissant séjourner pendant quelque temps
dans des cuviers pleins d'eau. Il s'établit en peu
de jours un commencement de fermentation
qui favorise la séparation de la matière colorante
et particulièrement du parou dont les tisserands
enduisent la chaîne. Cette opération qu'on nomme dégommage peut sans inconvénient durer
de 8 à 9 jours dans les températures moyennes.
Elle peut être moins longue en été, parcequ'il
est à craindre que la fermentation poussée trop
loin, n'altère le tissu des toiles. On se sert
aussi des vieilles lessives pour cet usage ; mais
les expériences de *Home* prouvent qu'il est
plus avantageux de n'employer que l'eau pure ;
quant au fil, il suffit qu'il ait trempé deux
ou trois jours.

Si l'on entasse du fil gris mouillé au sortir de
la lessive, il s'échauffe par degrés et finit par
prendre feu ; lorsqu'il ne parvient qu'à la chaleur animale, il n'est pas sensiblement affaibli ;
la légère combustion qu'il éprouve par là, concourt même à l'effet des lessives ; mais s'il est
renfermé à l'ombre, étant mal séché, il se
détruit promptement.

Lorsqu'il ne paraît plus de *gris sur le fil ou*

sur les toiles de lin, ce qui arrive ordinairement après la quatrième immersion, on les passe dans des eaux acidulées par l'acide sulfurique : pour cet effet on a une petite cuve remplie d'eau ; on y verse de l'acide sulfurique jusqu'à ce que le mélange ait pris un degré d'acidité qui approche de celle du suc de citron ; on y plonge le fil poignée à poignée, de manière qu'il en soit bien imprégné ; on le jette ensuite dans une autre cuve assez grande pour en tenir 1200 livres, on l'y laisse environ 15 ou 20 heures avant de le retirer. Un plus long séjour de deux ou trois jours, par exemple, ne peut occasionner aucun accident, pourvu que l'on ait soin qu'aucune portion de fil ne s'élève au dessus de l'acide. Pour les toiles, on les attache bout à bout, et on les fait entrer à l'aide d'un moulinet dans de grandes cuves pleines d'eau acidulée ; on passe les fils et les toiles de lin trois ou quatre fois dans l'eau acidulée, en ayant attention qu'elle soit de moins en moins forte ; mais il suffit d'y passer les fils et les étoffes de coton une seule fois. La quantité d'acide employée dans la première liqueur est de 8,5 kilogr pour 600 kilogr. pesant. On diminue la proportion de l'acide à chacune des opérations suivantes.

Il faut avoir grand soin de laver parfaitement avant et après l'eau acidulée, autrement on n'a jamais un beau blanc. Il n'est pas moins important d'éviter que les fils ou les étoffes imprégnés d'eau acidulée, ne restent exposés longtemps à l'air, car l'eau s'évaporant, l'acide concentré agit sur le fil et le détruit.

L'acide dissout le fer qui, dans le cours des

opérations, s'est déposé sur les étoffes et leur communique une légère teinte jaunâtre; on en acquiert la preuve par le précipité bleu que le prussiate de potasse y occasionne au bout de quelque temps. Mais l'action de l'acide se borne-t-elle à cela ? dans ce cas, pourquoi répéter quatre fois cette opération et donner une lessive entre chacune d'elles, tandis que pour le coton exposé de même à être teint par le dépôt ferrugineux, une seule liqueur acidule est nécessaire.

En Flandre, en Hollande et en Irlande on accélère le blanchîment des toiles par les anciens procédés, en les laissant séjourner ainsi pendant plusieurs jours dans les liqueurs acidules. On emploie communément à cet usage le lait aigri, quelquefois aussi on mêle aux toiles du son ou de la farine de seigle, et à la faveur de la fermentation, la liqueur des cuves devient acide. On a cru long-temps que c'était la fermentation elle-même qui favorisait le blanchîment ; mais il est bien prouvé que c'est l'acide seul qui agit : *Home* s'est convaincu que les acides végétaux et minéraux peuvent être substitués au lait et à la farine de seigle ; que cependant l'acide sulfurique est celui qui réunit le plus d'avantages, qu'après lui l'acide muriatique et l'acide nitrique produisent le plus d'effet, et que cet effet est accru par une douce chaleur. Il assure que l'acide sulfurique fait en cinq heures et moins, ce qu'on ne peut obtenir qu'en cinq jours avec le son ou le lait, il reproche encore à ces deux substances le grave inconvénient d'entrer fréquemment en putrél'action et d'altérer alors les toiles. On doit d'autant moins hésiter à substituer au lait ou à la farine de seigle, l'eau acidulée par l'acide sulfurique, que ce changement a été adopté depuis long-temps en Angleterre et dans plusieurs blanchisseries françaises.

Malgré toutes ces opérations, le fil n'a pas encore toute la blancheur dont il est susceptible. Il reste une matière insoluble dans les acides et les alkalis, qu'on enlève par de forts lavages dans l'eau, souvent répétés, et par quelques jours d'exposition sur le pré : il y a même une teinte jaunâtre qui est détruite plus efficacement par l'action de l'air et de la lumière que par celle de l'acide muriatique oxigéné. En général, les fils d'une couleur jaune blanchissent plus difficilement que ceux qui sont d'un gris tirant sur le brun. Il est bon de prolonger un peu les expositions sur le pré pour ceux-là.

On ajoute aux dernières lessives quelques livres de savon pour donner de la douceur aux fils; on les expose sur le pré immédiatement après, et en les retirant on les lave avec beaucoup de soin; car s'ils retenaient du savon, leur blanc pourrait changer. Dans les toiles de lin, les lisières étant d'un tissu plus serré que le reste, conservent plus long-temps une teinte qu'on ne peut enlever complétement que par les lavages répétés et le savon noir. Il en est de même de tous les endroits du corps de la toile où il y a eu des fils cassés et resoudés pendant la fabrication; ceux-ci conservent constamment une teinte noire qui ne cède qu'au frottement avec une dissolution chaude et plus ou moins chargée de savon. On est dans l'usage de fouler les toiles avec cette dissolution dans des cuves une ou deux fois sur la fin du blanchîment. Cette opération se fait avec les pieds, en frappant plus ou moins fort, suivant la dureté du tissu, et pour nétoyer complétement la toile, on la savonne à la main dans des cuviers dont les bords, au lieu d'être perpendiculaires au fond, se renversent considérablement en dehors, et forment un plan incliné sur lequel les ouvriers appuient leurs toiles pour les frotter plus commodément. Si les toiles sont à-peu-près éclaircies par les deux foulages aux pieds, un seul frottement suffit pour amener les lisières au ton de blancheur que le reste de la pièce; mais le plus souvent on en donne deux sur trois, pour les toiles d'un tissu serré ou d'un fil un peu gros; souvent même on est obligé de frotter séparément les endroits où l'on remarque des fils noirs : toutes ces manipulations, en nétoyant parfaitement les toiles, leur donnent en outre une certaine souplesse et ce tact moëlleux qu'on y recherche. On enlève tout ce qui peut rester de savon, en les exposant sur le pré et les lavant à plusieurs reprises dans une eau limpide. On ne commence à savonner qu'après que les toiles ont passé une fois à l'acide, on a soin de les exposer sur le pré au sortir de chaque opération, et de les y arroser; ensuite on les lave, on les lessive, et on continue ainsi les acides et le savon alternativement jusqu'au blanc parfait.

Les étoffes de coton ne présentent point ces

difficultés ; on fait aisément disparaître les fils noirs vers la fin du blanchîment, en savonnant les endroits où on les remarque, mais les lisières blanchissent aussi vite que le corps de la toile, et on peut se dispenser de les mettre sur le pré.

Quand on est parvenu à un blanc parfait, on passe au bleu de la manière suivante.

On choisit le plus beau bleu d'azur dont la couleur est due à de l'oxide de cobalt réduit en poudre très-subtile ; on le délaye dans un peu d'eau claire ; on puise de cette eau chargée d'azur, et on la fait passer à travers un tamis de soie dans une petite cuve remplie d'eau la plus limpide, et lorsque l'ouvrier juge par un essai fait sur une poignée de fil, que l'eau est suffisamment chargée, il y passe successivement tout le fil en l'exprimant, ayant soin d'ajouter du bleu de temps en temps, de manière que la nuance soit uniforme ; ensuite on porte le fil au tordoir, et on le fait sécher au grand air.

La préparation est la même pour les toiles ; on les tord à la cheville, et on les fait sécher. Pour les gazes, les linons et quelques autres étoffes de coton, on ajoute un peu d'empois à l'eau où l'on délaye le bleu d'azur. On passe ordinairement les baptistes deux fois au bleu, en les laissant sécher entre chaque opération.

NOMBRE
ET ORDRE DES OPÉRATIONS.

On suppose qu'on ait une dissolution de potasse faite à raison de quarante mesures d'eau, dont chacune pèse 16 livres par quintal de potasse, pour 1250 de fil.

Le fil de lin ou de chanvre ayant trempé dans l'eau pendant trois jours, on le lave bien et on le dispose dans le cuvier à lessive.

Première lessive. Vingt mesures de dissolution de potasse, trois heures d'ébullition. La lessive en refroidissant s'épaissit comme une gelée.

Seconde lessive, pour achever d'enlever le plus de parties colorantes possible. Cette lessive contient 10 mesures de dissolution, et on donne 2 heures d'ébullition.

Lavage pour enlever la lessive et les parties colorantes qu'elle a dissoutes.

Première immersion. La liqueur a deux degrés, c'est-à-dire, d'une force telle qu'une mesure de liqueur décolore deux mesures de dissolution d'indigo. On continue l'immersion jusqu'à ce que la liqueur étant remise au degré, le fil ne l'affaiblisse plus.

Lavage.

Troisième lessive. 12 mesures de dissolution, 3 heures d'ébullition.

Deuxième immersion. Liqueur de même force que la première.

Quatrième lessive. 8 mesures de dissolution, 2 heures d'ébullition.

Troisième immersion.

Lavage.

Cinquième lessive. 5 $\frac{1}{2}$ mesures, 2 heures d'ébullition.

Quatrième immersion. A partir de celle-ci on ne met la liqueur qu'à un degré.

Lavage. A cette époque le blanc est ordinairement découvert.

Eau acidule.

Lavage.

Sixième lessive. 5 $\frac{1}{2}$ mesures, 2 heures d'ébullition.

Exposition sur le pré, de six jours.

Lavage.

Cinquième immersion.

Lavage.

Eau acidule.

Lavage.

Septième lessive. 4 $\frac{1}{2}$ mesures ou 5, une heure au moins d'ébullition.

Sixième immersion.

Lavage.

Eau acidule.

Lavage.

Lessive et savon. 3 mesures de dissolution; on y ajoute 8 livres de savon noir lorsqu'elle est échauffée à ne pouvoir plus y tenir la main, et on cesse lorsque le savon a pénétré partout.

Exposition sur le pré, 3 jours.

Lavage.

Bleu.

Après cette opération le blanchîment est fini, on tord le fil et on le met sécher.

Les opérations sont les mêmes pour les toiles de lin, seulement elles doivent être précédées du dégommage. On peut aussi couler avant la première lessive une eau chaude à laquelle on n'ajoute point d'alkali, et dont le colage dure trois heures. Si les toiles n'étaient pas suffisamment blanches, on continuerait comme on l'a indiqué à partir de la dernière lessive. Les étoffes de coton sont dégommées, reçoivent l'eau chaude, et les opérations prescrites pour le fil jusqu'à la quatrième immersion. A cette époque elles sont blanches. On les passe dans l'eau acidule au bleu, puis on les sèche. Dans la première immersion la liqueur ne doit être qu'à un degré, et un peu plus faible pour les suivantes. Il faut aussi mettre quelques mesures de moins dans chaque lessive. On savonne les fils noirs après la troisième immersion. On se conduit exactement de même pour le coton en écheveaux.

Des différentes préparations de la liqueur oxigénée.

Dans les premières expériences qui furent tentées sur le blanchîment, on ne se proposa d'abord que d'employer la propriété qu'a l'acide muriatique oxigéné de détruire les couleurs ; cependant on y mêlait de la potasse qui paraissait accélérer son effet. On s'apperçut bientôt que, pour obtenir un blanc constant et sans affaiblir la toile, il fallait imiter les opérations du blanchîment ordinaire, en faisant succéder à l'oxigénation des parties colorantes par une liqueur assez affaiblie pour ne porter aucune atteinte au tissu, l'action des lessives qui servent à les dissoudre.

Bientôt après que la pratique du nouveau blanchîment eût commencé à s'établir, on prépara à Javelle une liqueur dont on fit mystère, et qui est encore employée sous le nom de *lessive de Javelle* C'est une combinaison d'acide muriatique oxigéné avec une certaine proportion d'alkali fixe. On peut imiter cette liqueur, en employant les proportions suivantes pour la distillation et pour la dissolution alkaline : muriate de soude, 77 gr., acide sulfurique 61 gr., oxide de manganèse 30 gr. On reçoit le gaz qui se dégage dans un litre d'eau, dans lequel on a dissous, 120 gr. de soude ou de potasse commune : on étend cette liqueur de 10 à 12 parties d'eau pour l'usage.

Pour diminuer l'odeur importune de l'acide muriatique oxigéné, Decroizille y fit un mélange de carbonate de chaux ou de craie.

Depuis peu de temps, Tennant a fait une préparation pour laquelle il a obtenu une patente en Angleterre ; c'est une combinaison d'acide muriatique oxigéné et de chaux ou du muriate oxigéné de chaux. Cette substance a la propriété d'absorber facilement une grande quantité de gaz muriatique oxigéné, et pour obtenir cette combinaison, l'on n'a qu'à faire passer le gaz qui se dégage à travers la chaux éteinte, jusqu'à ce qu'elle soit saturée. On délaye ensuite cette chaux dans une certaine proportion d'eau qui est employée au blanchîment. On augmente l'effet en ajoutant à cette eau un peu d'acide sulfurique.

Pour juger de l'effet que l'on obtient de ces différentes préparations et de leur utilité relative, il faut d'abord rappeler les résultats de l'observation qui ont été recueillis par la théorie. L'acide muriatique oxigéné est composé de deux élémens qui sont faiblement réunis, et qui sont disposés à entrer dans d'autres combinaisons ; de là l'oxigénation facile des substances qui sont exposées à son action ; mais cette action s'exerce avec d'autant plus de facilité et d'énergie qu'elle n'est point affaiblie par une combinaison que l'acide muriatique oxigéné a pu contracter auparavant : ainsi, dans l'état gazeux il agit avec plus d'énergie, que lorsqu'il est déjà combiné avec l'eau, et par-là même son action peut être trop grande pour l'objet que l'on se propose dans le blanchîment ; cependant l'action de l'eau étant très faible, la liqueur conserve une odeur vive, et on en obtient sensiblement tout l'effet qui n'est que retardé et modéré à volonté, selon la concentration qu'on lui donne.

Les alkalis exercent une action beaucoup plus puissante sur l'acide muriatique oxigéné que l'eau, et par-là ils peuvent lui donner une condensation beaucoup plus grande, en supprimant presqu'entièrement son odeur qui exige la liberté de son expansion et de sa dissolution par l'air. On étend cette liqueur d'une suffisante quantité d'eau pour remplir l'objet qu'on se propose, en évitant les immersions d'une action trop vive ; elle produit plus promptement son effet, probablement parceque la potasse tend à former une combinaison plus intime et plus énergique avec l'acide muriatique, pendant que la partie colorante porte son action sur l'oxigène: les avantages que présente la lessive de Javelle, ou le muriate oxigéné de potasse ou de soude, sont donc, 1°. d'exiger un appareil moins compliqué; car il suffit d'employer un récipient qui contienne la dissolution alkaline, pour condenser le gaz muriatique oxigéné, avec la seule précaution de faire plonger le tube conducteur au fond du récipient, et de recevoir le gaz sous une cuvette; 2°. de supprimer presqu'entièrement l'odeur suffocante de l'acide muriatique oxigéné; 3°. de fournir l'agent de l'oxigénation beaucoup plus condensée sous le même volume, et parconséquent de le rendre d'un transport beaucoup plus facile et moins dispendieux; 4°. enfin de produire son effet un peu plus promptement. Examinons à présent les désavantages de cette préparation lorsqu'un alkali fixe agit sur l'acide muriatique oxigéné, l'effet n'est pas simple; une partie de l'acide muriatique oxigéné est simplement condensée, en conservant les proportions de ses élémens et les propriétés qui dépendent de la disposition qu'ils conservent à entrer dans d'autres combinaisons.

Une autre partie se décompose, et le résultat des deux nouvelles combinaisons qui s'établissent à sa place, donne cinq à six parties de muriate de potasse contre une de muriate suroxigéné de potasse, sel qui contient à-peu près 0,38 de son poids en oxigène, auquel il doit ses propriétés caractéristiques. Or l'oxigène qui se trouve dans cette dernière combinaison dans laquelle il s'est accumulé, y est tellement assujéti, qu'il ne peut plus se porter sur les parties colorantes, ni reprendre l'état élastique par l'action de la lumière : toute la partie d'acide muriatique oxigéné qui subit cette transmutation de combinaison, est donc perdue pour le blanchîment ; sa quantité varie selon la condensation de la liqueur alkaline qui reçoit le gaz, et elle paraît augmenter lorsqu'on conserve la liqueur. Probablement la température fait varier les résultats : on voit donc que les liqueurs annalogues à la lessive de Javelle, ne doivent pas produire, dans leur action sur les parties colorantes, autant d'effet qu'une simple dissolution aqueuse qui contient, sous le même volume liquide, une quantité de gaz muriatique oxigéné égal à celle qui a été condensée par l'alkali.

On a même trouvé qu'en ajoutant simplement une dissolution alkaline à l'acide muriatique oxigéné, son effet décolorant était diminué. Rupp a fait sur cet objet des expériences décisives ; il s'est servi d'une dissolution d'indigo pour comparer par les quantités dont la couleur était détruite, l'acide muriatique oxigéné sans mélange, ou après y avoir ajouté des proportions différentes de potasse ; mais pour éviter l'incertitude qui aurait pu résulter de l'action de l'acide sulfurique sur la combinaison de la potasse, il a décomposé par l'acétate de plomb la dissolution d'indigo par l'acide sulfurique ; de sorte que c'est une dissolution d'in-

digo par l'acide acétique qu'il a employée ; il
a fait les mêmes épreuves avec une infusion de
cochenille qui est encore sujette à moins d'objections. Il en résulte également que, plus
il mit de potasse dans une même quantité d'acide
muriatique oxigéné, moins il a eu de liqueur
décolorée; la différence entre l'acide muriatique
oxigéné simple, et celui auquel il avait mêlé
le plus de potasse, a été de près d'un quart
en faveur du premier.

Il est donc prouvé par les considérations de
théorie et par les expériences directes, que
l'addition d'un alkali, lors même qu'il n'est pas
employé pour condenser le gaz muriatique
oxigéné, diminue l'effet que celui-ci doit produire; mais, dans la lessive de Javelle, il porte
les frais de la liqueur à-peu-près trois fois plus
haut; il est manifeste que ces désavantages
doivent en faire rejeter l'usage dans une fabrique, où l'économie est une condition que l'on
doit s'imposer.

Le muriate oxigéné de chaux a un autre
avantage sur la lessive de Javelle, par la grande
différence du prix de la chaux avec celui de la
potasse ou de la soude, et il est par son état
de dessiccation et de condensation, d'un transport encore moins dispendieux; mais aussi il
a l'inconvénient de transformer une partie de
l'acide muriatique et de contenir du muriate
sur-oxigéné que l'on ne peut indiquer dans cette
combinaison par la nomenclature qui ne conserve sa précision que pour les combinaisons bien
constantes; il paraît même que la proportion
de muriate sur-oxigéné est considérable; car,

si après avoir chassé par un léger degré de chaleur l'acide muriatique oxigéné qui avoit conservé ses propriétés, on examine la substance qui reste, on trouve qu'elle ne produit plus de décoloration, et si on la pousse au feu dans cet état, il s'en dégage beaucoup de gaz oxigène. Welter a dit que dans des expériences comparatives, il avait observé que le gaz condensé par la chaux ne produisait que le dixième de l'effet qu'on en obtient lorsqu'on l'a reçu dans l'eau. L'usage du muriate oxigéné de chaux ne peut donc qu'être désavantageux dans une manufacture; mais il peut convenir par la facilité de le transporter et de le conserver pour des usages particuliers, où l'économie du procédé est d'un intérêt secondaire; il mérite sous ce rapport les éloges qu'on en a faits.

L'addition de l'acide sulfurique à la dissolution du muriate oxigéné de chaux, en augmente l'effet par la décomposition du muriate sur-oxigéné; mais pour que cet effet fût assez considérable, il faudrait une quantité d'acide qui deviendrait dangereuse.

Ces objections ne peuvent s'appliquer à l'addition de la craie qui a été conseillée par M. Descroizile, et dont il fait usage dans sa belle manufacture: sa valeur est très-petite, et quoique les expériences de M. Berthollet nous aient paru prouver qu'elle diminuait un peu l'effet total de l'acide muriatique oxigéné, cependant cette diminution est si faible qu'on peut la négliger; ainsi, quoique l'on puisse exécuter sans incommodité, le procédé avec l'acide muriatique oxigéné simple, il n'y a pas d'inconvénient à se servir de l'addition de la craie, qui fait disparaître la plus grande partie de l'odeur ; MM. Berthollet conseillent de n'en pas omettre l'usage lorsque l'on n'est pas encore instruit à conduire les opérations avec les attentions habituelles qu'elles exigent.

Des autres usages de l'acide muriatique oxigéné.

Lorsqu'on a imprimé les toiles avec différens mordans, on les passe dans la garance où les dessins prennent différentes nuances, suivant la nature des mordans ; mais le fond de ces toiles reçoit aussi la couleur de la garance. Cette couleur est beaucoup moins solide que celle qui a été fixée par les mordans, et il faut la détruire par le moyen de la bouze de vache et du son, et par de longues expositions sur le pré : on emploie à peu près le même procédé pour détruire le fond jaune des toiles imprimées qu'on a passées dans la gaude pour donner aux dessins les nuances qui dépendent du jaune.

On a constaté qu'on pouvait employer avec succès l'acide muriatique oxigéné.

Lorsque l'on veut décolorer une pièce de toile qui a quelque défectuosité de teinture ou de dessins, ou dont l'usage a terni les couleurs, on doit lui donner d'abord une lessive, puis une immersion qui suffit ordinairement : on procède à une seconde lessive et on la passe dans une eau acidulée par l'acide sulfurique ; sans cette dernière opération elle conserverait une grande partie de son mordant, et elle ne pourrait, par cette raison, recevoir une nouvelle impression ou un autre dessin.

L'acide muriatique oxigéné peut aussi être employé avantageusement pour donner au chanvre et au lin, l'apparence du coton.

Le procédé est dû à M. Berthollet qui publia dans le journal de l'Ecole polytechnique une description des opérations. M. Giobert a publié depuis des observations qui peuvent diriger dans cet art nouveau.

Macération préliminaire de la filasse.

Cette opération n'est pas, à la rigueur, bien nécessaire, et on peut y suppléer par une bonne lessive. Mais une macération préliminaire est plus économique. Au lieu d'eau pure, on doit employer de préférence de vieille lessive; et si l'on n'a pas de celle-ci, des plantes, surtout des plantes mucilagineuses que l'on fait bouillir dans de l'eau, un peu de potasse qu'on y ajoute, donnent un meilleur dissolvant. Au reste, la macération peut être plus long-temps prolongée: on ne risque pas du tout à la prolonger jusqu'à cinq jours, même dans la saison la plus chaude, et même en employant les alkalis qui paraissent favoriser la fermentation putride. Au printemps, en automne et en hiver on la prolonge avec avantage depuis sept jusqu'à neuf jours; par cette macération plus prolongée, la filasse s'affine, c'est-à-dire ses filamens se délient, et les opérations auxquelles on va l'assujétir dans la suite, font un plus grand effet.

Lorsque la filasse est bien macérée, il est absolument inutile de la laver avec de l'eau

chaude, qui ne fait qu'augmenter les frais;
l'eau froide est suffisante, mais il faut laver en
eau courante, en foulant aux pieds la filasse
jusqu'à ce que l'eau en sorte très-chaude.

*Des lessives et des immersions dans l'acide
muriatique oxigéné.*

On pourrait se passer de lessive, en abandonnant la filasse à des fermentations, de la manière ci-dessus énoncée, après l'avoir passée à l'acide muriatique oxigéné; mais cette pratique est trop longue. Cependant rien n'entraîne dans la filasse plus d'inconvéniens que la lessive. Tout brin de chanvre ou de lin qui a été lessivé en reçoit une roideur, surtout dans ses extrémités qui doivent se réunir en continuité pour la formation du fil; le filage en devient difficile, incommode, inégal; la fileuse perd presque patience, et au surplus ces extrémités ne s'entortillant pas bien l'une sur l'autre, leur adhérence n'est pas bien forte, se glissent pour peu qu'on tire le fil, et celui-ci n'est pas bien résistant. On peut poser ce principe comme général. Cependant on ne peut guère se passer de lessive dans un établissement en grand de manufacture de coton par le chanvre; c'est pourquoi il faut s'attacher à remédier à ces inconvéniens, qu'on ne peut pas économiquement éviter. Les lessives doivent être bien caustiques, mais il faut éviter avec soin qu'il n'y ait pas de la chaux en excès, ou de l'eau de chaux dans la liqueur; car alors la filasse d'une part s'affaiblit trop, et de l'autre en reçoit de la roideur. Une lessive n'est pas trop caustique, lorsqu'en évaporant une partie de la liqueur elle ne se trouble pas, ou ne laisse pas précipiter de la chaux. Le lessivage bouillant ne doit pas aller au-delà de trois heures, mais ce temps passé, il faut soutirer la plus grande partie de la liqueur, et ensuite laisser refroidir la filasse dans la cuve en tas, avant que de la laver; il est même utile de placer, sur la toile qui couvre la filasse, de gros poids qui la pressent. Ce repos de la filasse avec peu de liqueur fait un effet mieux marqué que le lessivage, et d'autant meilleur que la quantité sur laquelle on opère est plus grande.

Il est utile de disposer les appareils de manière qu'on puisse ensuite la laver au moyen d'un courant d'eau, dans la cuve même dans laquelle on l'a lessivée, et c'est dans cette cuve même qu'on la passe ensuite à l'acide muriatique oxigéné qui doit être très-faible.

Bain d'acide sulfurique.

Un bain acide est indispensable pour donner à la filasse une blancheur éclatante. Mais la filasse une fois blanchie contient de la chaux qui formant avec l'acide sulfurique un sel insoluble, rend cet acide peu propre à cet usage. Le sulfate de chaux qui se forme s'attache à la filasse et lui donne de la roideur, et il n'est pas possible de l'emporter entièrement par le lavage. M. Giobert a trouvé qu'en y substituant l'acide muriatique oxigéné, la filasse a plus de souplesse. L'acide muriatique conserve dans le commerce un prix un peu élevé; mais en le fabriquant dans la manufacture même, les dépenses qu'entraîne l'emploi de cet acide ne sont pas bien considérables, et on doit le préférer.

Savonnage.

La dernière opération est enfin le savonnage; cette dernière opération est indispensable, et on ne doit pas se flatter de s'en passer, car ce n'est que par le savonnage que l'on parvient à bien délier les brins de la filasse. D'ailleurs, ce n'est que par le savonnage que l'on commence de corriger dans la filasse la roideur que lui a donnée la lessive, et qu'on lui donne la souplesse du coton ordinaire.

La filasse, en sortant du bain précédent d'acide muriatique, loin de la laver avec beaucoup de soin, ne doit pas être lavée du tout : on doit la plonger, toute mouillée de liqueur acide, dans l'eau de savon à chaud, sans rien craindre de l'action de l'acide. Le savon se décompose par l'acide, le muriate de soude qui en résulte est enlevé dans les lavages successifs, et l'huile du savon étant absorbée par la filasse, lui donne de la souplesse et du moëlleux. Les brins restent plus déliés, et les opérations successives du cardage et du filage en deviennent plus faciles.

Donner au coton de chanvre de la souplesse.

Malgré les soins précédens, le coton n'a pas encore la souplesse qui lui est nécessaire. On achevera de lui en donner par l'opération suivante : on prend la filasse séchée, on en fait de grosses balles, et on la conserve bien emballée deux ou trois mois dans un lieu un peu humide. Il s'excite, par ce moyen, une espèce de fermentation dans la filasse, qui lui donne toute la souplesse qu'on desire.

Donner au coton de chanvre les apparences du coton ordinaire.

Le coton que l'on obtient du chanvre par les opérations précédentes, quels que soient les soins qu'on aura pratiqués, est toujours différent du coton ordinaire, et il est aisé de le reconnaître. La filasse conserve un luisant qui lui est propre, et qui est très-différent du blanc mat du coton ; ce brillant est assez agréable, et il se peut que dans plusieurs objets de manufacture il soit même recherché ; mais enfin ce n'est pas une des propriétés du coton, et on doit le regarder comme un défaut lorsqu'il s'agit d'imiter le coton ordinaire. M. Giobert dit qu'il n'a trouvé qu'un moyen d'y remédier, et ce moyen consiste à mêler dans le cardage au coton de chanvre, de 10 à 15 pour 100 de coton ordinaire. Le coton filé que l'on fait par ce moyen n'est plus reconnaissable du coton filé ordinaire.

Blanchîment des gravures par l'acide muriatique oxigéné. (*)

On peut employer à cet usage un petit tonneau en bois blanc légérement conique, de 1 mètre de haut sur 5o à 6o $^{cent.}$ de diamètre, garni

---

(*) Cet article est de M. Roard, directeur des teintures aux Gobelins.

de cercles en bois. On y fait ajuster un couvercle fermant hermétiquement, et un double fond mobile sur lequel on place les gravures qui sont séparées et soutenues par des tubes de verre très-fins arrondis à la lampe.

Pour faire exactement le mélange de l'eau avec l'acide muriatique oxigéné, on les verse en même temps au moyen d'un grand entonnoir, dans un tuyau en plomb, qui traversant le couvercle, pose sur le double fond.

Avant de placer les gravures dans l'appareil destiné au blanchîment, on les divise en deux parties; la 1re comprend celles qui sont grasses, celles collées sur toile, et celles qui sont doublées en papier dont le dos reste encore encollé; la 2e, celles qui sont seulement colorées et tachées d'encre. Après avoir disposé toute cette 1ere partie dans un vase en faïence ou dans un petit tonneau en bois blanc, on le remplit d'une dissolution chaude et très-faible de potasse, dissolution qu'on peut même se procurer par la lixiviation des cendres. Deux ou trois heures suffisent pour enlever toutes les taches, on fait sortir alors la liqueur qu'on remplace par de l'eau claire, afin d'enlever toutes les parties alkalines qui contribueraient en pure perte à affaiblir l'acide muriatique oxigéné.

L'eau écoulée et les gravures raffermies, on les place dans le tonneau à blanchir, concentriquement en hauteur ou en largeur suivant leurs dimensions, dans les espaces que les tubes laissent entr'eux et de manière qu'elles ne soient pas trop pressées.

On dispose d'abord les plus grandes, ayant

soin de réserver le centre pour les plus petites. Par ce moyen on les développe plus facilement, et en les retirant elles ne risquent point d'être déchirées. Le couvercle posé on verse en même temps l'eau et l'acide muriatique oxigéné par le tube en plomb, qu'on enlève ensuite pour fermer exactement l'appareil. Quel que soit l'état des gravures, elles sont ordinairement blanches en deux ou trois heures, ce dont on peut s'assurer en examinant une de celles qui sont placées au centre. Pour n'être point incommodé par l'odeur lorsque le blanchiment est achevé, on ouvre le robinet qui au moyen d'un tuyau conduit la liqueur dans un grand vase fermé, placé sous cet appareil : mais comme le gaz et l'acide dont les gravures sont encore imprégnées pourraient rendre le travail désagréable et même dangereux, on le remplit d'eau bien claire. Si les estampes sont d'un papier fort, on pourra les enlever une à une du milieu de l'eau ; mais si elles sont minces, et dejà fatiguées, il vaudra mieux faire écouler tout le liquide et les laisser se raffermir. On les fait égoutter ensuite sur des claies recouvertes de linge blanc et on les lave des deux côtés à grande eau, et les disposant soit sur des marbres inclinés, soit sur des châssis de toile blanche. Cette opération est fort essentielle, car les gravures rejaunissent quelquefois assez promptement quand elles n'ont pas été assez lavées ; on les étend ensuite sur des claies garnies de serviettes, ou sur des cartons recouverts de papier blanc, et pour qu'elles ne sèchent pas trop vite, on ne les expose ni au soleil, ni à un grand courant d'air. Lorsqu'elles sont encore humides, on les met entre deux feuilles de papier de soie sur lesquelles on place des feuilles de carton de la même grandeur : ainsi arrangées on les dispose les unes sur les autres, et on les met en presse, où elles doivent rester au moins 24 heures.

Quand les estampes sont très-belles, on peut les mettre en presse avec des feuilles de cuivre de même grandeur que la partie gravée, on les obtient de la plus grande beauté et dans toute leur fraîcheur. Il faut avoir soin de les exposer ensuite à l'air et au soleil pour dissiper entièrement l'odeur de l'acide muriatique oxigéné, et de ne les placer dans les porte-feuilles que lorsqu'elles sont parfaitement sèches. Malgré toutes les précautions indiquées il peut se trouver sur le dos de celles qui étaient encollées des taches jaunes produites par l'action de l'acide muriatique oxigéné sur la matière animale de la colle, on pourra les enlever par l'acide sulfureux.

J'ai blanchi par les moyens que je viens d'indiquer, plusieurs centaines de gravures en un seul jour, malgré les soins extrêmes que j'étais forcé de donner à un si grand nombre d'estampes très-rares et très-précieuses, presque toutes avant la lettre, telles que les Batailles d'Alexandre, des portraits de Madame Lavallière, le champ du Drap d'or, et des plus beaux paysages du Woollet.

FIN.

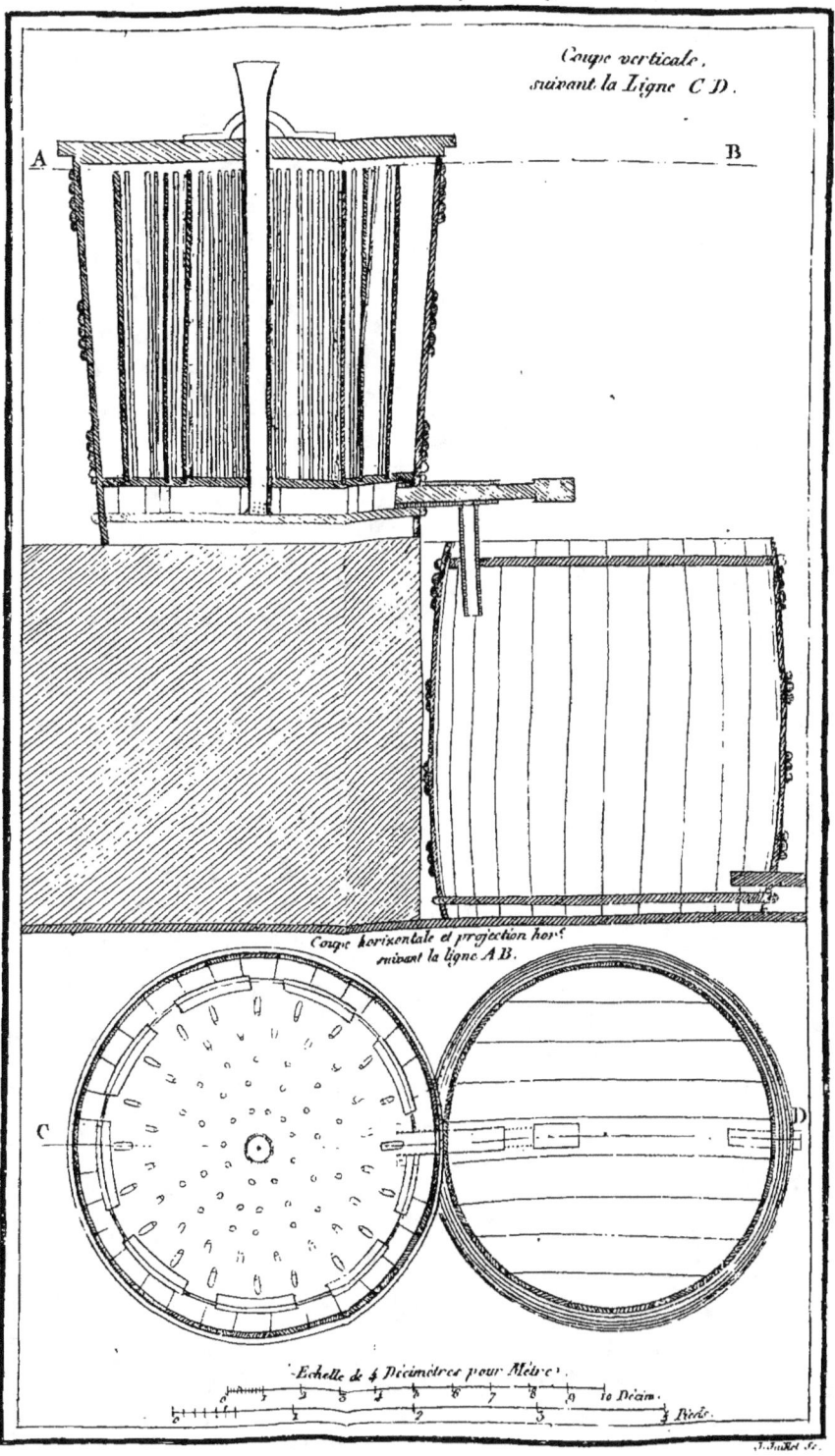

TABLE DES MATIÈRES.

Nomenclature des substances, vaisseaux et instrumens en usage en teinture. Pages	1.
De l'atelier.	13.
Mordans métalliques.	18.
Table et classes des couleurs.	33.
De la laine, de son dégraissage et blanchissage.	76.
Du dessuintage.	77.
Du soufrage de la laine.	78.
De la teinture en général, de la teinture de laine en particulier et de sa préparation avec l'alun.	84.
Du bois de Brésil et de ses belles qualités en petit teint sur les laines.	92.
De la teinture des laines au bois de Brésil.	95.
Des différentes espèces de jaune.	99.
Du produit du bois jaune.	103.
Du produit de la suie.	105.
Du produit du *terra merita*.	106.
Du produit du brou de noix.	108.
Du produit du santal.	111.
De l'orseil.	112.
Du produit du bois d'Inde.	115.
De la teinture des laines en noir.	120.
Du produit de la garance.	125.
Du produit de la cochenille.	136.
Dissolution d'étain, ou composition d'écarlate.	138.
Dissolution de bismuth.	139.
Dissolution d'acier.	140.
Suite du produit de la cochenille.	141.
Du produit de l'indigo.	146.
Dissolution de l'indigo.	163.
De la cuve de pastel.	165.
De la cuve à l'urine.	176.
Résumé général de la teinture des laines.	179.
Rouge de Brésil, ou écarlate et cramoisi.	Id.
Du jaune.	180.
Du verd de Saxe.	Id.
Du verd bouteille.	181.
Du carmélite.	Id.

Du ramona.	Pages 181.
Du brun violent.	Id.
Du brun puce.	182.
Du prune de monsieur.	Id.
Du boue de Paris.	Id.
Du gris ordinaire.	Id.
Du gris de perle.	Id.
Du gris de souris.	Id.
Du gris rouget.	Id.
Du gris d'ardoise.	Id.
Du gris cendré.	183.
Du gris verdâtre.	Id.
Du grand brun bon teint.	Id.
Autre beau brun.	Id.
Du mordoré.	184.
Du carmélite bon teint.	Id.
Du ramona bon teint.	Id.
Du verd ordinaire.	Id.
Du verd à l'échantillon.	Id.
Du verd brun.	Id.
Du verd mouche cantharide, ou verd doré.	185.
De la couleur du bois.	Id.
De la couleur noisette.	Id.
Violet fin ordinaire.	Id.
Autre violet fin.	Id.
Du violet clair.	186.
Du rose.	Id.
Du cramoisi fin.	Id.
Du bouillon d'écarlate.	Id.
Du rougi d'écarlate.	187.
Du jujube.	Id.
De l'orange.	Id.
Du gris ordinaire bon teint.	Id.
Du gris-rouge.	Id.
Du produit de la bourre.	188.
De la teinture des soies.	190.
De la cuite de la soie sur son écru.	191.
Des blancs de soie.	194.
Du coloris des soies.	198.
Du roucou.	Id.
Du coquelicot faux.	201.

DES MATIÈRES.

	Pages
Du beau puce.	202.
Du carmélite.	204.
Du prune.	Id.
Du violet.	205.
Du verd-bouteille.	206.
Du verd américain.	207.
Du bleu faux.	Id.
Du bleu ordinaire ou beau bleu.	208.
Du verd.	213.
Du produit du safranum.	215.
Du cramoisi fin.	221.
De l'écarlate en soie.	223.
Du noir.	224.
De la teinture d'indiennes.	227.
Du décreusage des toiles.	228.
De la tonne et du bain noir.	231.
Du beau rouge fin.	232.
Des violets.	240.
Rouge brun.	243.
Rouge plus brun.	Id.
Beau puce.	Id.
Couleur de bois.	244.
Des bleus.	Id.
Du verd.	Id.
De l'épaississage des couleurs.	245.
De la fausse couleur.	247.
Du garançage.	250.
Du fond verd.	257.
Des bleus en réserve.	260.
Du bleu de faïence, dit bleu anglais.	263.
Du débouilli.	273.
Du procédé des fabricans d'indiennes petit teint.	275.
Du jaune d'application.	276.
Du bleu de Prusse.	277.
Du bois d'Inde et du Brésil.	278.
Du verd.	279.
Du noir.	280.
De l'impression en blanc.	281.
De l'impression au jaspé.	283.
De la teinture de fil et de coton.	287.
Du fil et du coton bleus.	288.

	Pages
Du jaune.	289.
Du jaune bon teint.	291.
Du jaune chamois bon teint.	292.
Du roucou.	294.
Du verd.	295.
Du violet.	298.
Du prune.	Id.
Du puce.	299.
Du coquelicot.	Id.
Du coquelicot fin.	300.
Du gris.	Id.
Du noir.	301.
Du rouge bon teint.	303.
Procédé du rouge d'Andrinople ou de Turquie.	316.
Du violet.	326.
De la garance.	330.
De la teinture de l'ivoire et des os.	332.
De la teinture des plumes, crins, peaux, pailles, cannes de geai, colle à bouche.	333.
Bleu de Prusse.	337.
Verd anglais.	338.
Teinturier-dégraisseur.	341.
Art du blanchîment par l'acide muriatique oxigéné.	362.
Préparation de la liqueur oxigénée.	Id.
Des lessives.	370.
Des immersions dans l'acide muriatique oxigéné.	380.
Des lavages.	384.
Des autres opérations du blanchîment.	387.
Nombre et ordre des opérations.	393.
Des différentes préparations de la liqueur oxigénée.	395.
Lessive de javelle.	396.
Du muriate oxigéné de chaux.	Id.
Des autres usages de l'acide muriatique oxigéné.	402.
Décolorations des toiles peintes.	Id.
Procédé pour donner au chanvre et au lin l'apparence du coton.	403.
Macération préliminaire de la filasse.	Id.
Des lessives et des immersions dans l'acide muriatique oxigéné.	404.
Bain d'acidesulfurique.	405.
Savonnage.	406.

DES MATIÈRES. 415

Donner au coton de chanvre les apparences du coton ordinaire. Pages 407.
Blanchîment des gravures par l'acide muriatique oxigéné. Id.

Table des végétaux colorans.

A

Abricotier.
Absynthe.
Acacia.
Acacia-rose.
Acacia de Sibérie.
Agnus castus.
Agripaume.
Aigremoine.
Airelle.
Alaterne.
Algalou.
Alizier.
Althœa.
Alsine.
Alun.
Amaranthe.
Amélanchier.
Amorpha.
Angélique sauvage.
Apalachine.
Apocin.
Arbre aux anémones.
Arbre aux boutons.
Arbre de Judée.
Arbre de neige.
Arbre-boison.
Arbre du vernis.
Arbre de vie.
Argentine.
Aristoloche.
Armoise.
Arrête-bœuf.
Arroche violette.
Arroche puante.
Artichaut.
Astragale.
Aube-épine.
Aubifoin.
Aune.
Aune écorcé.
Aune en brindilles.
Aurone.
Azédarach d'Italie.

B

Bacinet.
Bagnaudier d'Orient.
Bagnaudier commun.
Balsamine des jardins.
Bardane.
Behen blanc.
Belle-dame.
Benoîte.
Berle.
Bétoine.
Bette-rave.
Bidrus tripartita.
Bignonia catalpa.
Bistorte.
Bled de vache des bois.
Bled-de-vache-des prés.
Bois d'Afrique.
Bois d'Angole.
Bois de brésilet.
Bois joli.
Bois de Sainte-Marthe.
Bondue.

Bouleau.
Bouleau (écorce de).
Bouleau (brindilles de).
Bouleau-mérisier.
Bourrache.
Bourdaine.
Bourdaines (bayes sèches de).
Bourreau des arbres.
Bourse à pasteur.
Bromus tectorum.
Brou de noix.
Brunelle.
Bruyère commune.
Bruyère élégante.
Bruyère noire.
Buglose sauvage.
Buis.

C

Cabaret.
Caille-lait à fleurs jaunes.
Caille-lait à fleurs blanches.
Camomille puante.
Campanule.
Campêche (bois de).
Capsule de faînes.
Capucine (petite).
Carotte sauvage.
Carotte cultivée.
Cassis.
Centaurée (petite).
Centaurée scabieuse.
Cerfeuil musqué.
Cerfeuil ordinaire.
Cerises mûres.
Cerises Zara.
Chardon à bonnetier.
Chardon-roland.
Chardon commun.
Charme à fleurs de Virginie.
Champignon hideux.

Champignon écarlate.
Châtaignier.
Chélidoine (grande).
Chêne jaune d'Amérique.
Chêne petit, chamœdris.
Chêne, robuo.
Chêne à feuilles de saule.
Chanvre.
Chevrefeuille des Alpes.
Chevrefeuille bleu.
Chevrefeuille de nos haies.
Chicorée sauvage.
Chou violet.
Citronnier.
Ciguë (petite.)
Clémathite des haies.
Cochenille.
Colchique des prés.
Condrille.
Cônes de pin résineux.
Conise.
Consoude.
Coquelicot.
Coquelourde.
Cornouillet mâle.
Cornouiller sanguin.
Coronille glauque.
Coudrier.
Couronne impériale.
Croisette de Portugal.
Cupules de chêne.
Curcuma.
Cyprès commun.
Cyprier.
Cytise à poils.
Cytise à feuilles arrondies.

D

Dierville de Canada.
Dompte-venin.
Douce-amère.

E

Ebénier des Alpes.
Eglantier.
Emérus, faux séné.
Epine-vinette.
Epine noire, prunellier.
Epinars.
Erable.
Estragon.
Eupatoire d'Avicenne.
Eufraise.
Euphorbe des marais.
Euphorbe, cyparissias.
Euphorbe tythimale.

F

Fenouil.
Fernambouc (bois de).
Féve de marais.
Figuier.
Filaria.
Filipendule.
Foin sec.
Fougère femelle.
Fraisier.
Framboisier de Canada.
Frêne.
Fucus coraline.
Fumeterre.
Fustet.
Fusain.

G

Galeopsis tetrahit.
Galeopsis ladanum.
Garance.
Gaude.
Genêt anglais.
Genêt à balais.
Genêt d'Espagne.
Genêt des teinturiers.
Genièvre.
Geranium à grandes fleurs.
Geranium, herbe à Robert.
Geranium musqué.
Geranium pied de pigeon.
Gesse.
Gesse jaune.
Giroflée.
Gleditsia.
Glateron.
Grevis.
Groseille rouge à grappes.
Groseiller épineux.
Gui de pommier.

H

Haricots d'Espagne.
Haricots roux jaspés.
Haricots à la reine.
Hélianthême.
Hellébore (pied de griffon).
Herbe à coton.
Herbe vulgò impia.
Herbe au chat.
Herbe du chantre.
Herbe Sainte-Barbe.
Herbe à l'épervier.
Hêtre.
Houblon.
Houx.
Houx frêlon.

J, I.

Jacée noire.
Jacinthe des bois.
Jacobée.
Jacobée (grande) des marais.
Jasmin jaune des bois.
Jasmin blanc commun.
Jernote.
If.

Immortelle (l') jaune des bois.
Inula disenterica.
Jonc marin.
Jusquiame.

L

Laitron.
Laitron du Japon.
Laitue sauvage.
Laitue potagère.
Lampsane.
Laurier franc.
Laurier-rose.
Laurier-cerise.
Laurier de Portugal.
Liriodendron tulipifera.
Laurier-thym.
Lauréole.
Lavatère.
Lavande.
Leonurus merrubiastrum.
Lierre.
Lierre terrestre.
Lilac.
Linaire.
Liquidembar.
Liseron (petit).
Liseron (grand).
Lisimachie.
Lithospermum.
Lotier hémorrhoïdal.
Luzerne.
Lychen prunastri.
Lychen fougueux.

M

Mahaleb.
Marronnier d'Inde.
Marrube noir.
Marrube blanc.
Marsaule.
Mélèse.
Mélilot.
Menthe des marais.
Mercuriale annuelle.
Mérisier.
Micocoulier.
Millefeuilles.
Millepertuis.
Molene.
Mordant de Lafollie.
Morelle.
Mouron commun.
Mousse verte.
Muflle de veau.
Muflle de veau (petit).
Mûrier noir.
Mûrier de la Chine.
Myrte d'eau.

N

Nackara de bourre.
Nefflier.
Nerprun.
Nez coupé.
Noyer commun.
Noyer noir de Virginie.

O

Obier à fleurs simples.
Œil de christ, fleurs gris de lin.
Œil de bœuf.
Œillet d'Inde.
Olivier.
Olivier de Perse.
Oranger.
Orseille des Canaries.
Orseille sèche.
Origan.
Orme.
Orpin.

Ortie (grande).
Ortie grièche.
Ortie à fleurs pourpres.
Oseille.
Osier jaune.
Osier fleuri.

P

Pacquerettes.
Paille de froment sèche.
Palma christi, ricin.
Panais.
Paretuvier.
Pariétaire.
Passe-rage, lepidum.
Pastel.
Patience aquatique.
Patience des champs.
Patience à nervures pourpres.
Pavot noir.
Peigne de Vénus.
Pensée.
Periploca græca.
Persicaire, nostras.
Persicaire d'Orient.
Persil de montagne.
Pervenche (grande).
Pêcher.
Peuplier d'Italie.
Peuplier noir des rivières.
Peuplier noir de Virginie.
Peuplier-liart.
Peuplier-ypréau.
Peuplier-tremble.
Phytolacca.
Pied de veau.
Pied de lit.
Pied de loup.
Pied-d'alouette des jardins.
Pimprenelle.

Pin résineux.
Pin de Genève.
Placqueminier.
Plantain.
Platane.
Pœone femelle.
Poirier.
Poivre Guinée.
Polypode.
Pomme de terre.
Pommier cultivé.
Prunier de Sibérie.
Pyracantha.
Pyramidale.

R

Raisins noirs.
Ravenelle.
Reine des prés.
Reine-marguerite.
Renoncule jaune.
Renouée.
Rhamnoïdes.
Rhûs de Virginie.
Robinia.
Romarin.
Ronce commune.
Ronce à balais.
Rose-d'Inde.
Rosier-canelle.
Rosier à fleurs jaunes.
Rhue.

S

Sabine.
Sainfoin commun.
Sainfoin d'Espagne.
Salicaire.
Sapin.
Sarrasin.
Sarrasin grimpant.
Sarrasin-liseron.

Sarrasin de Sibérie.
Sarrette.
Sarriette.
Sauge des bois.
Saule de rivière.
Scabieuse, mors-diable.
Sceau de Salomon.
Scrophulaire (grande).
Scorsonère.
Séneçon commun.
Soleil (grand) annuel.
Solidago, semper virens.
Saphora synic.
Saphora japonica.
Sorbier des oiseleurs.
Sorgho, millet.
Souchet (grand).
Souci de Barbarie.
Souci des vignes.
Spiræa opulifolia.
Sumac de Virginie.
Sumac vrai.
Sureau commun.
Sureau à fruit rouge.
Suie de cheminée.
Sycomore.
Sylvie.
Syringa.

T

Tabac.
Tamaris.
Tanaisie.
Thalitrum aquilogifolium.
Thlaspi arvense.
Thym.
Tilleul.
Tomate.
Tormentille.
Trèfle à fleur jaune.
Trèfle à fleur rouge.
Troëne.

V

Verge-d'or, nostras.
Verge-d'or de Canada.
Véronique mâle.
Véronique lierrée.
Véronique des haies.
Verveine.
Vigne à vin.
Violette des jardins.
Viorne.
Vipérine.

Y

Yèble.
Yellouw-oack.

FIN DE LA TABLE.

www.ingramcontent.com/pod-product-compliance
Lightning Source LLC
Chambersburg PA
CBHW052234220526
45471CB00001B/38